Erfolg hört nie auf – Versagen ist nie endgültig

Robert H. Schuller

Erfolg hört nie auf –
Versagen ist nie endgültig

Titel der Originalausgabe:
Success Is Never Ending – Failure Is Never Final

Copyright © 1988 by Robert Harold Schuller

Alle Rechte vorbehalten

© 2011 der deutschen Ausgabe by
Hour of Power Deutschland
1. Auflage 2011
ISBN 978-3-941980-14-3

Die Bibelstellen wurden, wo nicht anders angegeben,
der Lutherbibel, revidierte Fassung 1984,
durchgesehene Ausgabe in neuer Rechtschreibung,
© 1999 Deutsche Bibelgesellschaft, Stuttgart, entnommen

Übersetzung: Désirée Krumper
Umschlaggestaltung:Anja Mayle und Alexandra Niederhauser
Umschlagfoto: iStockphoto
Satz, Druck und Verarbeitung: CPI – Ebner & Spiegel, Ulm

TRÄUME WERDEN WAHR

Liebe Freundin, lieber Freund,

hier ist die gute Nachricht. Wenn Sie einmal versagt haben oder das Gefühl haben, dass Sie ein Versager sind, ist dies nicht endgültig! Sie können Ihre Zukunft dadurch ändern, dass Sie Ihre Denkweise ändern!

Ja, ich verspreche Ihnen, dass Sie in diesem Buch Folgendes finden werden:

- Die Motivation erfolgreich zu sein.
- Die Fähigkeiten, die nötig sind, um erfolgreich zu sein.

Sie werden entdecken, dass der Erfolg ein Prozess ist und darauf basiert, wie Sie sich selbst sehen und organisieren. Durch dieses Buch werden Sie inspiriert einen neuen Traum zu träumen! Sie werden ermutigt, es wieder neu zu versuchen, erfolgreich zu sein. Sie werden ein Möglichkeitsdenker und fangen an zu glauben, dass nichts unmöglich ist!

Ja, das ist Erfolg: Es zu wagen, einen unmöglichen Traum mit Gott zusammen zu träumen und Gott eine Chance zu geben, diesen Traum wahr werden zu lassen!

Ist Erfolg nicht einfach großartig? JA! Und es liegt an Ihnen, ob Sie erfolgreich sind.

Gott segne Sie für Ihren Traum und vergessen Sie nie: Gott liebt Sie, und ich auch!

Ihr,

Robert H. Schuller

WIDMUNG

Für meine Frau – der Mensch, der meinen Erfolg überhaupt erst ermöglichte und die mich auf meinem ganzen Weg begleitet hat. Dieses Buch widme ich Dir,

ARVELLA,

mit meiner ganzen Liebe.

INHALTSVERZEICHNIS

TEIL I – ERFOLG HÖRT NIE AUF 9

I.   ERFOLG ODER VERSAGEN – SIE HABEN DIE WAHL! . . . 11
Was ist denn Erfolg? 17
Erfolg endet niemals – Erfolg ist ein unaufhörlicher Prozess! 20

II. ERTRÄUMEN SIE SICH IHREN WEG ZUM NIEMALS
     ENDENDEN ERFOLG! 29
So werden Ihre Träume wahr! 33
Wie Träume sich entwickeln! 36

III. WENN SIE ES TRÄUMEN KÖNNEN,
     KÖNNEN SIE ES AUCH TUN! 51
Sie können träumen – wenn Sie Vertrauen haben! 55
Sie können träumen – wenn Sie den Mut dazu haben! 59
Sie können träumen – wenn Sie Beharrlichkeit zeigen! 62

IV. NICHTS IST UNMÖGLICH! 69
Weg mit dem Wort „unmöglich"! 74
Es ist vielleicht möglich –
     wenn ich lernen kann, wie es geht! 79
Es ist vielleicht möglich –
     wenn ich einige Probleme löse! 82
Es ist vielleicht möglich –
     wenn ich zusätzliches Kapital beschaffe! 84
Es ist vielleicht möglich –
     wenn ich in größeren Maßstäben denke! 85
Es ist vielleicht möglich –
     wenn ich einfach noch härter daran arbeite! 87
Es ist vielleicht möglich –
     wenn ich jemanden finden kann, der mir hilft! 88
Es ist vielleicht möglich –
     wenn ich feststelle, dass Aufgeben keine Option ist! . . 91
Es ist vielleicht möglich –
     wenn ich meine Einstellung ändere! 93

V.   WIE AUS PESSIMISTEN OPTIMISTEN WERDEN! 97
Die acht positiven Einstellungen des Möglichkeitsdenkers . . 98

VI. VERANKERN SIE DIE KRAFT DES
     MÖGLICHKEITSDENKENS IN IHREM LEBEN!   127
Bewahren Sie sich Ihre Einstellung!   129
Analysieren Sie Ihre Möglichkeiten!   132
Erkennen Sie Ihre gegenwärtige Position!   134
Überprüfen Sie Ihre Wertvorstellungen!   136
Listen Sie Ihre Aktiva auf!   139
Schlagen Sie Kapital aus Ihren Erfahrungen!   142
Setzen Sie bei Ihren Zielen Prioritäten!   144
Gestalten Sie Ihren Kalender neu!   145
Halten Sie sich Ihre Ziele vor Augen!   146
Mobilisieren Sie Ihre Ressourcen!   150
Aktivieren Sie Ihr Denken!   151
Erstellen und organisieren Sie Ihr Netzwerk!   154
Bereinigen Sie Konflikte und streben Sie nach Harmonie! . .   155
Bauen Sie Widerstände ab!   157
Minimieren Sie Ihre Risiken!   158
Entwickeln Sie positive Gewohnheiten!   159
Bringen Sie Ihre Pläne zu Ende!   162
Formulieren Sie Ihre Erwartungen!   162
Verwirklichen Sie Ihre Träume!   163
Maximieren Sie Ihre Ergebnisse!   165
Bilden Sie Kolonien Ihrer Erfolge!   166
Erwecken Sie Ihre Vorstellungskraft neu!   167

TEIL II – VERSAGEN IST NIE ENDGÜLTIG   175

VII. WOHIN AUS DEM „ABSEITS"?   177
Stufe Eins: Schadenskontrolle   181
Stufe Zwei: Erneuerung und Genesung   194

VIII. JEDES ENDE IST EIN ANFANG!   205

IX. VERABSCHIEDEN SIE SICH VOM MISSERFOLG!
     BEGRÜSSEN SIE DEN ERFOLG!   219

X.   LEBEN SIE DURCH DEN GLAUBEN AUF!   229

Epilog   248

HOUR OF POWER   252

TEIL I

ERFOLG HÖRT NIE AUF

I. ERFOLG ODER VERSAGEN – SIE HABEN DIE WAHL!

Vor über vierzig Jahren habe ich eine Philosophie für ein erfolgreiches Leben entwickelt und habe sie „Möglichkeitsdenken" genannt.

Wenn ich heute darauf zurückblicke, freue ich mich über den Erfolg dieser Art zu Denken, denn es hat mir in meinem Leben wirklich geholfen! Und ich weiß, dass es auch Ihnen helfen kann!

In den vergangenen Jahren ist meine Familie enorm gewachsen. Ich habe fünf fantastische Kinder, die alle sehr erfolgreich sind, und 19 Enkel, die bereits zeigen, dass sie großartige Möglichkeitsdenker werden können. Meine Arbeit im Dienst der Kirche war stets (und ist weiterhin) erfüllend, aufregend und eine persönliche Herausforderung.

Diese Erfolgsstrategie namens Möglichkeitsdenken bewirkt Wunder bei denen, die es praktizieren. Ich habe tausende von Menschen kennen gelernt, die mithilfe des Möglichkeitsdenkens unglaubliche Ziele erreicht und erstaunliche Hindernisse und innere Barrieren überwunden haben. Werfen wir einen Blick auf einige Beispiele:

❖ *David Leestma, ein Mitglied unserer Gemeinde, erklärte als kleiner Junge: „Wenn ich einmal groß bin, möchte ich Astronaut werden." Seine Eltern, Harold Leestma und seine Frau, die ebenfalls im Dienst unserer Kirche tätig waren, haben diese positive Gesinnung immer unterstützt. David legte das Examen an der US-Marineakademie in Annapolis als Klassenbester ab und machte sich daran, seinen Traum zu verwirklichen. Er wurde Astronaut und spazierte im Weltraum!*
❖ *Sie träumten davon Baseballstars zu werden und in der Baseball-Profiliga zu spielen. Bert Blyleven und Lenny Dykstra erlernten in meiner Kirche das Möglichkeitsdenken – und verwirklichten ihren Traum! Sie haben beide in der World*

Series, dem Finale der US-amerikanischen Baseball-Profiliga, mitgespielt – und haben gewonnen!

❖ *Ich erhalte jedes Jahr rund zwei Millionen Briefe von Menschen, die mir mitteilen, dass in Möglichkeiten zu denken, „ihr Leben gerettet" hat. Sie haben meine Predigten im Fernsehen verfolgt und diese Denkweise ausprobiert – mit großem Erfolg!*

Ich könnte in diesem Buch zahlreiche weitere Geschichten von Menschen anführen, die Möglichkeitsdenker geworden sind und damit unglaubliche Ziele erreicht haben. Sie haben in allen Bereichen des Lebens Erfolge erzielt: in gesellschaftlichen Belangen, in geschäftlichen Dingen, in der Bildungsarbeit, in der Industrie, in der Politik, beim Militär. Möglichkeitsdenken hat sich für sie ausgezahlt. Auch Sie können davon profitieren. Auch Sie können Erfolg haben!

Es beginnt alles damit, dass Sie sich dafür entscheiden, Erfolg zu haben. Manche Menschen laufen, ehrlich gesagt, vor dem Erfolg davon. Ihnen ist dieses Thema peinlich, da „Erfolg" am Ende sehr oft kritisiert wird; oft zu Unrecht, manchmal aber auch verdient.

Wenn Erfolg durch Ausbeutung von Armen und sozial Benachteiligten errungen wird, so ist diese Ungerechtigkeit eine Sünde. Ist Erfolg nur dazu da, um unersättliche Gier zu befriedigen, muss diese Form von Erfolg kritisiert werden!

Ein international erfolgreicher Filmproduzent und Regisseur lud einen guten Freund von mir ein, ihn nach Genf zu seiner Schweizer Bank zu begleiten. Mein Freund ging mit ihm in einen privaten Tresorraum der Bank. Darin befanden sich riesige Stapel von Goldbarren im Wert von mehreren Millionen Dollar!

Mein Freund beschrieb mir die Szene: „Mit leuchtenden Augen fragte der Filmproduzent mich: ‚Ist das nicht der schönste Anblick, den man sich vorstellen kann?'. Ich schaute ihn an und mir wurde fast übel. In diesem Augenblick strahlte seine Seele eine alles verzehrende Gier aus und ließ ihn unbeschreiblich hässlich, abstoßend und widerwärtig aussehen!"

Solch ein Bild von Erfolg verdient es, verurteilt zu werden.

Mein Freund Armand Hammer ist dagegen ein absoluter Möglichkeitsdenker! Sie können sein Buch[1] lesen. Bereits mit 21

---

[1] Armand Hammer und Neil Lyndon: *Hammer: A Witness to History* (New York: Putnam, 1987).

Jahren war er Millionär und ein überaus erfolgreicher und wohlhabender Mann. Aber er hat sein Vermögen mit den Bedürftigen geteilt und sich an Forschungs- und Entwicklungsprojekten beteiligt, die dem Wohl der Menschheit dienten. Gott allein weiß, wie vielen Initiativen, Projekten, Institutionen und Einzelpersonen dieser Menschenfreund finanziell geholfen hat. Dies ist die Form von Erfolg, vor der in diesem Buch der Hut gezogen wird!

Lassen Sie uns auch einen Blick auf den Erfolg meines verstorbenen Freundes Foster McGaw werfen. Als er noch ein junger Vertreter war, stellte er fest, dass Krankenhäuser über kein eigenes Depot an Medikamenten und Verbandsmaterial verfügten. In vielen Fällen schickten Ärzte die Krankenschwestern zu Apotheken und Drogerien, um Verbandsmaterial zu besorgen.

Das brachte ihn auf eine wunderbare Idee: Er rief die Krankenhäuser regelmäßig an und belieferte sie mit allem, was sie an Materialien brauchten. Sein hilfsbereites Angebot wurde von Ärzten und Krankenhäusern gleichermaßen angenommen.

Also wandte er sich kurzerhand an die Hersteller und wurde ein Lieferant für Krankenhäuser im ganzen Land. So wurde die American Hospital Supply Corporation[2] geboren!

Foster McGaw verschenkte in seinem Leben mehr als 150 Millionen Dollar. Über dreißig Colleges in den USA erhielten Spenden in Höhe von 1 Million Dollar oder mehr. Auch die Crystal Cathedral wurde zweimal mit diesen Spenden unterstützt. Wahrer Erfolg ist wirklich aufregend!

Für meinen Freund George Petty bedeutete Erfolg, Arbeitsplätze zu schaffen und das Leben einer ganzen Stadt zu retten.

„Ich möchte Sie als Gastredner verpflichten, Dr. Schuller", erklärte George Petty mir eines Tages mit fester und entschlossener Stimme. „Ich möchte, dass Sie mein neues Werk in Wisconsin einweihen. Immerhin verdanken wir unseren Erfolg Ihrem Möglichkeitsdenken."

Er fuhr fort und erklärte: „Ich habe im *Wall Street Journal* gelesen, dass die Stadt Kimberly in Wisconsin drohte, eine Geisterstadt zu werden. Die Stadt wurde vor 75 Jahren um eine Papierfabrik herum gegründet und aufgebaut. Es war der einzige Industriezweig, der in dieser Stadt wirklich Arbeitsplätze schuf. Aber die Zeiten hatten sich geändert und die Fabrik war nicht

---

2   Wörtlich: Unternehmen zur Belieferung und Versorgung amerikanischer Krankenhäuser

mehr rentabel. Ich las diese traurige Geschichte und am nächsten Morgen sah ich Sie, Dr. Schuller, im Fernsehen, wie Sie Ihre Idee vom Möglichkeitsdenken vorstellten. Sie haben gesagt: ‚Niemandem fehlt es an Geld – sondern lediglich an einer guten Idee.' Deshalb zog ich einen von meinen Spitzenkräften hinzu und fragte ihn: ‚Wie viel würde es kosten, um in dieser Stadt gewinnbringend Papier zu produzieren?'

Ein paar Tage später zeigte mir mein Mitarbeiter seine Aufstellung. Sie war niederschmetternd. Sein Plan sah eine neue Maschine vor, die pro Minute beschichtetes Papier von rund einem Kilometer Länge und 56 Zentimeter Breite herstellen konnte. Die Herstellung der Maschine wäre möglich, aber sie wäre knapp 150 Meter lang und würde mehr als 50 Millionen Dollar kosten. Unter den richtigen Marktbedingungen und bei einer angemessenen Finanzierung könnte sie sich als profitabel erweisen."

George Petty widmete sich auf der Stelle voll und ganz dieser Sache. Er suchte Hersteller und Regierungsvertreter in seinem Geburtsland Kanada auf und fragte an, ob sie bereit seien, die Hauptkomponenten für die Maschine anzufertigen oder die Herstellungskosten zu übernehmen. Er erhielt ihre Zusagen.

Als nächstes wandte er sich an die weltweit größten Zeitschriftenverlage. „Wir garantieren Ihnen, dass wir Sie mit dem gesamten Papier, das Sie benötigen, beliefern werden und dass Ihre Vorräte auch in Zukunft nicht ausgehen werden. Sollten Sie daran interessiert sein, bitten wir Sie, im Voraus zu bestellen und zu bezahlen, und wir garantieren Ihnen Ihre künftigen Lieferungen." Sie nahmen das Angebot an.

Und so setzte George Petty das „unmögliche Geschäft" Stück für Stück zusammen. Danach rief er mich an: „Dr. Schuller, die Maschine ist einsatzbereit. Wir weihen sie nächsten Monat ein. Wir haben Kimberly gerettet und 600 neue Arbeitsplätze geschaffen. Sie müssen unbedingt zur großen Eröffnung und der Einweihungsfeier kommen!"

Ich kam und werde dieses Erlebnis nie mehr vergessen. Flaggen der USA und Kanadas hingen an jeder Straßenlaterne der Stadt. Es gab eine Parade mit Musik von der High-School-Band, Pom-Pons[3] und „Vorwärts, Wisconsin"-Rufen. Außerdem war ein riesiges Zelt aufgestellt worden. Tausende von Prominenten

---

[3] Pom-Pons sind beim Anfeuern von Sportmannschaften, hauptsächlich im American Football, verwendete Tanzwedel

kamen in ihren Privatjets aus New York und Kanada, um an dem Ereignis teilzunehmen.

George Petty hatte sein gesamtes Vermögen aufs Spiel gesetzt. Tausende sollten von seinem riskanten Unternehmen profitieren. Auch als die Zinsen zwei Jahre später auf unglaubliche 22 Prozent stiegen und ihn beinahe in den Ruin trieben, folgte er unbeirrt seinem Ziel. Er kämpfte sich durch – und gewann.

Erfolg ist ein Potenzial, das man nicht anprangern oder blockieren, sondern freisetzen sollte! Aber zunächst müssen wir erst einmal verstehen, was Erfolg beziehungsweise Misserfolg überhaupt genau bedeutet.

Erfolg/Misserfolg: *Geht es um mehr, als um Gewinnen und Verlieren?*

Die Antwort lautet: ja! Denn Erfolg ist ein Prozess und beinhaltet nicht nur den Sieg nach Punkten. Erfolg und Misserfolg enden nicht, wenn das Spiel endet und die Zuschauer nachhause gehen. Wir kennen alle Sieger, denen der Erfolg zu Kopf gestiegen ist. Ihr Sieg war auch zugleich ihr persönlicher Untergang. Und wir alle kennen auch Verlierer, die so großartige Sportler waren und ihre Niederlagen mit so viel Würde hinnahmen, dass sie sie in einen persönlichen Sieg verwandelt haben.

Erfolg/Misserfolg: *Geht es darum, sich Ziele zu setzen und zu versuchen, diese zu erreichen?*

Die Antwort lautet: ja! Es beinhaltet mehr, als man in Geschäftsberichten oder in Pressemitteilungen lesen kann. Wahrer Erfolg setzt voraus, dass man von Gott gegebene Chancen annimmt und sein Bestes gibt, um die von Ihm gesetzten Ziele zu verfolgen!

Erfolg kann einem sogar versagt bleiben, bis zu dem Punkt, an dem man scheitert. Der Stabhochspringer ist nicht eher mit seiner Leistung zufrieden oder hat einen Sieg errungen, bis er an der nächsthöchsten Hürde scheitert. Erst in seinem Versagen liegt sein Erfolg.

Erfolg beinhaltet, dass man sein eigenes Potenzial entdeckt und entwickelt, und dass man all die neuen Möglichkeiten sieht, die sich uns Tag für Tag bieten!

Erfolg/Misserfolg: *Geht es darum, Probleme zu lösen und Schwierigkeiten zu überwinden?*

Die Antwort lautet: ja! Aber bedenken Sie, dass Erfolg ein Prozess ist, der niemals enden darf. Sobald Sie ein Problem gelöst haben, stehen Sie vor einem neuen. Wenn Sie ein Hindernis überwunden haben, warten bereits neue auf Sie. Wahrer Erfolg wird letztlich daran gemessen, wie charmant, elegant, höflich und überzeugt Sie durch diesen Entwicklungsprozess geworden sind.

Erfolg/Misserfolg: *Geht es um Ruhm und Reichtum?*

Ja und nein. Immer wieder gehörten einflussreiche Personen, die mit Macht und Reichtum ausgestattet waren, zu den großartigsten Menschen auf der Welt, während andere in der Geschichte nur zum Nachteil der Menschheit agierten. Ruhm und Reichtum sind oberflächliche Ziele, solange sie nicht Mittel zum Zweck sind, ein Weg, anderen zu helfen.

Ich hoffe, dass Erfolg Wohlstand für Sie bedeutet, da die Alternative zum Wohlstand Armut sein könnte und Armut furchtbar bedrückend ist. Wie viele Menschen in den armen Teilen dieser Welt haben sich für Diktaturen entschieden, weil es ihnen an Hoffnung auf finanzielle Unabhängigkeit fehlte? Verzweifelte, hungrige, arme Menschen ließen sich dazu verleiten, ihre Freiheit für ein Stück Brot einzutauschen. Armut macht notleidende, entmutigte und besiegte Menschen von einem Diktator abhängig, der mit (bestechenden oder leeren) Versprechungen auf ein besseres Leben lockt. Wenn wir dazu beitragen, die Armut zu überwinden, befreien wir diese Menschen auch von der Unterdrückung. Je mehr Menschen finanziell unabhängig werden und je mehr die Voraussetzungen beseitigt werden, die Diktaturen hervorbringen und unterstützen, desto sicherer ist die Demokratie. Menschen, die glauben, dass sie selbst finanzielle Unabhängigkeit erreichen können, fallen nicht so schnell auf die falschen Versprechen eigennütziger, machthungriger Politiker herein, welche die Armen mit dem Versprechen auf ein besseres Leben manipulieren und ausnutzen.

WAS IST DENN ERFOLG?

Erfolg bedeutet für ein Ehepaar eine funktionierende Ehe in der Hoffnung, dass diese bis zur goldenen Hochzeit andauert. Erfolg bedeutet, dass sie ihre Familie dadurch intakt halten, dass sie offen miteinander reden und ehrlich voreinander sind, damit diese Gemeinschaft und die gegenseitige Fürsorge jeden Einzelnen von ihnen mit Liebe und Freude erfüllt.

Erfolg bedeutet für den Schüler, die Prüfungen in der Schule zu bestehen und seinen Verstand und seine Talente so zu entwickeln, dass er einen wertvollen Beitrag zum Wohl der menschlichen Gesellschaft leisten kann.

Erfolg bedeutet für den Chirurgen, Leben zu retten.

Erfolg bedeutet für den Anwalt, verwirrten Personen zu helfen, sich aus den verworrenen Geflechten widersprüchlicher Verwicklungen zu befreien, und ihnen somit die Freiheit wiederzugeben.

Erfolg bedeutet für den Lehrer, seine Schüler zu motivieren, damit sie davon überzeugt sind, dass sie klug – nicht dumm – sind, und Schülern zu helfen, ein Selbstbewusstsein zu entwickeln, dass sie auf ungeahnte Höhen bringt.

Erfolg bedeutet für den Geschäftsmann, Menschen mit Problemen zu entdecken, die mit Hilfe der Produkte und Dienstleistungen des Geschäftsmannes gelöst werden können.

Erfolg bedeutet für die Gesetzeshüter und Soldaten, Frieden und Ordnung aufrecht zu erhalten.

Erfolg bedeutet für den Pastor der örtlichen Gemeinde, Programme zu organisieren, die den seelischen Bedürfnissen der Glaubensgemeinschaft dienen. Das bedeutet auch, die Botschaft des Evangeliums den Menschen nahezubringen, die ohne Glauben sind.

Erfolg bedeutet für kranke Menschen, gesund zu werden oder zumindest mit einer Krankheit so zurechtzukommen, dass sie anderen in ihrer Umgebung Mut machen.

Erfolg kann bedeuten, mit außergewöhnlichen Problemen fertig zu werden. Meine Tochter Carol zum Beispiel verlor ihr Bein bei einem Motorradunfall. Erfolg bedeutet für sie heute, trotz Beinprothese mit ihrer Tochter spazieren gehen zu können. Als sie einmal mit ihrem Mann das Haus verließ, geschah das Undenkbare: Sie verlor auf dem Gehweg das Gleichgewicht und musste, obwohl sie einen Sturz noch verhindern konnte, mit ansehen, wie ihr damals acht Wochen altes Baby ihr aus den Armen glitt, auf den Rasen fiel und dabei nur knapp den Gehsteig verfehlte.

Am nächsten Abend besuchte meine Frau unsere Tochter und zum Entsetzen meiner Frau und unserer damals 23-jährigen Tochter passierte es wieder! Dieses Mal fielen Carol und ihr Baby auf den Teppichboden. Carol kämpfte mit dieser Herausforderung. Erfolg bedeutete also für sie, in der Lage zu sein, die kleine Rebekka selbst versorgen und tragen zu können und sie nie wieder fallen zu lassen.

Erfolg kann bedeuten, mehr Geld oder materielle Dinge zu erwerben. Sicherlich sollte unsere Vorstellung von Erfolg die materiellen Bedürfnisse des Lebens nicht unbeachtet lassen. Als Christen lehnen wir materiellen Erfolg nicht ab, wenn dies bedeutet, dass Menschen dadurch die Möglichkeit haben, a) ihre eigene mögliche Ausbildung zu gewährleisten, b) medizinische Versorgung zu erhalten oder c) ein Unternehmen zu gründen, in dem sie ihre kreativen Fähigkeiten in Form eines Produkts oder einer Dienstleistung, die man entwickelt oder verkauft, zum Ausdruck bringen können und d) wenn es dadurch ermöglicht wird, die „Freude des Gebens" zu erleben und großartige Entwicklungen, Initiativen, Glaubensgemeinschaften und Institutionen in dieser Welt voller Hunger und Leid finanziell zu unterstützen und dadurch Not zu lindern.

Ich wuchs zwar in einer armen Familie auf, dennoch waren wir in der Lage, jeden Sonntag etwas Geld in den Opferkasten zu werfen. Solange man es sich leisten kann, ein paar Dollar für einen guten Zweck zu geben, wird man sich nie wirklich arm fühlen! Man wird sich reich fühlen. Deshalb *fühlte ich mich immer reich*!

Erfolg kann, muss jedoch nicht bedeuten, dass man eine Menge erreicht hat. Es bedeutet auf jeden Fall, dass man ein großzügiger Mensch geworden ist.

Es gibt nur wenige Gastronomen, die erfolgreicher als Keo Sananikone aus Honolulu, Hawaii sind. Als Flüchtling aus Laos nahm Keo einen Nachtjob als Tellerwäscher an und arbeitete in der Küche von Pizza Hut[4]. „Ich hatte nicht genug Erfahrung, um ein eigenes Restaurant zu eröffnen", sagte er. Tagsüber arbeite-

---

4 Pizza Hut (wörtlich: Pizza Hütte) ist eine auf Pizza spezialisierte Restaurantkette.

te er als zweisprachiger Mathematiklehrer an der McKinley High School.

Mit einer Investition von rund 26.000 Dollar eröffnete Keo 1977 sein erstes Restaurant – Mekong. Trotz der geringen Größe des Restaurants und der fehlenden Ausschanklizenz wurde das Mekong aufgrund seines ausgezeichneten Essens, seiner außergewöhnlich niedrigen Preise und eines hervorragenden Services sehr schnell bekannt. „Auch wenn das Mekong nicht größer als ein Mäuseloch war, versuchte ich dennoch mit gedämpftem Licht eine angenehme Atmosphäre zu schaffen. So wie ich es mag, wenn ich zum Essen gehe", sagte Keo.

„Ich hatte keine Angestellten, nur meine Familie, die mitarbeitete", erinnerte sich Keo. „Jeder von uns hatte noch eine andere Arbeit. Deshalb wechselten wir uns ab, so dass diejenigen von uns, die tagsüber arbeiteten, abends im Restaurant waren und diejenigen, die einen Nachtjob hatten, zur Mittagszeit im Restaurant arbeiteten."

Nach acht Monaten stellte Keo seine ersten beiden Mitarbeiter an. Zehn Jahre später hatte er 142 Angestellte in seinen vier Restaurants und eine Warteliste mit ungefähr 300 Bewerbern, die sehr gerne in einem der berühmten Thai-Restaurants arbeiten wollten.

„Ich liebe es mit Menschen zu arbeiten, und ich liebe es zu unterhalten", sagte Keo. „Ich fühle mich jede Nacht wie der Gastgeber einer Party. Ich wusste immer, dass ich erfolgreich sein würde. Nicht erfolgreich im Sinne davon, wie viel ich verdiene, sondern dass ich glücklich bin und viel lache. Das ist für mich Erfolg. Eine Frau fragte mich einmal: ‚Wie fühlt es sich an, jetzt erfolgreich zu sein und viel Geld zu haben?' Ich sagte zu ihr: ‚Erfolg hat nichts mit Geld zu tun.' Ich fühle, dass ich erfolgreich bin, weil ich eine gute Erziehung genossen habe, weil ich gute Freunde habe und rundum glücklich bin".

Also was bedeutet Erfolg letztendlich? Ein Diplom an der Wand? Eine Trophäe in der Vitrine? Geld auf der Bank? Berufliche Auszeichnungen? Ja, das ist Erfolg; jedoch mehr als dies bedeutet Erfolg, sich selbst im Spiegel ansehen zu können und stolz auf den Menschen zu sein, der man geworden ist! Man hat sein Bestes gegeben!

Erfolg ist am edelsten, wenn man sich durch ihn bewusst wird, dass man sein Leben, die Freiheiten, Möglichkeiten und Chancen, die Gott einem gegeben hat, genutzt hat.

Erfolg baut die eigene Selbstachtung auf und bestätigt dabei die Würde der Mitmenschen. Deshalb waren (und sind) die erfolgreichsten Menschen, die ich kenne, die am meisten geliebten und respektierten Menschen auf der Welt, selbst wenn ihre materiellen Errungenschaften bescheiden waren. Sie haben ein großes Herz! Sie haben sehr gute Seelen! Sie sind kostbare Menschen! Sie sind wahrhaft schöne Menschen – ungeachtet Mode, Reichtum, Lebensstil. Ich möchte meinen Vater, der Farmer war, zu diesen großartigen Menschen zählen! Er kämpfte. Er überwand erfolgreich ungeheure Herausforderungen. Seine Nachbarn und Verwandten bewunderten, respektierten und liebten ihn. Und mein Vater respektierte sich selbst auch!

Das ist Erfolg!

Mein Vater kaufte und bezahlte seine Farm. Die Farm versorgte ihn, bis er starb. War dies das Ende seines erfolgreichen Lebens? Wohl kaum. Seine Kinder erbten einen Teil. Ich nahm meinen Anteil und kaufte ein Stück Land. Ein paar Jahre später hatte das Land einen enormen Wertzuwachs erfahren. Als wir Geld für die Errichtung der Crystal Cathedral sammelten, gab ich dieses Stück Land als Investition, um zur Bezahlung eines Teils der Kirche beizutragen, die Menschen, die kommen und Glauben an Gott finden, Schutz und Unterkunft bietet. Der Erfolg meines Vaters hält also immer noch an.

ERFOLG ENDET NIEMALS – ERFOLG IST EIN UNAUFHÖRLICHER PROZESS!

Auch Sie werden nie all das Gute, das Sie tun, ermessen können. Es plätschert und fließt dahin. Immer weiter.

Betrachten wir die Menschen, deren Erfolg durch ihr Streben nach Vollkommenheit definiert wird. Wahrer Erfolg ist es, einer unerfreulichen Realität offen, ohne Verleugnung, entgegenzutreten. Ein Beispiel ist der Alkoholiker, der aufhört, sich selbst über seinen Zustand zu täuschen, zu den Anonymen Alkoholikern geht und von seiner Sucht geheilt wird. Er kann damit einen Erfolg verbuchen.

„Aber er hat ja wieder mit dem Trinken angefangen", wendet der Zyniker ein. Endet der Erfolg damit? Nein! Die Wochen, Monate, Jahre, in denen er „trocken" war, waren die nicht wunderbar? Etwas Großartiges fand in dieser Zeit statt, in der er die Sucht besiegt hatte. Er hat positive Erfahrungen gemacht und wird sich dauerhaft daran erinnern. Er hat andere Menschen durch seine positive Wandlung inspiriert. *Wer kann schon ermessen, welche langfristigen und weitreichenden Auswirkungen eine einzige inspirierende Erinnerung hat?*

In der Zeit, in der der Alkoholiker „trocken" war, inspirierte er andere Menschen, ihr Leben zu ändern. Selbst wenn der Alkoholiker rückfällig wird, so wirken doch seine vergangenen Erfolge, egal wie kurz sie waren, im Leben seiner Mitmenschen weiter.

Inzwischen wiegt die Erinnerung an den Sieg zum richtigen Zeitpunkt oft stärker als die Scham über die eigene Schwäche. Und dieser Alkoholiker, dessen erfolgreicher Sieg augenscheinlich zu Ende ist, versucht es möglicherweise aufs Neue. Bruchstückhafte Rückblenden an positive Erinnerungen, die ihn inspirieren, laufen immer wieder in Zeitlupe vor seinem inneren Auge ab. Sie sorgen dafür, dass er wieder an den Treffen der Anonymen Alkoholiker teilnimmt und sich somit ein zweites Mal auf den Weg macht.

Sein Erfolg lässt sich nicht aufhalten. Er mag zwar stolpern, aber er steht immer wieder auf!

Erfolg endet niemals – selbst wenn Sie nach einer erfolgreichen Diät wieder ein paar Pfunde zunehmen. Ich erinnere mich an eine Frau, die in meine Beratung kam. Sie sah letztendlich der Tatsache ins Auge, dass sie fett war. Sie hatte zugenommen, aber jahrelang versucht, diese Tatsache zu leugnen. Dann kam der Augenblick der Wahrheit. Sie sah sich selbst, wie sie wirklich war (fett!) und stellte sich plötzlich vor, wie wunderschön sie werden könnte (schlank!). Sie entschloss sich also, eine Schlankheitskur zu machen und verlor fünfundvierzig Kilo! Was für ein Erfolg!

Zwei Jahre später hatte sie wieder fünfzehn Kilo zugenommen. Wiederum unterzog sie sich einer Diät und nahm ab – nur um bald darauf wieder zuzunehmen. Über einen Zeitraum von fünfzehn Jahren nahm sie ab und wieder zu. Am Ende wollte sie deprimiert aufgeben und sagte zu mir: „Ich habe all die Jahre umsonst gekämpft."

„Das ist nicht wahr", sagte ich. „Zählen Sie doch einmal alle Kilos zusammen, die Sie in all Ihren Diäten verloren haben. Addieren Sie diese Kilos zu Ihrem jetzigen Gewicht und sagen Sie mir, wie schwer Sie heute wären."

Sie dachte nach. Ihre Augen weiteten sich vor Schreck. „Oh Gott, ich würde über zweihundert Kilo wiegen!", sagte sie. „Letzen Endes war ich also doch sehr erfolgreich."

„Natürlich", antwortete ich, „Sie hatten viele Erfolge. Und jedes Kilo, dass sie verloren haben, fehlt in Ihrem jetzigen Gewicht."

Erfolg endet niemals – selbst wenn eine Ehe nicht für immer anhält. Sie waren so blauäugig am Tage ihrer Hochzeit und auch die Monate danach waren einfach großartig. Dann zogen erste Wolken auf und ein Sturm kündigte sich an. Unter der glatten Oberfläche des Wassers tauchten Felsen auf, die nur darauf warteten, dass sich die Gezeiten ändern. Sie kamen in meine Beratung. Aber ihr zerbrechliches Boot zerschellte trotzdem an einem Felsen. Alle Anstrengungen, die Ehe zu retten, konnten nicht verhindern, dass sie vor dem Scheidungsrichter landeten. Die Scheidung konnte jedoch nicht verhindern, dass sie sich noch immer zueinander hingezogen fühlten. Sie versuchten es ein zweites Mal. „Dr. Schuller, würden Sie uns wieder trauen?" *An diesem Punkt bedeutet Erfolg Versöhnung!*

Das Paar war nämlich bereit, auf eine Vereinbarung zu verzichten, die es vor der ersten Eheschließung getroffen hatte: niemals Kinder zu haben. Zehn Monate nach ihrer erneuten Eheschließung wurde ihre Tochter geboren. Die Taufe war ein kostbares Ereignis. Letzten Endes waren sie erfolgreich. Zehn Jahre später jedoch ging die Ehe wieder auseinander: Der Mann hatte eine Affäre mit einer anderen Frau und verließ seine Frau und Tochter. Dieses Mal war die Trennung endgültig.

Ein Pessimist sagte zu mir: „Es ist zu schade, dass sie eine Tochter haben! Es wäre für beide viel einfacher gewesen, hätten sie kein Kind gehabt!"

„Was für eine kurzsichtige Einstellung", protestierte ich, „die erfolgreichen Momente ihrer Ehe können niemals wirklich enden!" Zu diesem Zeitpunkt wusste ich noch nicht, wie Recht ich damit haben sollte. Heute, Jahre später, konnte ich erleben, wie das „kleine Mädchen", das ich getauft hatte, die Universität abschloss und eine wundervolle Pädagogin geworden ist. Auch ein kurzfristiger Erfolg streut Samen, die einen offensichtlichen oder weniger offensichtlichen Platz zum wachsen und gedeihen finden und wiederum Samen streuen. Wann endet also der Erfolg? Niemals. Erfolg kennt keine Grenzen!

Ich habe Richard Nixons Aufstieg und Fall hautnah miterlebt. Er lebte schließlich in meiner Nachbarschaft in Orange County,

Kalifornien. Kein Präsident musste zuvor sein Amt niederlegen. Seine Amtszeit war eine Schande. Ein totales Versagen. Man sollte jedoch nicht vergessen, dass es Präsident Nixon war, der die Brücke zwischen China und Amerika geschaffen hat. Auch der größte Kritiker kann den immensen Erfolg dieses internationalen Diplomatiestreichs nicht leugnen. Dieser Erfolg des einst in Ungnade gefallenen Präsidenten ist also ironischerweise ein Prozess, der fortwährend anhält. Erfolg endet niemals!

Auch das ist Erfolg – etwas Gutes zu tun, wenn man kann und solange man es kann! Wenn man am Ende des Weges auf ein anscheinend unüberwindbares Hindernis stößt, sollte man sich daran erinnern, *dass nichts den wahren Erfolg jemals beenden kann!*

Endet Ihr Erfolg, wenn Sie stolpern oder vom rechten Weg abkommen? Oder haben Sie bereits Samen gestreut, die sprießen und Früchte tragen werden? In religiösen Kreisen wird man sich noch lange an das traurige, betrübliche und beschämende Ereignis einer christlichen Fernseharbeit namens „PTL" in den achtziger Jahren erinnern, die von Jim und Tammy Bakker gegründet wurde. Die offenbaren Sünden und Schwächen dieses Paares waren eine willkommene Gelegenheit für Zyniker und Nicht-Christen, alle Religionsgemeinschaften, deren Predigten im Fernsehen übertragen wurden, an den Pranger zu stellen – auch wir wurden nicht verschont. Ich kann mich nicht erinnern, jemals ein schmerzvolleres Jahr in meinem Predigeramt erlebt zu haben. Der Schaden, der aufrichtigen Christen durch den Bakker-Vorfall zugefügt wurde, ist unermesslich. Der Erfolg von PTL fand ein abruptes und unschönes Ende. Aber war es wirklich so? In einer öffentlichen Versteigerung der luxuriösen Besitztümer der Bakkers erklärte ein Pärchen im Fernsehen, warum es Tammy Bakkers Schreibtisch erworben hatte. „Wir wurden beide durch sie gerettet", sagten sie. „Nichts kann daran etwas ändern. Wir werden ihnen immer für all das Gute dankbar sein, das sie in unser und vermutlich in das Leben Millionen anderer gebracht haben. Sie haben uns zu Gott geführt und Jesus hat uns nicht im Stich gelassen". Selbst hier zeigt sich, dass Erfolg niemals endet und Versagen niemals endgültig ist.

Einer der erfolgreichsten Bauherren Kaliforniens durchlebte schlechte Zeiten. Der Immobilienmarkt brach ein. Er musste die Konsequenzen dafür tragen und stand letzten Endes vor dem Bankrott. Er hatte über 10.000 Einfamilienhäuser an der kalifornischen Küste gebaut. Und jetzt war er aus dem Geschäft. Als Pastor betrachtete ich es als meine Aufgabe, ihn aus seiner dumpfen und düsteren Verzweiflung über dieses Versagen herauszuholen.

„Ihr Erfolg endet nicht, nur weil Sie Konkurs anmelden mussten", erklärte ich ihm, „Sie wurden dazu gezwungen, weil Ihre Immobilien an Wert verloren haben. Aber sehen Sie sich doch einmal die Häuser an, die Sie gebaut haben! Sie stehen immer noch. Bedenken Sie, wie viele Rechnungen an Lieferanten und Gehälter Ihrer Mitarbeiter Sie während der vergangenen zwanzig Jahre bezahlt haben. Mit diesem Geld werden, ohne dass Sie es wissen, immer noch Institutionen und Unternehmen unterstützt. Ein beträchtlicher Teil des Geldes, den Sie während der vergangenen zwanzig Jahre ausgezahlt haben, befindet sich sicherlich noch heute auf Sparkonten. Es wird vielleicht verwendet, um in zwanzig Jahren ein Kind aufs College zu schicken. Ärzte, Lehrer und führende Mitglieder der Gesellschaft verdanken ihre Ausbildung diesen Ersparnissen, die durch die Gehaltsschecks ermöglicht wurden, die Sie ausgestellt haben!"

Ich fuhr fort: „Wie viel von diesem Geld ist in Form von Gehältern in die Altersversorgung geflossen, um in zehn, zwanzig oder dreißig Jahren als Rente ausgezahlt zu werden? Ihre Firma gibt es nicht mehr. Das ist wahr. Aber Ihr Erfolg hält immer noch an! Wie viel wurde von dem Geld, das Sie gezahlt haben, in Aktien und Immobilien investiert, die an Kinder und wiederum deren Kinder vererbt werden? Nur weil Ihr Unternehmen bankrott ist, bedeutet das nicht, dass Ihr Erfolg auch damit endet. Erfolg ist ein Prozess, der ein Leben lang anhält. Er verändert nur seine Form, indem er Leben verändert!"

Ähnlich erging es einem Pastor, der mit ansehen musste, wie seine kleine Glaubensgemeinschaft kleiner wurde, bis seine Kirche schließlich die Pforten schließen musste. Das Grundstück wurde verkauft und das religiöse Leben der örtlichen Kirchengemeinde hörte auf zu existieren. Er war sehr niedergeschlagen, doch ich ermutigte ihn: „Ihr Erfolg ist doch deswegen nicht zu Ende! Die Kirchentore wurden zwar geschlossen und das Grundstück verkauft, aber deshalb gibt es doch nach wie vor Kinder von Mitgliedern dieser Kirche, die durch die christlichen Werte, die ihnen vermittelt wurden, ein besseres Leben genießen. Sie besitzen unsterbliche Seelen und werden ein ewiges

Leben im Himmel genießen. Nichts und niemand ändert daran etwas. Denken Sie nur an das Gute, dass Sie und Ihre Glaubensbrüder bewirkt haben, indem sie sich gegenseitig ermutigt haben und den verzweifelten Menschen halfen, ihre Einsamkeit und schmerzvollen Krisen im Leben zu überwinden!"

Erfolg endet niemals, denn Erfolg ist ein Prozess – wie das Säen von Samen. Gottes Taten, aufrichtig angeboten, verwandeln sich unmittelbar in fruchtbare Samen. Jeder schöpferische und kreative Beitrag wird, wie ein eingepflanztes Samenkorn, Früchte tragen. Und nur Gott allein weiß wie viele Äpfel in einem Apfelkern stecken. Die Farm geht vielleicht Pleite oder wird an ein Bauunternehmen verkauft, aber das Land verschwindet nicht einfach. Es dient irgendjemandem als Grundlage für sein produktives Schaffen. Mittlerweile wurden viele Menschen, wenn auch nur für eine Saison, mit den Lebensmitteln dieser Farm ernährt. In dieser Zeit gründeten sie Familien und brachten Kinder zur Welt und so trägt die Saat immer noch Früchte.

Bedenken Sie, dass wir alle unser Leben erfolgreichen Menschen verdanken, denen wir niemals persönlich danken können:

* ❖ *Eine Forscherin hat vor Jahren eine tödliche Krankheit ausgerottet. Dafür danken wir ihr!*
* ❖ *Denken Sie an die Freiheit, die wir genießen. Ein Soldat hat sein Leben dafür geopfert. Sein Erfolg hält an und wir danken ihm dafür!*
* ❖ *Gläubige haben in den Jahren der Christenverfolgung am christlichen Glauben festgehalten. Ihr Erfolg endet niemals. Dafür danken wir ihnen!*

Deshalb kann ich allen guten Menschen auf dieser Erde eines sagen: *Eure größten Erfolge werden für immer Gottes Geheimnis bleiben.* Nur Er wird wissen, wie viel Gutes wir getan haben. Auch kleine Leistungen helfen mehr als wir uns jemals vorstellen können. Denn ein Mensch, dem wir geholfen haben, wird auch anderen helfen. Der Tod einer Raupe bedeutet nicht, dass die Raupe aufhört zu existieren, sondern sie lebt weiter durch die Geburt eines Schmetterlings. Tod und Wiederauferstehung sind ein universales Prinzip. Das Leben geht nie zu Ende! Selbst offensichtliches Versagen kann ein wichtiger Bestandteil des Erfolgsprozesses sein. Angenommen ein Arzt gibt sein Bestes, aber der Patient stirbt trotzdem. Bedeutet dies, dass der

Arzt versagt hat? Nicht ganz. Der Arzt hat neue Erkenntnisse gewonnen und Einsichten erlangt. Sein Versagen war ein wichtiger Beitrag für seinen Weg zum zukünftigen Erfolg – möglicherweise die Heilung von bestimmten Formen von Krebs oder anderen schweren Krankheiten.

Diese positive Einstellung gegenüber Fehlschlägen ist überaus wichtig. Ohne sie verschwindet die Begeisterung. Depressionen und Entmutigungen gewinnen die Oberhand. Energie und Ressourcen schwinden und beleben nicht länger den Unternehmungsgeist.

Wenn man den Erfolg also so definiert, wie muss man sich dann Versagen vorstellen? Echtes Versagen ist:

❖ *Persönliches Versagen, nicht berufliches!*
❖ *Auf ein dringliches, jedoch risikoreiches Projekt mit Feigheit zu reagieren!*
❖ *Vor einer Aufgabe zurückzuweichen, die einem auferlegt wurde, aus Angst, die Aufgabe nicht perfekt ausführen zu können.*
❖ *Lieber sein berufliches Ansehen vor einem möglichen peinlichen Versagen zu schützen, als für eine wunderbare und ehrenwerte Sache einzutreten.*
❖ *Die Hoffnung als oberstes Gebot aus seinem Leben zu verbannen und zuzulassen, dass die Angst die Oberhand gewinnt.*

Das bedeutet wahres menschliches Versagen. Aber verzagen Sie nicht: Auch wenn Sie versagen oder bereits versagt haben, muss dies nichts Endgültiges sein. Sie können Ihr Schicksal wenden und Ihre Zukunft beeinflussen, indem Sie Ihre Ansichten ändern.

Ich verspreche Ihnen, dass dieses Buch Sie motivieren und Ihnen die Fähigkeiten vermitteln wird, selbst erfolgreich zu sein. Sie werden feststellen, dass Erfolg ein Prozess ist, der den richtigen Umgang mit Ihrem größten Gut voraussetzt – mit sich selbst! In diesem Buch werden Sie:

❖ *inspiriert, einen neuen Traum zu leben!*
❖ *ermutigt, nach Erfolg zu streben!*
❖ *ein Möglichkeitsdenker und am Ende überzeugt davon sein, dass nichts unmöglich ist!*

Das ist Erfolg: Es mit Gottes Hilfe zu wagen, den unmöglichen Traum zu träumen und Gott eine Chance zu geben, diesen Traum wahr werden zu lassen!

Ist Erfolg nicht etwas Fantastisches? Ja und er liegt in Ihrer Hand! Entscheiden auch Sie sich für den Erfolg. Suchen Sie ihn. Erfolg bedeutet auch, ein Bedürfnis zu erkennen und es zu befriedigen, einen Schmerz zu erkennen und ihn zu heilen, ein Problem zu erkennen und es zu lösen.

Aber wir müssen uns auch darüber im Klaren sein, dass *es keinen Erfolg ohne persönliche Opfer gibt.* Jesus sagte: *„Wer sein Leben verliert um meinetwillen, der wird es finden"* (Matthäus 10, 39). Zufriedenstellender Erfolg wird sich bei eigennützigen Menschen niemals wirklich einstellen. Es ist der aufrichtige, aufopfernde Mensch, der zum Erfolg gelangt, ihn aufrechterhält und ihn gerechtfertigt erscheinen lässt.

Ich kenne einen jungen Mann, der mit Anfang dreißig starb. Er stand im Blickpunkt der Öffentlichkeit, was ihm in dieser Zeit und in seinem Tätigkeitsbereich Ruhm einbrachte. Das Tragische in seinem Leben war, dass er nach einem überwältigenden Erfolg fälschlich eines Verbrechens angeklagt, inhaftiert, verurteilt und hingerichtet wurde. Die Todesstrafe wurde vollstreckt. Die letzten Tage in seinem Leben waren erfüllt von Ungnade, Erniedrigung und Schande. Ich könnte weinen, wenn ich an die ganze traurige, gemeine soziale Ungerechtigkeit denke. Ich glaube, es gibt in der Geschichte keinen weiteren Fall, in dem ein intelligenter und gutherziger Mensch so schnell zu Ruhm und Beliebtheit gelangte, nur um dann in den Augen der Öffentlichkeit so tief zu stürzen.

Also endet Erfolg doch irgendwann einmal, oder? Er hat versagt – wirklich? Keineswegs, denn er feierte eine reelle und sensationelle Wiederauferstehung. Sein Versagen war also nicht endgültig. Der Name des jungen Mannes wurde schließlich rehabilitiert. Seine Ehre wurde von aufrichtigen und ehrbaren Anhängern wiederhergestellt. Sein Name ist heute der weltweit angesehenste und berühmteste Name. Er ist mein Freund! Meine Inspiration! Sein Name ist Jesus Christus.

Denken Sie über seinen Charakter, seinen Lebensweg, seinen Triumph, über sein Elend und den Tod nach und Sie werden zustimmen, dass Erfolg niemals endet und Niederlagen niemals endgültig sind.

II. ERTRÄUMEN SIE SICH IHREN WEG ZUM NIEMALS ENDENDEN ERFOLG!

Jetzt wissen Sie es. In diesem Buch geht es um:

❖ *Erfolg und Versagen*
❖ *Verzweiflung und Inspiration*
❖ *Frustration und Erfüllung,*
❖ *Entmutigung und Hoffnung*

Dieses Buch wurde für Sie geschrieben! Es zeigt Ihnen, wie Sie Ihre Träume wahr werden lassen können.

Die Menschen, die mich treffen, begrüßen mich üblicherweise mit der Frage: „Hallo, Dr. Schuller! Wie geht es Ihnen?"

„Großartig", sage ich und halte inne, dann füge ich hinzu, „ich plane es so, denn Erfolg stellt sich nicht einfach so ein. Man muss einen Plan haben, um ihn zu verwirklichen!"

Ich habe das schon als kleiner Junge gelernt. Kurz vor meinem fünften Geburtstag erwarteten wir den Bruder meiner Mutter, der in Princeton studiert hatte und nun in China als Missionar tätig war. Er wollte in Amerika seinen Urlaub verbringen. Wir warteten schon seit Monaten sehnsüchtig auf ihn. Wir waren einfache Leute vom Land und Onkel Henry wurde von allen angehimmelt. Er war George Washington, Abraham Lincoln und Theodore Roosevelt in einer Person. Er war wie ein Held aus einer Sage.

Meine Mutter stand ihrem jüngeren Bruder sehr nahe. Sie war stolz auf Onkel Henry. Er kam von einer Farm in Iowa und absolvierte sein Theologiestudium in Princeton und ging schließlich – in den zwanziger Jahren – in dieses geheimnisvolle, mysteriöse und wunderbare Land am anderen Ende der Welt. Gewissenhaft haben er und seine zukünftige Frau ihre begrenzten Habseligkeiten in einen Schiffskoffer gepackt und ihre Zugreise nach Kalifornien angetreten. Dort gingen sie an Bord eines Schiffes und nach ein paar Wochen kamen sie in China an. Ein geschäftiges, übereifriges Land – kämpfend, leidend und strebsam - in dem die Menschen schwarze Kleidung, Strohhüte und Sandalen trugen.

Onkel Henry war ein Träumer - und ein Mann der Tat! Er wollte etwas erreichen, verstand es zu planen und diesen Plan umzusetzen. Er setzte sich hohe Ziele und nahm den Mund voll. Aber er erreichte auch alles, was er sich zum Ziel gesetzt hatte. Deshalb glaubten die Menschen ihm, sie hörten ihm zu. Er war ein Vorbild, denn er wusste genau, was er wollte und wie sein Weg aussehen sollte.

Onkel Henry hatte jedes Jahr Postkarten geschickt. Ich habe mir diese seltsamen Fotografien angesehen, die mir in meiner kleinen Welt so fremd vorkamen, meiner Welt, die aus einem Farmhaus in Iowa, einer Scheune, einem Hühnerhaus, einem Schweinestall und einem Maisspeicher bestand – einem abgelegenen Grundstück, das am Ende eines verlassenen Feldweges liegt. Es war also kein Wunder, dass ich Onkel Henrys Heimkehr kaum erwarten konnte.

„Er wird in einer Stunde da sein", sagte meine Mutter, „Harold, hol' frisches Wasser." (Sie nannte mich immer bei meinem zweiten Vornamen, der ihr besser gefiel. Robert war der Wunsch ihrer willensstarken Mutter gewesen. So wurde ich Robert Harold genannt. So hatte meine Großmutter also ihren Willen durchgesetzt, meine Mutter aber ebenso ihren. Sie ignorierte einfach meinen ersten Namen und meine Großmutter war zufrieden.)

Mit einem kleinen Eimer ging ich über den freien Hof zur Pumpe, die doppelt so groß war wie ich. Die Silhouette glich vor dem Hintergrund der flachen freien Fläche einer eisernen Kreatur, die einen Körper und ein Eigenleben besaß: Der Griff glich einem Arm, der Wasserhahn einem Kopf. Nachdem ich den Griff ein paar Mal energisch auf und ab bewegt hatte, sprudelte das Wasser heraus – rein, klar und kalt. Der Brunnen war für unsere Familie wie ein Freund. Er schenkte uns das erfrischende Getränk, das wir jetzt unserem Ehrengast anbieten konnten!

Während ich das köstlichste Getränk, das ich je getrunken hatte, zum Haus trug, sah ich den langen, einsamen, einspurigen, trockenen und staubigen Weg, der zu unserer Farm führte, entlang. Ganz weit entfernt am Horizont sah ich eine kleine

Staubwolke, die immer größer und länger wurde und sich unserem Haus näherte. Dann tauchte ein schwarzer Wagen aus dem Staub auf.

„Er kommt, Mama! Er ist da!", schrie ich. Das Wasser verschüttend rannte ich die absplitternden, ungestrichenen Holztreppen hinauf, durch die mit einem Fliegengitter versehene Eingangstür hindurch und über den verblichenen, rissigen Linoleumboden der Küche.

„Onkel Henry ist da!", rief ich zu meiner Mutter, die (wie es mir vorkam) immer in der Küche war, morgens, mittags und abends.

Ich lief wieder nach draußen. Ein kleiner Rasen, der aus einer seltsamen Mischung von wilden Gräsern bestand, umgab unser kleines, zweistöckiges, weißes Farmhaus. Ein einfacher Zaun verhinderte, dass ein Pferd oder eine Kuh ausbrechen konnte. Mit meinen nackten Füßen hüpfte ich über den kaputten zementierten Weg, aus dessen Rissen Unkraut wuchs und die zugleich Eingang zu unzähligen unterirdischen Kammern waren, in denen Ameisen lebten und arbeiteten.

Jetzt war ich am Tor angelangt und wartete. Ich konnte das Auto hören. Es war Großvaters neuer schwarzer Chevrolet, Baujahr 1926. Alle Leute, die ich kannte, fuhren einen Chevrolet oder einen Ford. Und bei Familientreffen wurde immer hitzig debattiert, welches Auto besser sei.

Nun fuhr Großvater stolz seinen ältesten Sohn Henry; Henry, der gebildete, elitäre Weltreisende. Ein Mann mit einer Mission. Der Wagen hielt. Staubwolken wirbelten um die viertürige Limousine. Nervös zupfte ich an meinem Overall. In meinen Taschen hatte ich meinen einzigen irdischen Besitz – ein paar, für mich sehr kostbare, Glasmurmeln. Für mich waren sie wie Diamanten, Smaragde, Juwelen!

Die Autotür öffnete sich. Ich riss die Augen auf. Endlich würde ich den Menschen treffen, der mein großes Vorbild war. Mein Superstar, der sensationelle Erfolge vorweisen konnte. Er war, in meinem Denken und in meiner Welt wie Michael Jackson, Lionel Richie, Mohammed Ali, Bob Hope, Frank Sinatra, Ronald Reagan oder Magic Johnson! Für mich, einem kleinen Jungen von vier Jahren und elf Monaten, war Onkel Henry die wichtigste Person auf Erden.

Ich würde das erste Mitglied der Familie sein, das Onkel Henry sehen würde, noch vor meinem Bruder und meiner Schwester, die noch in der Schule waren. Er sah gut aus. Er trug einen

Anzug, ein weißes Hemd und eine Krawatte. Er war so gekleidet, wie ich es mir für einen gebildeten Mann vorgestellt hatte. Er strahlte Energie aus. Ich war starr vor Ehrfurcht, als er aus dem Auto sprang und zu mir kam.

Der Anblick meines leibhaftigen Helden verschlug mir die Sprache und ließ mich nach Luft ringen. Dann sprach er mit lauter, dröhnender Stimme „Du bist also Robert. Ja natürlich, du musst Robert Harold sein."

Ich nickte und wartete.

„ Robert", sagte er. Seine Hand lag auf meinem Kopf. Er sah mich an, seine Augen dicht vor meinem Gesicht. In diesem Augenblick war ich der einzige Mensch, der für ihn zählte. Dann sprach er weiter, mit starker, klarer Stimme und was er sagte, war wie eine Verkündigung, eine Prophezeiung: „Robert, du wirst ein Pastor sein, wenn du einmal groß bist."

Das hatte ausgereicht. Diese wenigen Sekunden veränderten mein Schicksal; sie bestimmten meinen weiteren Lebensweg. Ich stand dort und starrte ihm nach, hielt den Traum in meinem Herzen fest, während Onkel Henry seine Schwester umarmte.

Er hinterließ einen tiefen, bleibenden Eindruck. Er hatte mir ein Geschenk gemacht, dass wertvoller war als die „Diamanten und Smaragde" in meinen Hosentaschen. Onkel Henry kam den ganzen Weg von China, um mir das größte Geschenk zu machen, das ich jemals von jemandem bekommen hatte: einen Traum! Eine fantastische Möglichkeit! Ich wusste ohne den geringsten Zweifel, was ich einmal werden würde. Schließlich hatte es mir Onkel Henry gesagt.

An diesem Abend sprach ich wie üblich mein Kindergebet: „Müde bin ich geh zur Ruh, schließe beide Äuglein zu. Vater, lass die Augen Dein über meinem Bettchen sein." Dann fügte ich noch eine neue Zeile hinzu: „Und mach, dass ich Pastor werde, wenn ich groß bin. Amen."

Am nächsten Morgen beim Frühstück verkündete ich meinen Eltern meinen Traum. Ich verstand nicht, warum mein Vater weinte.

Wie kam mein Erfolg zustande? Wie konnte ich meine Träume verwirklichen? Spielt diese Frage überhaupt eine Rolle? Natürlich! Machte dieser Erfolg einen Unterschied? Und ob! Für wen? Das weiß nur Gott. Mein Erfolg spielte sicherlich eine Rolle und es machte einen Unterschied: für meine Ehe, für meine Familie und für das Leben der Menschen, die durch meine Bestrebungen und errungenen Erfolge positiv berührt und dazu veranlasst wurden, auch etwas aus ihrem Leben zu machen und es kreativ zu gestalten.

Ich feiere heute Erfolge. Aber was weiß ich darüber? Wie kamen sie zustande? Was habe ich dabei gelernt, dass ich Ihnen vermitteln könnte?

Ich habe die Erfahrung gemacht, dass manchen Menschen der Erfolg „in den Schoß fällt". Ursprünglich war es nicht ihre Absicht, ihr Ziel oder ihr Traum. Die Umstände zwangen ihnen förmlich den Erfolg auf. Die Zahl derer, die auf diese Weise zum Erfolg gelangten, ist jedoch entsprechend gering und wir können auch nicht viel von ihnen lernen.

Wichtiger ist die große Mehrheit der erfolgsorientierten Menschen, die ihr Ziel erreicht haben, weil sie es erreichen wollten. Ihr leidenschaftlicher Wunsch, ihr Ziel zu erreichen, trieb sie in ihrem Leben an. Beobachten Sie diese Menschen, so wie ich es auch getan habe. Sie verwenden Worte wie „mein Traum", „mein brennender Wunsch", „meine alles verzehrende Leidenschaft", „mein vorrangiges Ziel", „meine Wahrnehmung des Schicksals".

Ich kann diese Menschen verstehen. Ich kann mich mit ihnen identifizieren, denn ich bin einer von ihnen. Auch Sie können von ihnen lernen, egal wer Sie sind und woher Sie kommen. Und ich werde gerne mit Ihnen meine Erfahrungen aus über achtzig Jahren erfolgreichen Lebens teilen. In diesem Buch werde ich nun, entsprechend dem heiligen Eid, den ich dem Gott, an den ich glaube, geschworen habe, der Welt beweisen, wie meine Träume sich erfüllt haben und noch immer erfüllen: auf wundervolle, natürliche, edle und freudige Art und Weise, wie eine Blume, die aus einem Samenkorn erwächst, einen Stängel bildet, aus dem sich schließlich ihre Blütenpracht entfaltet.

SO WERDEN IHRE TRÄUME WAHR!

„Sie und ich haben es verdient, den heutigen Tag miteinander zu verbringen!", verkündigte ich meinen Zuhörern. Das war der einleitende Satz meiner Rede. Ich hatte einen Kloß in meinem Hals. Eine Träne in meinem Auge. Warum? Weil ich einer Einladung gefolgt war, die für mich eine der größten Ehren darstellte.

Zum zweiten Mal innerhalb von zehn Jahren wurde ich eingeladen, um die Abschlussrede für die Absolventen der United

States Air Force Academy in Colorado Springs zu halten. Die eindrucksvolle Kapelle war gefüllt mit den stolzen Angehörigen der Kadetten.

Die Studenten der Abschlussklasse kamen aus fünfzig Bundesstaaten, aus reichen und einflussreichen Familien, aber auch aus ganz armen. In mehr als einem Fall war ein US-Senator auf einen intelligenten jungen Mann oder eine intelligente junge Frau, die aus ärmlichen Verhältnissen kamen, aufmerksam geworden. Sie hätten sich niemals eine College-Ausbildung leisten können, hätte der Senator sich nicht für sie eingesetzt. Dank seiner Fürsprache wurden sie in der Air Force Academy aufgenommen. Damit erhielten sie ein Stipendium, das sämtliche Kosten der vierjährigen College-Ausbildung abdeckte und erhielten zusätzlich eine kleine Vergütung.

Aber die Ausbildung war alles andere als leicht. Das Studium und die praktische Ausbildung waren überaus anstrengend. Jetzt, vier Jahre später, hatten sie ihren Abschluss gemacht. In ihren frisch gestärkten Uniformen standen sie aufrecht und stolz da und genossen den größten Augenblick ihres Lebens. Der unvorstellbare und unerreichbare Traum hatte sich erfüllt.

Eine riesige Orgel erfüllte die Kapelle mit Militärmusik. Der Chor sang mit überwältigender Begeisterung. Dann war es an der Zeit, dass ich meine Rede hielt. Ich blickte über die Anwesenden hinweg und fuhr fort, meinen Eröffnungssatz zu erklären. „Ja, wir gehören zusammen. Denn Sie und ich zählen zu den Menschen, die davon überzeugt sind, dass *Träume wahr werden*!"

Dann schilderte ich kurz meine Lebensgeschichte und wie meine Träume sich erfüllt hatten. „Vor fünfzig Jahren, als ich ein kleiner Junge war, gab mein Onkel Henry mir einen Traum: Pastor zu werden und die inspirierende Geschichte von Jesus Christus mit anderen zu teilen. Meine Familie war arm, aber es war uns nicht bewusst. Oft haben wir Pappe in unsere Schuhe gelegt, wenn die Ledersolen durchgelaufen waren und sich ein Loch so groß wie ein Fünfcentstück gebildet hatte, so dass unsere Füße dem Schmutz, Kies und Zement ausgesetzt waren.

Damals freute ich mich über einen Cent so sehr wie heute über einen 100-Dollar-Schein. Wir mussten nie Hunger leiden, da wir einen Garten hatten und ein Land, von dem wir uns ernährten. Aber die Aussicht auf eine jahrlange, teure Ausbildung war eine andere Sache." *(Ich konnte spüren, dass sich meine Zuhörer damit identifizierten.)*

Ich fuhr fort: „Ich begann zu träumen, als ich knapp fünf Jahre alt war und die Aufforderung von Onkel Henry – eigentlich den Ruf von Gott selbst – hörte, mein Leben in den Dienst Gottes zu stellen.

Auch wenn die Kosten für die Ausbildung sich wie ein unbezwingbarer Berg vor mir auftürmten, trieb mich mein Traum an und trug mich durch die High School und vier Jahre College hindurch. Ich nahm seltsame Jobs an, arbeitete den ganzen Sommer hindurch, sparte und verdiente mir mein Essen, indem ich in der Cafeteria des Colleges arbeitete. Irgendwie ging meine Rechnung auf und plötzlich, noch bevor ich es wirklich realisieren konnte, hatte ich meinen Abschluss am College gemacht, so wie ihr Kadetten euren Abschluss gemacht habt. Der College-Abschluss war in der Tat ein Höhepunkt in meinem Leben – so wie für Sie. Wir wissen, dass Träume wahr werden können!

Nach dem College benötigte ich drei weitere Jahre für meinen Abschluss in Theologie. Dann erhielt ich mein theologisches Zeugnis und war damit berechtigt, um ordiniert und als Pastor der Reformierten Kirche[5] in Amerika eingesetzt zu werden. Zu diesem feierlichen Anlass kam mein Vater eigens nach Holland, Michigan angereist, wo ich bereits mein Studium abgeschlossen hatte. Als ich am Podium stand, um mein formelles Abschlusszeugnis zu erhalten, bemerkte ich meinen Vater, wie er sich Tränen aus dem Gesicht wischte.

Ich erinnerte mich daran, wie mein Vater an jenem Morgen geweint hatte, als ich ihm – im zarten Alter von knapp fünf Jahren – verkündet hatte, dass ich Pastor werden wolle. Am Abend meiner Abschlussfeier teilte er mit mir sein lang und gut gehütetes Geheimnis. Ich erfuhr nun, was hinter seinen Tränen steckte.

‚Als ich ein kleiner Junge war, wollte ich auch Pastor werden‘, erzählte er mir, ‚aber mein Vater und meine Mutter starben und ließen mich als Waise zurück. Ich musste die Schule verlassen, als ich gerade lesen und schreiben konnte. Ich war gezwungen, die einzige Arbeit anzunehmen, die man mir anbot – auf einer Farm in Iowa zu arbeiten. Zu diesem Zeitpunkt sah ich meinen Traum, Pastor zu werden, wie eine Wolke lang-

---

5   eine der großen *christlichen Konfessionen* der USA in reformatorischer Tradition, die von Mitteleuropa ihren Ausgang nahmen. Sie geht vor allem auf das Wirken von *Ulrich Zwingli* und *Johannes Calvin (Calvinismus)* im Zuge der *Reformation* zurück.

sam entschwinden. Ich hatte erlebt, wie sie größer wurde und Form annahm, nur um sich dann in Nichts aufzulösen! Ich betete zu Gott, meinen Traum durch einen Sohn, den er mir hoffentlich schenken würde, wahr werden zu lassen. Somit würde mein Traum nicht sterben. Er wurde wahr – durch dich!'

Er sah mich an, weinte und sagte: ,Ich habe mich nie getraut, dir davon zu erzählen, Robert, weil ich nicht wollte, dass du nur meinetwegen Pastor wirst. Gott selbst musste dir den Weg weisen und damit mein Gebet erhören. Sonst wäre es nicht richtig gewesen!'

Er sprach mit fester und leidenschaftlicher Stimme: ,Deshalb habe ich dir nie gesagt, warum ich so bewegt war, als du als kleiner Junge am Frühstückstisch verkündet hast, dass du Pastor werden würdest. Heute, Robert, ist mein Traum – und dein Traum – wahr geworden. Wir beide wissen, dass es Gottes Traum war, noch bevor es unserer war.'

„Das", erklärte ich den stolzen Kadetten, „ist das wahre Geheimnis meines – und Ihres – Erfolgs. Denn alle Träume von Erfolg beginnen bei Gott. Erst dann entwickeln sie sich ..."

WIE TRÄUME SICH ENTWICKELN!

Erfolg ist ein Prozess, nicht etwas, das man über Nacht erreicht. Er ist eine Reise, nicht das Ziel; ein niemals endendes Projekt, nicht eine einzelne, einfache Errungenschaft, die für sich allein steht und keine Verbindung mit der Vergangenheit und Zukunft hat. Erfolg ist ein immerwährender Prozess, bei dem man durch gute und schlechte Zeiten geht, Freude und Schmerz, Höhen und Tiefen erlebt und viele Erfahrungen sammelt.

Ich habe beobachtet, dass die erfolgreiche Erfüllung eines Traums - von der Entstehung bis zur Verwirklichung - aus zehn Stufen besteht.

Stufe eins: Der Traum beginnt bei Gott.

Wo beginnen Träume? Aus welcher Quelle stammen diese inspirierenden Ideen, die uns in den Sinn kommen, um fortan unser Schicksal zu bestimmen?

Ich glaubte, es sei *mein* Traum, Pastor zu werden. Wie sich aber herausstellte, war es bereits der Traum meines Vaters, bevor es zu meinem Traum wurde. Er war davon überzeugt (und ich teile diesen Glauben), dass es Gottes Traum war, bevor es sein oder mein Traum wurde. Und selbst als sich mein Traum mit meinem Abschluss verwirklicht hatte und ich *Pastor Robert Harold Schuller* geworden war, entstand ein neuer Traum in mir: der Traum, einen Ort in Amerika zu finden, an dem ich aus dem Nichts eine Kirche gründen und mein ganzes Leben dieser Aufgabe widmen könnte.

Als man mich kurz nach dem Examen bat, bei dem Aufbau einer Kirche in einem Vorort von Chicago zu helfen, sagte ich sofort zu. Nach vier Jahren erhielt ich jedoch eine weitere Einladung. Dieses Mal sollte ich eine Kirche – aus dem Nichts – in Orange County, Kalifornien gründen.

Ich hatte mich nicht um diese Aufgabe bemüht. Sie kam wie „aus heiterem Himmel", genauso wie der ungewöhnliche Drang, mein ganzes Leben in einer Kirchengemeinde zu verbringen. Also machte ich mich im Alter von 28 Jahren zusammen mit meiner Frau und 500 Dollar auf den Weg nach Kalifornien. Ich hatte dieses übermächtige und überwältigende Gefühl, dass ich eine neue, fantastische Gemeinde gründen würde.

Aber woher kam der Traum? Er kam wie aus dem Nichts! Träume, die unsere Fantasien ergreifen und unseren Willen beflügeln, beginnen bei Gott.

Stufe zwei: Gott sucht den Träumer sorgfältig aus.

Gott sucht nach einer geeigneten Person, der Er das großartigste Geschenk anvertrauen kann, dass Er einem Menschen geben kann: einen Traum!

„Ich habe eine Idee – einen Traum. Wem könnte ich diesen geben", fragt Er sich. „Wer wird ihn respektvoll entgegennehmen, ihn begeistert annehmen und ihn als seinen Besitz einfordern? Für ihn leben? Für ihn sterben?"

Der Empfänger muss jemand sein, der den Traum liebt, auch wenn er sich auf dramatische Art und Weise Zugang zu seinem begrenzten menschlichen Verstand verschaffen muss und sich als eine Furcht einflößende und unausführbare Idee präsentieren wird. Der Allmächtige muss einen Menschen finden, der den neuen Traum instinktiv, intuitiv, impulsiv und leidenschaftlich in seinem Herzen willkommen heißt und bereitwillig diese heilige und großartige Möglichkeit als etwas Wertvolles begreift – wie eine neue Liebe oder ein neugeborenes Kind.

Wem kann Gott diesen Traum anvertrauen? Seinen Traum? Die falsche Person würde Seinen Traum mit einem Lachen abtun oder sich über diesen unmöglichen Traum lächerlich machen und ihn mit sarkastischem Hohn zurückweisen. Gott muss also umsichtig sein, wo Er seinen Samen hinstreut, damit er nicht auf harten Boden fällt – in die Seele eines Zynikers - oder auf flaches Erdreich, wo er zwar sprießen kann, aber später stirbt, weil die Erde nicht tief genug ist und die Wurzeln keinen nährenden Boden finden. Gott muss also die Personen ausschließen, die den Traum anfänglich mit spontaner Begeisterung willkommen heißen, nur um ihn dann in harten Zeiten aufzugeben.

Gott muss den richtigen Menschen finden, dem Er diese unausführbar scheinende Idee schicken kann. Jemand, der diese Idee mit Respekt und Ehrfurcht entgegennimmt, der sie ehrt, ergänzt und sie vermehrt. Ja, vermehrt, denn kein Traum bleibt für immer ein Traum! Viele Äpfel wachsen aus einem Samenkorn, das gepflanzt, gehegt und gepflegt wurde. Und so sucht Gott einen Menschen, der sich Seiner neuen, spannenden und kreativen Idee annimmt. Der Allmächtige sucht nach einem Möglichkeitsdenker. Jemand auf Erden, einen einfachen, durchschnittlichen Menschen, der auf der Straße arbeitet oder im Büro sitzt, der gerade joggt, badet, liest, betet, weint oder lacht, dem dann plötzlich „aus heiterem Himmel" eine Idee in den Sinn kommt. Gott hat Seine Wahl getroffen. Eine Verbindung zwischen Himmel und Erde wurde hergestellt. Der göttliche schöpferische Prozess hat sich wieder einmal durchgesetzt. Schöpfung ist, ebenso wie Erfolg, ein ewiger, nie endender Prozess.

Derselbe wundervolle Geist, der zu Beginn der Schöpfungsgeschichte wirkte und Leben auf einen toten Planeten brachte, ist es, der den ansonsten leblosen Geistern mit dem Funken einer großen und ehrenwerten Vision von fabelhaften Möglichkeiten Leben einhaucht. Zu diesem Zeitpunkt nimmt der Träumer den Traum an und versucht ihn zu verwirklichen. Er wird ein „Möglichkeitsdenker"!

Der göttliche Traum wird einem Menschen übertragen, der ihn mit Begeisterung erfüllen will.

Stufe drei: Der Traum entwickelt ein Eigenleben.

Der Traum wurde in das Herz eines Menschen gepflanzt und beginnt dort nun zu wachsen. Der Träumer trägt nun einen

Traum in sich, der zum Leben erwachen, eine wunderschöne neue Schöpfung, eine herrliche Errungenschaft, eine wunderbare Leistung, ein phantastischer Erfolg werden wird.

Gott hat dem Traum ein Eigenleben gegeben. Er gleicht einer befruchteten Eizelle, die sich durch mehrere Entwicklungsstadien hinweg zu einem Kind entwickelt, das geboren wird. Der Erfolgszyklus hat begonnen.

Verfolgen Sie genau, wann der Erfolg einsetzt. Er beginnt, wenn der Träumer den Traum annimmt, wenn er die überraschend kommende, inspirierende Idee willkommen heißt und sie als seinen ganz persönlichen Besitz betrachtet. Lassen Sie diesen Augenblick nicht achtlos vorüberziehen, denn dies ist ein Augenblick eines Wunders. Wie leicht hätte dieser fünfjährige Junge diese spontane Äußerung seines heldenhaften Onkels, der gerade aus China eingetroffen war, außer Acht lassen können.

Der Erfolg beginnt, sobald wir an den wundervollen Traum, den uns Gott geschickt hat, glauben. Wie wunderbar, dass unsere Reaktion positiv war und wir diesen Traum nicht abgelehnt haben. Wie bemerkenswert, dass dieser Traum nicht einfach spontan als eine unmögliche Sache abgetan wurde; war doch dieser Augenblick ein Aufeinandertreffen eines menschlichen Geistes mit dem Traum des Schöpfers – Gott!

Wenn der Erfolg erst einmal begonnen hat, kann er nicht mehr aufgehalten werden. Denn Erfolg endet niemals. Selbst der Sonnenuntergang stellt nicht das Ende eines vergangenen Tages dar, denn dieser Tag erhielt ein ewiges Leben, da er ein Teil der unabänderlichen Geschichte geworden ist.

Wie lange hält der Traum an? Wie groß ist seine Lebensspanne? Wird sich der neue Traum voll entwickeln, sich zeigen und gelebt werden können? Oder wird er absichtlich oder unabsichtlich im Keim erstickt oder als ein Fehlschlag abgetan? So oder so wird man sich an ihn erinnern. Positive Ideen sind unsterblich, selbst wenn sie bei ihrer Entstehung bereits wieder verworfen wurden. In der Mehrzahl der Fälle wird eine Idee erneut geboren. Auch wenn es sich dabei nur um eine zeitweilige Erinnerung handelt, prägen sie doch das Bewusstsein des Menschen. Somit stirbt eine Idee letztendlich nie vollständig. Damit ist bewiesen, dass Erfolg niemals endet und Fehlschläge nie endgültig sind.

Deshalb seien Sie sich über Folgendes bewusst: sobald ein

Traum von einem Möglichkeitsdenker empfangen wird, der kreativ denkt, einfallsreich und dynamisch ist, ist dies der Augenblick, an dem etwas Neues entstanden ist.

Stufe vier: Gott bestimmt die Zeit für den Entwicklungsprozess.

Die vierte Dimension eines sich entwickelnden Traumes ist der Zeitablauf.

Manchmal ist der Entwicklungsprozess unglaublich schnell. Aber häufiger ist der Zeitplan des Entwicklungsprozesses so ausgelegt, dass er den Träumer Geduld lehrt.

Was ist die einzige Eigenschaft, die mehr als alle anderen die Menschen auszeichnet, die erfolgreich waren? Es ist Geduld. Ungeduldige Träumer suchen nach bequemen Abkürzungen und versuchen, sich den Erfolg so billig wie möglich zu erkaufen. Unwissende, ungeduldige Träumer übersehen zu häufig und zu leicht den richtigen Weg, und so wenden sie sich vom göttlichen Traum ab. Später, wenn es bereits zu spät ist, erkennen sie, dass die Wahl des einfachen und bequemen Weges in Wirklichkeit der Weg des geringsten Widerstands war, der sie direkt zur Langeweile, Schande, Leere, Versagen und Armut geführt hat. Wären sie doch nur nicht vor dem Lernprozess zurückgeschreckt, den der Traum erforderte.

Ich kann den wahren Wert des Geschenkes nicht ermessen, das Gott mir gab, als er mir in so jungen Jahren einen Traum anvertraute, der mich unweigerlich und unausweichlich zwang, Jahrzehnte vorauszudenken. Fast zwanzig Jahre würden vergehen, bevor ich meinen Abschluss machen würde und mir das ehrenvolle Diplom vertrauensvoll und für immer in meine wartenden Hände gelegt werden würde.

In all diesen Jahren des Lernens und der Anstrengungen wurde Geduld zu meiner größten Tugend. Zu dem Zeitpunkt, an dem ich die Akademie verließ und in die Welt hinausging, wo die Menschheit um ihr Überleben und ihre Träume kämpfte, hatte ich mich bereits an eine langfristige Perspektive gewöhnt. So war es leicht für mich zu akzeptieren, dass sich mein Traum, eine wahrhaft großartige Kirche zur Ehre Gottes zu gründen, vielleicht erst in vierzig Jahren erfüllen würde.

In der Tat dauerte es viele Jahre – fast ein Leben lang – bis sich der Traum vollständig entwickelt hatte und in voller Blüte stand. In den ersten fünf Jahren, die ich als Prediger in Garden Grove, Kalifornien, verbrachte, musste ich mich Woche für Woche bemühen, eine Gemeinde aufzubauen, indem ich auf dem Dach einer Snackbar eines Autokinos predigte. Die nächsten zehn Jahre waren geprägt von dem Erwerb von vier Hektar Land und der Errichtung unseres ersten Kirchengebäudes, das vom weltbekannten Architekten Richard Neutra entworfen wurde. In den darauf folgenden zehn Jahren wurde der Bürokomplex unserer Kirche in einem Gebäude namens „Tower of Hope"[6] errichtet. Dieses Gebäude, auf dessen Spitze ein 27 Meter hohes Kreuz schimmernd in den Himmel ragt, wurde ein Wahrzeichen der Hoffnung am Autobahnknotenpunkt von Orange County in Südkalifornien.

Der Erfolg schien kein Ende zu nehmen, denn nun bekam ich den Traum einer gläsernen Kathedrale, der Crystal Cathedral. Unmöglich, unglaublich - so schien es zumindest. Aber wenn ich heute zurückblicke, kann ich nur sagen, dass für Gott, der uns diese unglaublichen Träume schickt, nichts unmöglich ist.

So feierte eine Kirche, die mit zwei Mitgliedern, 500 Dollar und der kostenlosen Nutzung eines Autokinos begann, ihr fünfundzwanzigjähriges Bestehen mit der Einweihung einer Kirche, die als eine der großartigsten zeitgenössischen Bauwerke der Welt bezeichnet wird. Es war ein Medienereignis und die künstlerische Meisterleistung von Philip Johnson, einem der größten Architekten des 20. Jahrhunderts.

Stufe fünf: Überraschende Unterstützung kommt aus unerwarteten Quellen.

Der Traum, der durch den Geist Gottes entstanden ist und in die Seele eines Möglichkeitsdenkers gepflanzt wurde, erhält nun Unterstützung aus verschiedenen Quellen, durch Mittel und Wege und Menschen, an die der Träumer nie zuvor gedacht hatte. Der Traum wirkt wie ein gigantischer Magnet und beginnt Hilfe von den Menschen anzuziehen, die bereit sind, inspirierten Träumern zum Erfolg zu verhelfen. Menschen mit den richtigen Stärken, Fertigkeiten und Einflussbereichen treten wie aus dem Nichts auf, um den Traum voranzutreiben, weiterzuentwickeln und umzusetzen.

Wie Schauspieler treten diese Menschen zum richtigen Zeit-

---

6   wörtlich: Turm der Hoffnung.

punkt ins Rampenlicht. Diejenigen, die seit Jahren eng mit mir zusammenarbeiten, haben mich hundert Mal oder öfters sagen hören: „Ich habe Erfolg, weil Gott mir die richtigen Menschen zum richtigen Zeitpunkt schickt."

In diesem Stadium der Entwicklung des Traums beginnt Gott ein Team zur Verwirklichung des Traums zu bilden. Menschen, Begabungen und positiver Druck sorgen dafür, dass sich der Traum von etwas Unmöglichem zu etwas Möglichem verwandelt. Zu diesem Zeitpunkt werden wir Zeuge der enormen Berge versetzenden Energie, die erzeugt wird, wenn gläubige Menschen zusammentreffen, um ein Wunder wahr werden zu lassen.

Stufe sechs: Vorübergehende Rückschläge und Schwierigkeiten sorgen für Enttäuschung.

Zu diesem Zeitpunkt erwarten Sie vermutlich, das Ziel bereits erfolgreich erreicht zu haben. Der krönende Abschluss und der dauerhafte Erfolg sind in greifbare Nähe gerückt. Aber halt – noch sind Sie nicht ganz am Ziel!

Ich habe die Erfahrung gemacht, dass es in letzter Minute immer noch einen Test bzw. eine Herausforderung gibt, bevor man den großartigen, triumphalen Augenblick des überwältigenden Erfolges genießen kann. In dieser Phase stellten sich mir immer Schmerz, Leid oder kostspielige Schwierigkeiten in den Weg. Der Traum und der Träumer erfahren Rückschläge, Verzögerungen und Enttäuschungen. Denn in dieser Phase stellt Gott sicher, dass der Träumer wahrhaftig demütig ist, wenn die Krone auf sein Haupt gesetzt wird.

Sorgfältig geplante Strategien können fehlschlagen. Es scheint keine weiteren Möglichkeiten mehr zu geben. Hat der Träumer nun versagt? Was das Heute betrifft – ja! Aber er kann es morgen noch einmal versuchen. Denn Versagen ist niemals endgültig. Der Erfolg muss nicht zu diesem tristen und entmutigenden Augenblick enden. Es war zu solch einem Zeitpunkt, an dem ich Folgendes schrieb: „Wenn du glaubst, dass du alle Möglichkeiten ausgeschöpft hast, erinnere dich stets daran: Nein, hast du nicht, es gibt noch weitere."

Menschen und Sachzwänge ändern sich. Hindernisse sind morgen vielleicht nicht mehr so hoch wie sie es heute sind. Haben Sie das Gefühl, vor einem unüberwindbaren Berg zu stehen? Das ist gut! Was ist gut daran? Der Berg kann nicht wachsen! Aber Sie können wachsen! Vielleicht müssen Sie den Rückzug antreten, umplanen, sich neu organisieren, um erneut den steilen, rutschigen Aufstieg zum Gipfel in Angriff zu nehmen. Und Sie werden es schaffen! Vielleicht müssen Sie sich noch einmal an Gott wenden, der Ihnen diesen Traum geschenkt hat. Lassen Sie Ihren Glauben durch Seine Zusagen wieder aufleben:

❖ „Ich vermag alles durch den, der mich mächtig macht." (Philipper 4, 13)
❖ „Ist Gott für uns, wer kann wider uns sein?" (Römer 8, 31)

Schöpfen Sie Hoffnung! Ein neuer Tag wird den Durchbruch bringen. Ihre Hoffnungen werden bestätigt durch neue Energie und durch Menschen, die Gott Ihnen schickt. Er hat Sie nicht so weit gebracht, um Sie nun im Stich zu lassen. Er bereitet Sie lediglich auf Stufe sieben vor.

Stufe sieben: Der Traum wird wahr!

Nach all Ihren Gebeten, Ihrem Möglichkeitsdenken, Ihrer Geduld und Ihrem durchlebten Schmerz stellt sich nun der überwältigende Erfolg ein. Sie sind am Ziel. Das Vorhaben wird umgesetzt. Der Grundstein für den Aufstieg ist gelegt. Stellen Sie sich nun aber auf Überraschungen und Enttäuschungen ein! Ehrungen und Kränkungen kommen unerwartet und ungebeten. Enthusiastischer Applaus wird von Ihren Befürwortern kommen. Sobald Sie aber den Gipfel des Berges erreicht haben, werden auch Ihre Konkurrenten auf Sie aufmerksam. Neid und Missgunst machen sich breit. Konkurrenten und Neider stellen Ihnen nach.

Aber Sie sind darauf vorbereitet, denn Sie haben den Widerstand bereits beim Aufstieg zu spüren bekommen. Sie sind ein Veteran, ein erfahrener Gipfelstürmer. Arroganz und zerstörerischer Stolz werden nicht Ihr Problem sein, sondern es gilt vielmehr, Ihr Selbstvertrauen darin zu bewahren, dass das, was Sie getan haben, richtig, ehrenwert, großzügig und gut ist.

Ich musste so manchem jugendlichen Träumer erklären, dass das Möglichkeitsdenken nicht zu überheblichem Stolz führt. Denn zu dem Zeitpunkt, an dem der Träumer sein Ziel erreicht hat, wird die Tugend der Demut so fest in seiner Persönlichkeit verankert sein, dass seine Bescheidenheit aufrichtig ist. Wenn Ihr positiver Stolz in der Gnade und Güte Gottes verwurzelt ist, ist Ihre Demut verbrieft. Der Erfolgsprozess hat Sie an die Spitze gebracht. Sie haben also die letzte Stufe der Traumentwicklung erreicht … richtig? Falsch!

Stufe acht: Der Träumer wird von seinem Traum geprägt.

Der Träumer hat jetzt eine höhere Ebene erreicht. Er blickt in den Spiegel – und ist überrascht! Er bemerkt, dass der Traum ihn verändert, geprägt, gekennzeichnet und geformt hat. Er ist mit dem Traum gewachsen – dem Traum, der ihn vorangetrieben und gefordert hat und sich in seiner Persönlichkeit widerspiegelt. Jetzt erst versteht er, dass es keine außergewöhnlichen Leute gibt – nur gewöhnliche Menschen. Manche haben einfach größere Träume als andere. Jetzt erst können wir sehen, wie Träumer wirklich belohnt werden.

Der Schmerz, den sie auf dem Weg erlebt haben, hat ihnen mehr Mitgefühl mit dem Leid anderer geschenkt. Die unerwartete Unterstützung aus unvorhersehbaren Quellen ließ ihr Vertrauen in Gott und ihre Mitmenschen wachsen. Die Hartnäckigkeit, die sie durch die schweren und schlimmen Zeiten gebracht hat, hat sie ein höheres Maß an Geduld und Toleranz gelehrt. Ihr Hauptmotiv – anderen Menschen, die leiden, zu helfen – hat Sanftmut und Feingefühl in ihre vom Leben geprägte Gesichter gezeichnet. Ihren Traum zu leben, das hat sie verändert. Sie sind reicher, erfüllter, vielschichtiger geworden, weil sie ihren Traum träumten und an ihm festhielten.

Wenn Sie sich also für den Traum entscheiden, dann wird dieser Traum Ihr Schicksal bestimmen. Die Größe des Traums wird entscheiden, zu welch großem Menschen Sie werden.

Stufe neun: Der Traum wächst weiter.

In dieser Phase öffnet sich der Vorhang und gewährt einen Blick auf die Zukunft. Der Träumer lernt, dass große Träume von großen Träumern niemals ein Ende erreichen, sondern darüber hinaus in die nächste Stufe schreiten. Denn Träume neigen dazu, sich zu vermehren. Erfolg vervielfältigt sich und endet somit niemals.

Wenn Sie einen Traum verwirklicht haben, werden Sie bemerken, dass dieser Einzelerfolg kein letztendliches Ziel ist, sondern ein neuer Ausgangspunkt, um mit noch mehr Energie noch größere Erfolge und Leistungen zu erzielen. So schafft finanzielle Sicherheit nur eine breitere Basis für größere Bemühungen, die vorher nicht möglich oder denkbar gewesen wären.

Sie haben einen akademischen Titel erworben? Ihr Traum hat sich verwirklicht? Wozu? Nur damit ein wichtiges Dokument eingerahmt in Ihrem Büro hängt? Sicher nicht. Dieser Erfolg dient vielmehr dazu, eine Grundlage zu schaffen, Sie immer weiter und weiter voranzutreiben. Sie können nun von anderen bemerkenswerten Menschen ernst genommen werden.

Dies ist der Zeitpunkt, um innezuhalten und Ihre Kräfte neu zu bewerten. Ziehen Sie Bilanz: Ziehen Sie Ihr Soll von Ihrem Haben ab und finden Sie heraus, was Sie unterm Strich heute für einen Wert haben – in beruflicher, geistiger und finanzieller Hinsicht, im Hinblick auf Ihre Erfahrung und Ihr Wissen.

Sie werden vielleicht von Ihren eigenen Stärken verblüfft sein. Sie haben einen Ausgangspunkt erreicht, von dem Sie Berge erklimmen können, von denen Sie nie gedacht haben, dass Sie sie bezwingen könnten. Sie sind nun in einer ungemein kraftvollen Position, von der aus Sie ehrgeizigere Träume träumen können. Darüber hinaus werden die Menschen, die Ihnen auf Ihrem Weg geholfen haben, dafür sorgen, dass Sie nicht aufgeben. Deshalb bereiten Sie sich auf die zehnte und letzte Stufe der Entwicklung Ihres Traumes vor.

Stufe zehn: Der Träumer betritt die Gefahrenzone.

Diese Phase birgt viele Gefahren. Der Träumer läuft nun Gefahr, mit dem Tempo eines schnell wachsenden, vorwärts drängenden Traums nicht mithalten zu können. Der Traum steht - wie ein heranwachsendes Kind - in Gefahr, dem Träumer über den Kopf zu wachsen, wie ein Schüler seinem Lehrer oder der Sportler seinem Trainer. Der Traum übernimmt nun die Führung. Indessen möchte der Träumer sich ausruhen, sich zurückziehen oder zumindest eine Pause einlegen.

„Na komm schon!", ruft der voranstürmende und sich ausdehnende Traum dem müden Träumer zu. „Es gibt noch mehr Gipfel zu erklimmen. Kannst du sie nicht sehen? Es gilt, noch weitere Siege zu erringen."

Der Träumer zögert. Er möchte sich ausruhen, aber er darf nicht. An diesem Punkt braucht er einen neuen Traum. Noch einmal muss er alle zehn Stufen erklimmen. Er weiß, dass wenn er nicht weiter träumt und wächst, er beginnen wird zu sterben. Treffend formulierte dies die Dichterin Evangeline Wilkes:

> Im Sand des Zögerns
> liegen die Knochen all jener,
> die am Vorabend des Sieges
> sich setzten und warteten
> und warteten – bis sie starben![7]

Wenn Sie also Stufe zehn erreicht haben, seien Sie vorsichtig und seien Sie bereit, eine neue Herausforderung anzunehmen. Wagen Sie es, einen neuen Traum zu träumen! Wenn die Alternative zum Träumen der Tod ist, sollte die Entscheidung eigentlich leicht fallen.

Woher bekommen wir nun aber einen neuen Traum? Kehren Sie zurück zu Stufe eins. Ziehen Sie sich an einen stillen Ort zurück, an dem Sie Gott, der Sie bis zu diesem Punkt gebracht hat, begegnen. Erstatten Sie der Quelle, aus der alle großartigen, großen und wundervollen Träume stammen, Bericht.

Ich spreche aus persönlicher Erfahrung, da auch ich aus diesem Gefahrenbereich entkommen bin. Als die Crystal Cathedral eingeweiht wurde, fragten mich die Menschen, die Gemeindemitglieder und die Presse: „Was ist Ihr nächster Traum?"

Darauf hatte ich wirklich keine Antwort. Die Wahrheit ist, ich hatte keine weiteren Pläne. Der emotionale Kraftakt hatte mich erschöpft und innerlich leer gemacht. Ich hatte meinen Traum von einer gläsernen Kathedrale mit all ihren fantastischen Möglichkeiten verwirklicht und bin dabei niemals einen Kompromiss eingegangen, sondern habe danach gestrebt, ein Meisterwerk an Kunst und Architektur zu schaffen. Das hat mich ausgelaugt. Ich hatte an jenem Morgen im September 1980 kaum genug Energie, um meine Begeisterung zum Ausdruck zu bringen, als die Kathedrale zur Ehre Gottes eingeweiht wurde.

Ich schüttete meiner Frau, die zu meinen vertrauten und wichtigsten Freunden zählt, mein Herz aus. „Jeder erwartet von mir, einen noch größeren Traum zu haben. Aber ich bin müde, Arvella. Ich bin erschöpft. Man hat meine Motive zum Bau die-

---

7   Original: "On the sands of hesitation, lay the bones of countless million. Who at the dawn of victory sat down to wait, And waiting—died!"

ser Kathedrale kritisiert. Zyniker und enge Freunde haben mich angesichts der enormen Kosten dafür angegriffen. Ich kann nicht mehr träumen. Habe ich, abgesehen davon, nicht schon genug in meinem Leben getan?"

Zum ersten Mal in meinem Leben fühlte ich, dass sich meine Träume voll und ganz verwirklicht haben. Es war mir gelungen. Ich wusste es. Das war mir genug. Setzen Sie einen Punkt hinter das Wort „Erfolg", ziehen Sie Bilanz. So habe ich meinen Fortschritt festgehalten. Doch ich lag falsch. Erfolg lässt sich nicht stoppen. Ich sollte eine wichtige Lektion lernen: Erfolg endet niemals! Ich habe irrtümlich angenommen, dass die Tage des Träumens für mich vorbei seien, aber als ich meinen 60. Geburtstag feierte, sagte mein Sohn, Robert Anthony Schuller, zu mir: „Papa, du bist mit deinem Bau der Kirche noch nicht fertig. Du hast ein Verwaltungsgebäude im wundervollen Tower of Hope und du hast eine wunderbare Kirche, die Crystal Cathedral. Aber du hast noch kein Zentrum für christliche Bildungseinrichtungen gebaut, das sich um familiäre Bedürfnisse kümmern kann und die Interessen der künftigen Generationen der Kirche sicherstellt."

„Aber ich habe kein Land dafür", protestierte ich.

„Kauf doch den Appartement-Komplex neben der Kirche."

„Aber das ist unmöglich, Robert", hörte ich mich sagen.

Unsere Blicke trafen sich augenblicklich und wir starrten uns ungläubig an, als das Wort fiel, das ich eigentlich aus meinem Wortschatz gestrichen hatte.

„Unmöglich!" Wir begannen beide zu lachen. „Versuch es noch einmal", drängte mich mein Sohn. Er wusste, dass ich früher schon einmal bei dem Versuch gescheitert war, die Appartement-Einheiten, die rund 1,5 Hektar der angrenzenden Fläche einnahmen, zu erwerben. Der Eigentümer wollte nicht verkaufen. Ich war gescheitert. Abgesehen davon, wer braucht denn schon noch mehr Erfolg?

Aber Erfolg kennt kein Ende. Er bringt ständig neue Möglichkeiten hervor – manchmal auch in Form von neuen Problemen. Fehlschläge müssen nicht endgültig sein. Versuchen Sie es einfach noch einmal!

Allein mit meinen Gedanken und mit Gebeten sammelte ich die Kraft. Ich rief einen Immobilienmakler an und drängte ihn, sich nach Kräften zu bemühen, den Komplex zu erwerben. „Wir sind bereit, sechs Millionen Dollar zu bezahlen", erklärte ich ihm vertrauensvoll.

Dieses Mal war der Besitzer in einer anderen Stimmung und anderer Meinung. Neue Steuergesetze traten zum Jahresende in Kraft und ein Verkauf wäre für ihn somit nun vorteilhafter. Wir einigten uns auf einen Preis von fünf Millionen Dollar. Nach nur einem Anruf bei der Bank stand die vollständige Finanzierung.

Und wieder einmal träumte ich! Ich begann mir ein Gebäude auf unserem neu erworbenen Stück Land vorzustellen, das sowohl den Bedürfnissen der Kirche als auch denen künftiger Generationen entsprechen würde. Aber dann tauchte eine neue Frage auf: Wie können wir dieses neue Gebäude mit der Crystal Cathedral verbinden, um einen in sich geschlossenen Komplex zu schaffen, der sowohl den Geist als auch den Stil vereinen würde?

Eine vage Vorstellung begann in meinem Verstand Form anzunehmen. Es war jedoch die Vorstellung von einem weiteren Gebäude. Ich rief Philip Johnson an. „Philip, der Traum ist noch nicht, wie ich dachte, vorbei. Sie müssen die Crystal Cathedral fertig stellen". Meine Stimme klang voller Begeisterung. „Wir haben die Kirche, wir haben die Leute, aber wo ist der Kirchturm?"

Obwohl ich dabei lachte, war es mir ernst und ich fuhr fort: „Philip, wir brauchen einen Kirchturm, der fachmännisch entworfen und direkt neben der Kathedrale errichtet wird, um das Ganze zu einem Komplex zu verbinden. Im Erdgeschoss möchte ich eine Gebetskapelle errichten, in der wir rund um die Uhr beten können. Darüberhinaus wird der Kirchturm die Crystal Cathedral mit dem neuen Familienzentrum verbinden, das wir auf dem kürzlich erworbenen Land errichten."

Philip griff die Idee auf und entwarf den wohl überwältigendsten und spektakulärsten Kirchturm, den ein Architekt sich nur vorstellen kann. Die Pläne wurden ausgearbeitet. Die Stadt erteilte ihre Genehmigung und während der nächsten Jahre war ich damit beschäftigt, die Gelder aufzubringen, die für die Entwicklung des Plans und die Verwirklichung des Traums erforderlich waren. Die vergangenen Fehlschläge, unser Grundstück zu vergrößern, wurden durch die höhere Macht des Möglichkeitsdenkens überwunden. Deshalb kann ich heute mit absoluter Sicherheit behaupten: *„Erfolg kennt keine Grenzen und Fehlschläge sind niemals endgültig."*

Werden wir je aufhören zu träumen? Nicht, wenn wir zulassen, dass Gottes Wille geschieht und wir Seinen Zeitplan akzeptieren. Selbst in diesem Augenblick, in dem ich dieses Buch schreibe, stelle ich mich auf die Zehenspitzen und blicke über das Heute hinweg in die Zukunft, um die Erfüllung meines Lebenstraums zu sehen.

Wie hat sich Ihr Leben bisher entwickelt? Auf welcher Stufe befinden Sie sich? Egal, wo Sie gerade sind, ich biete Ihnen diese ermutigenden Worte an: *Wer es wagt, einen Traum zu leben, wagt es zu leben!* Sie können ein Träumer und zeitgleich jemand sein, der handelt. Sie können erleben, wie sich Ihre Träume verwirklichen, und aus persönlicher Erfahrung kann ich Ihnen sagen, dass dies sehr aufregend ist.

❖ *Ich träumte davon, eine großartige Kirche zu bauen. Heute steht die Crystal Cathedral.*

❖ *Ich träumte davon, im ganzen Land im Fernsehen zu predigen. Heute sehen Millionen von Menschen jede Woche unseren Fernsehgottesdienst „Hour of Power"[8], der in den USA die höchsten Einschaltquoten unter Fernsehpredigten erzielt.*

❖ *Ich träumte davon, ein erfolgreicher Autor zu werden. Voller Zufriedenheit konnte ich miterleben, wie vier meiner Bücher auf den Bestseller-Listen der New York Times, des Time Magazine und des Publisher Weekly zu finden waren.*

❖ *Ich träumte davon, glücklich verheiratet zu sein und gesunde und erfolgreiche Kinder zu haben. Heute sind meine Frau und ich seit über 50 Jahren miteinander verheiratet. Wir lieben uns noch mehr als gestern – jedoch weniger als morgen. Meine fünf Kinder? Sie sind alle erfolgreich. Sie träumen und handeln. Sie sind alle Möglichkeitsdenker.*

❖ *Ich träumte davon, die Crystal Cathedral zu vollenden und einen 70 Meter hohen gläsernen Kirchturm zu errichten, der in der Sonne strahlen und wie Sterne in der Nacht funkeln wird. Dies ist geschehen. Denn ich kann davon träumen und deshalb kann ich es auch verwirklichen.*

Meine größten Träume befinden sich noch auf dem Reißbrett und zeigen, dass Erfolg niemals endet. Erfolg beginnt, wenn Sie es wagen zu träumen. Also schließen Sie sich mir an. Wenn Sie von etwas träumen können, dann können Sie es auch tun.

**Mögen Sie solange leben,
wie Sie es wünschen,
und Wünsche haben,
solange Sie leben.**

III. Wenn Sie es träumen können, können Sie es auch tun!

Wo immer Sie auch gerade im Leben stehen –
Wer immer Sie sind –
Was auch immer Sie erreicht haben –
Wann, *wo* oder *warum* Sie auch versagt haben mögen –

Ich fordere Sie auf, folgende Fragen zu beantworten:

* *Welche Träume würden Sie zu verwirklichen suchen, wenn Sie wüssten, dass Sie nicht scheitern können?*
* *Welche Ziele würden Sie sich setzen, wenn Sie über unbegrenzte finanzielle Mittel verfügen würden?*
* *Welche Pläne würden Sie schmieden, wenn Sie sich sicher wären, dass Sie sie umsetzen können?*
* *Welche Projekte würden Sie starten, wenn Sie die Weisheit besäßen, jedes Problem zu lösen, und die Macht, alle Hindernisse aus dem Weg zu räumen?*
* *Welche Arbeit würde Sie heute reizen, wenn Sie sich die Fachkenntnis aneignen könnten, um Ihre Ideen an einflussreiche Menschen zu verkaufen?*

JEDER kann träumen! JEDER kann planen! JEDER vermag nach den Sternen zu greifen! Erfolg endet niemals und Versagen ist niemals endgültig für die Menschen, die noch träumen können.

Als ich 1955 nach Kalifornien kam, um dort eine Kirche zu gründen, rodete Walt Disney nur drei Kilometer entfernt Orangenbäume, um dort einen Ort namens Disneyland zu errichten. An meiner Wand hängt folgender Ausspruch meines berühmten Nachbarn: „Irgendwie kann ich nicht glauben, dass es viele Höhen gibt, die nicht von einem Menschen erklommen werden können, der das Geheimnis kennt, wie man Träume verwirklicht. Dieses besondere Geheimnis lässt sich in vier Schlüsselworte zusammenfassen: *Neugier, Selbstvertrauen, Mut* und *Ausdauer.* Das wichtigste Schlüsselwort ist das Selbstvertrauen."

Walt Disney kannte das Geheimnis, wie man seine Träume verwirklicht. Auch Sie können Ihre Träume verwirklichen!

Alles beginnt natürlich mit einer Idee oder einem Traum. Jeder hat Ideen, die ihm durch den Kopf geistern. Der Unterschied liegt einzig und allein darin, was Sie mit diesen Ideen anfangen. Wir alle konnten doch schon Menschen beobachten, die etwas Großartiges vollbracht haben, und wir dachten: „Wie haben sie das nur geschafft?"

Vielleicht hatten Sie dieselbe Idee, aber Sie haben nichts unternommen. Erfolgreiche Menschen unterscheiden sich nicht von Ihnen oder mir; sie haben lediglich die Chance genutzt, eine großartige Idee aufzugreifen, bevor sie in Vergessenheit gerät. Sie haben die Gelegenheit beim Schopfe gepackt. Sie haben die Idee niedergeschrieben, damit sie sie nicht vergessen. Diese Idee wurde zu einem Traum. Und sie haben dank ihrer Intuition oder durch Übung gelernt, wie sie ihre Träume verwirklichen können. Sie hatten die vier Schlüssel zum Geheimnis des Erfolgs.

Sie können träumen – wenn Sie neugierig sind!

Welche Charaktereigenschaft zeichnet alle Träumer und Macher aus? Es ist die kreative Neugier. Sie ist die Antriebskraft für unseren Verstand und bewirkt die Fragen, die wiederum Kreativität freisetzen.

Tausende von Jahren saßen Menschen unter Bäumen nur damit Äpfel auf sie herunterfielen und sie am Kopf trafen. Seit tausenden von Jahren war die Reaktion immer die gleiche: „Autsch!" oder „Mein Gott, was für ein großer Apfel!"

Nach einer Legende wurde eines Tages ein Mann von einem Apfel am Kopf getroffen. Er reagierte mit kreativer Neugier und fragte: „Warum? Warum ist der Apfel nach unten gefallen, anstatt nach oben in den Himmel zu steigen und wie ein Wolke, eine Feder oder ein Blatt davonzugleiten? Warum fliegen Blätter davon, während Äpfel herunterfallen?"

Diese Neugier führte dazu, dass Isaac Newton das Gesetz der Schwerkraft entdeckte.

Seit ich mein Buch *Entdecke deine Möglichkeiten – und lebe sie* geschrieben habe, habe ich Reaktionen von tausenden von

Menschen erhalten, die das Möglichkeitsdenken ausprobiert haben und dabei feststellten, dass das Möglichkeitsdenken kreatives Potential freisetzt. Neugier brachte sie dazu, Probleme zu lösen und Entscheidungen zu treffen.

Die richtigen Fragen eröffnen Möglichkeiten.

Denken Sie nur daran, was passiert, wenn Sie Fragen stellen, mit denen Sie Ihre Möglichkeiten überprüfen können. Fragen wie:

* *Warum ist es unmöglich?*
* *Was benötige ich, um es möglich zu machen?*
* *Wo könnte ich die Finanzierung dafür bekommen?*
* *Wäre es möglich, wenn ich das richtige Team hätte? Das richtige Arbeitsmaterial? Mehr Zeit?*

Die richtigen Fragen schaffen Zuversicht.

Stellen Sie Fragen, die kreative Neugier widerspiegeln, Selbstvertrauen schaffen oder Ihre Selbstachtung wiederherstellen:

* *Wenn andere aus dem Nichts etwas schaffen können, warum nicht auch ich?*
* *Wenn andere ihre Armut überwunden haben und zu Wohlstand gelangt sind, kann ich das dann nicht auch?*
* *Wenn andere, die Schulzeugnisse haben, die genauso schlecht oder noch schlechter als meine sind, noch einmal die Schulbank drücken und Anwälte, Pfarrer, Buchhalter und Ärzte werden, kann ich das dann nicht auch?*
* *Wenn anderen ihre Fehler verziehen wurden, ihr Ansehen wiederhergestellt und ihr Name reingewaschen wurde, warum kann ich dann nicht auch einen Neuanfang wagen?*
* *Wenn ich es noch einmal versuche, noch einmal von vorn anfange, bin ich dann nicht klüger geworden? Kann ich nicht aus meinen Fehlern und Fehlschlägen lernen? Kann ich sie nicht positiv nutzen, um mich persönlich zu verbessern? Wenn ja, dann ist mein Versagen alles andere als endgültig, sondern lediglich eine Pause, um mich neu zu organisieren.*

Die richtigen Fragen führen zu kreativen Lösungen.

Stellen Sie Fragen, die Sie zu Menschen bringen, die klüger sind als Sie:

❖ *Wer könnte eine Lösung für dieses Problem kennen?*
❖ *Welche Kenntnisse und Fähigkeiten brauche ich, um dieses Problem in eine Möglichkeit zu verwandeln?*

Stellen Sie Fragen, die Ihnen Klarheit über Ihre Denkfehler liefern:

❖ *Ist das Problem wirklich so schwerwiegend wie es scheint?*
❖ *Was ist das Schlimmste, das passieren könnte? Kann ich damit leben? Und wenn nicht, warum nicht? Andere können es auch! Warum könnte ich es nicht?*
❖ *Wenn alles hart auf hart kommt, kann ich dieses Hindernis dann immer noch in eine Gelegenheit verändern, den Misserfolg in Erfolg umwandeln?*

Die richtigen Fragen motivieren.

Stellen Sie Fragen, die Ihnen Auftrieb geben. Denken Sie daran: Niemand kann Sie motivieren, bevor Sie sich nicht selbst motivieren. Stellen Sie Fragen, die Ihnen Energie verleihen:

❖ *Wenn ich beginne, kann ich dann vielleicht schon etwas erreichen?*
❖ *Wenn ich ein bisschen erreicht habe, stellt dies dann den Anfang von etwas dar, das sich langsam oder schnell vergrößern lässt? Wenn ich spare, vermehrt sich dann nicht mein Geld? Wie lange dauert es, bevor die geringe Menge investiertes Geld genügend Zinsen trägt, um mir einen Start zu ermöglichen?*
❖ *Wenn ich früher am Tag mit meiner Arbeit beginne und abends länger arbeite, mehr Zeit und Mühe investiere, was wird dann geschehen?*

Als ich noch Theologie studierte, wurde mir ein Pastor vorgestellt, der als junger Mann in einer Kirche mit nur ungefähr 30 Mitgliedern begann. Er verbrachte dann 40 Jahre in dieser einen Kirche. Als er aus dem Amt schied, war es die größte Baptisten-

Kirche der Welt – die First Baptist Church in Dallas, Texas. Der Name des Mannes war George Truett.

Diese Geschichte erweckte meine Neugier: *Was würde wohl passieren, wenn ich mein ganzes Leben in einer Kirche verbringen würde? Und was würde passieren, wenn ich Jahr für Jahr, Jahrzehnt für Jahrzehnt, ausschließlich dem Aufbau und Erfolg dieser Kirchengemeinde widmen würde?*

Aus diesen Fragen wurde mein Traum geboren, eine große Kirche zu gründen. Als ich ohne Geld oder Mitglieder nach Kalifornien kam und kein leeres Gebäude zum Mieten finden konnte, bemerkte ich die Autoschalter bei Banken sowie die Autokinos. Voller Neugier fragte ich mich: „Könnte ich mit einer „Drive-In[9]-Kirche" Erfolg haben? Wenn nicht, warum nicht? Und wenn irgendjemand es schaffen könnte, warum dann nicht ich?"

Diese kreativen Überlegungen führten zu meinem Traum einer „Drive-In-Kirche". Sie waren motivierend und setzten die nötige Energie in mir frei, den Traum zu verwirklichen. Aus den Fragen nach den Möglichkeiten ergaben sich die Lösungen, bis der Traum wahr wurde.

Neugier ist eine unerlässliche Voraussetzung für jeden Träumer und jeden, der Taten vollbringt!

SIE KÖNNEN TRÄUMEN – WENN SIE VERTRAUEN HABEN!

Der Träumer braucht nicht nur Neugier, sondern auch Vertrauen. Also lassen Sie sich vom Zauber dieser vier magischen Worte einfangen: *„DAS KANN ICH AUCH!"*

Haben Sie Vertrauen sowohl in sich selbst als auch in Ihren Traum. Träumer, die handeln, handeln emotional und rational zugleich und vertrauen sowohl ihrer Intelligenz als auch ihren verborgenen Instinkten und ihrer stillen und geheimnisvollen Intuition.

Intelligenz, Instinkt und Intuition können Instrumente göttlicher Führung sein, und wir haben Vertrauen, wenn wir glauben, dass unsere wunderbaren, positiven Ideen von Gott geschaffen wurden. *„Und ich bin darin guter Zuversicht, dass der in euch*

---

9   In einem Drive-in werden dem Kunden Dienstleistungen angeboten, ohne
    dass er dafür sein Auto verlassen muss.

angefangen hat das gute Werk, der wird's auch vollenden bis an den Tag Christi Jesu." (Philipper 1, 6)

Vertrauen Sie Ihrer Intelligenz. Doch verwechseln Sie Intelligenz nicht mit Bildung. Wahre Intelligenz hat ihre Wurzeln im Unterbewusstsein und stellt die Fähigkeit dar, positive Möglichkeiten zu erkennen und begeistert darauf zu reagieren. Diese Art von Intelligenz ist das angeborene oder erworbene Gespür dafür, universelle Prinzipien wahrzunehmen und kreativ darauf zu reagieren, indem man diese Prinzipien direkt umsetzt.

Bildung ist der Erwerb von Wissen. So wichtig das Wissen auch ist, es kann die Weisheit nicht ersetzen, denn Weisheit ist die Fähigkeit, Wissen intelligent zu nutzen. Bedenken Sie, dass äußerliche Bildung eine solide Basis für verantwortungsvolles Selbstvertrauen sein kann – oder auch nicht. Hat das Studium das Wissen vermehrt, aber die Weisheit gemindert, dann ist diese Bildung zu etwas Kontraproduktivem geworden. Es gibt einige Menschen mit einem hohen Bildungsgrad, die sich Fakten und Wissen angeeignet haben, aber durch zynische und negativ denkende Professoren von der geistigen Einstellung her zu Pessimisten geworden sind.

Unglücklicherweise und unnötigerweise befinden sich viele gebildete Menschen mit beeindruckenden Diplomen auf der untersten Stufe der Erfolgsleiter. Über ihnen ist eine erstaunliche Anzahl an Personen zu finden, die eine weniger gute Ausbildung genossen haben. Der Unterschied liegt in der Erkenntnis weniger gebildeter Menschen, dass die persönliche Einstellung wichtiger ist als das Wissen.

Auch wenn Fakten das A und O des Wissens sind, ist die persönliche Einstellung jedoch das Lebenselixier der Weisheit. In der Tat ist Weisheit der Anfang und das Ende, das Alpha und das Omega der Leistung.

Möglichkeitsdenken ist also die positive Konditionierung des menschlichen Geistes. Sie prägt die Einstellung des Menschen zum Erwerb von Weisheit. Und sobald wir die Weisheit besitzen, Möglichkeitsdenker zu sein, sind wir in der Tat weise. Selbst wenn wir neben der Weisheit alles an Wissen, was wir erwerben können, erlangen, erzeugt das Wissen ohne die Weisheit einer positiven geistigen Einstellung nur einen gebildeten Pessimisten, was wiederum zeigt, dass eine reine Wissensbildung nicht ausreicht.

Alles läuft auf Folgendes hinaus, dass, wenn Sie die bewusste Entscheidung treffen, eine positive Einstellung gegenüber Chancen und Hindernissen zu entwickeln, Sie bereits auf dem

Weg sind, die wichtigste Eigenschaft der Ausbildung zu erlangen: die Macht des positiven Denkens.

Wenn Sie also Vertrauen in sich selbst haben, können Sie auch Vertrauen in das haben, was das Leben Sie gelehrt hat. Das ist Bildung, egal ob Sie sie im Klassenzimmer oder in der harten Schule des Lebens oder durch persönliche Erfahrung erworben haben. Bemühen Sie sich stets, noch mehr zu lernen. Erwerben Sie zum Beispiel das Wissen, Ihre Träume erfolgreich umzusetzen oder solche Menschen zu finden, die klüger sind als Sie und die Ihnen rechtlichen oder finanziellen Rat oder anderes fachliches Wissen anbieten können. Erfolg kommt zu den Menschen, die geschickte Möglichkeitsdenker sind!

Vertrauen Sie also auf Ihre *Instinkte*. Jemand sagte einmal: „Wenn Gott die Wahrheit in einem seiner Geschöpfe verankern möchte, sät er den Samen der Wirklichkeit in ihren Instinkt". Ein Vogel baut ein Nest. Ein Lachs kehrt zu seinem Geburtsort zurück. Ein Mensch handelt erfolgreich, wenn er sich auf seine Instinkte verlässt.

Ist dieses instinktive Verhalten ein Teil dessen, was oft Intuition genannt wird? Vielleicht. Wenn dem so ist, dann vertrauen Sie auf Ihre Intuition. Zu meinen Lehrmeistern und Freunden gehört auch einer der größten Psychiater unseres Jahrhunderts: Dr. Viktor Frankl, der damals der Leiter der psychiatrischen Abteilung der Universität Wien in Österreich war. „Was ist Intuition?", fragte ich ihn. Seine Antwort war so einfach wie aufrichtig: „Das weiß niemand." Die gleiche Frage stellte ich auch dem Psychiater Dr. Karl Menninger. Seine Antwort war dieselbe.

Der Psychiater Scott Peck schrieb in seinem Buch *The Road Less Traveled*[10]: „Das Unterbewusste ist dem Bewussten stets einen Schritt voraus." Ist die Intuition ein emotionales, vom Unterbewusstsein gefälltes Urteil, das all unsere Erfahrungen, Beobachtungen, Wahrnehmungen, einschließlich aller Lebens- und Lernerfahrungen beinhaltet?

Ich bin der Überzeugung, dass jede Erklärung von Intuition oder Instinkt, bei der die Präsenz und Macht Gottes nicht anerkannt wird, in der Tat kurzsichtig und unverantwortlich ist. Bei allem, was ich gedacht und getan habe, habe ich in meinem Leben stets um einfache Führung gebeten und somit gelernt, meinen von Gott gegebenen Instinkten zu vertrauen.

Wir haben Philip Johnson mit dem Entwurf der Crystal Cathedral beauftragt, da er, meiner Meinung nach, der größte Architekt der Welt ist. Bei unserem ersten Treffen sagte ich ihm, dass ich eine Kirche ganz aus Glas haben möchte, so dass die Menschen hinein- und hinaussehen können. „Ich glaube, dass ein gesunder, emotional und geistig reifer Mensch offen und durchschaubar ist. Die Struktur der Kirche soll dieser Tatsache Rechnung tragen."

Schon bald erhielt ich einen Anruf von Philip Johnson. Er wollte mir unbedingt die ersten Entwürfe zeigen. Sie zeigten ein gläsernes Dach auf festen Wänden. Ehrlich gesagt, war ich nicht sehr begeistert. Philip bemerkte meine zurückhaltende Reaktion und fragte: „Was ist los?"

Ich verbarg meine wahren Gefühle und antwortete: „Nichts."

Er protestierte: „Nun raus damit Robert. Warum zeigen Sie nicht mehr Begeisterung?"

Ich traute mich nicht, ehrlich zu ihm zu sein und sagte in etwa zu ihm: „Ich bin nur ein Pastor. Wie könnte ich es wagen, den weltgrößten Architekten zu kritisieren?"

Er blickte mich mit ernster Miene an und sagte: „Robert, wenn wir zusammenarbeiten wollen, sollten Sie besser eines sofort lernen und niemals wieder vergessen". Er blickte mich lange und durchdringend an.

„Was?", fragte ich.

„Architektur ist zu wichtig, als sie allein dem Architekten zu überlassen."

Das machte mir Mut und ich sagte: „Nun ja, ich möchte, dass auch die Wände aus Glas sind."

Das Ergebnis? Philip kehrte ans Reißbrett zurück und schuf eines seiner größten Meisterwerke – die Crystal Cathedral.

Architektur ist zu wichtig, um sie allein den Architekten zu überlassen. Bildung ist zu wichtig, um sie allein den Pädagogen zu überlassen. Wissenschaft ist zu wichtig, um sie allein den Wissenschaftlern zu überlassen. Krieg und Frieden sind zu wichtig, um sie allein dem Außenministerium und Militärexperten zu überlassen. Geschäfte sind zu wichtig, um sie allein den Geschäftsleuten zu überlassen. Die Wirtschaft (vor allem wenn wir die Rechnung bezahlen müssen) ist zu wichtig, um sie allein den Wirtschaftsexperten zu überlassen. Religion ist zu wichtig, um sie allein den Theologen zu überlassen. Kreativität ist zu wichtig, um sie allein den Künstlern zu überlassen.

Deshalb wagen Sie es bitte daran zu glauben, dass Ihre Ideen erstrebenswert sind. Vertrauen Sie auf Ihre von Gott gegebenen Instinkte. Meistens weisen Sie Ihnen den rechten Weg.

SIE KÖNNEN TRÄUMEN – WENN SIE DEN MUT DAZU HABEN!

Jeb Stuart war ein treuer Gefolgsmann von General Robert E. Lee[11]. Er war ein tapferer Offizier und ein integrer Mann, der seine Briefe an den General stets mit „Sie können auf mich zählen, Jeb" unterschrieb.

Eben dieses Versprechen habe ich Gott gegeben, der mir stets positive Ideen schickt. Ich habe gebetet: „Wenn Du, Herr, mir den Traum anvertraust, kannst Du auf mich zählen! Ich lasse ihn nicht davonfliegen. Ich mache etwas daraus. Ich werde für ihn mein Bestes geben!"

Mut? Ja. Integrität? Absolut! Mut ist für mich Integrität, denn Mut ist etwas Aufrichtiges. Wenn man jemanden sieht, der mit wahrem Mut handelt, beweist er in Wirklichkeit seine Rechtschaffenheit. Er tut, was er tun muss oder er wäre sich selbst gegenüber nicht aufrichtig. Ich hoffe, dass Sie bald davon überzeugt sind, wie ich es bin, dass Gott uns einen Traum anvertraut, ihn in unsere Obhut gibt und uns somit verpflichtet, Ideen in kreative Maßnahmen zu verwandeln. Als ein aufrichtiger Verwahrer dieses Traums werden Sie durch Integrität motiviert sein, dass es keinen Platz für Zweifel und Ängste gibt.

Ich habe diese Lektion als Kind gelernt. Ich wuchs auf einer Farm auf, wo wir Kühe hielten. Sie mussten jeden Morgen und jeden Abend gemolken werden – ohne Ausnahme! „Komme, was da wolle", wie die Farmer zu sagen pflegten. Das Melken gehörte zu meinen Aufgaben, und nichts konnte mich jemals daran hindern, das zu tun, was ich zu tun hatte.

Nennen Sie es Verantwortung. Nennen Sie es Pflichtbewusstsein. Es läuft auf jeden Fall auf eines hinaus: Integrität. Und Integrität lässt wenig Raum für Angst. Wenn ein negatives

---

11 Robert E. Lee war Oberst des US-Heeres und der erfolgreichste General der Südstaaten im amerikanischen Bürgerkrieg.

Gefühl Sie beunruhigt, verwandeln Sie es in etwas Positives. Denken Sie stets an folgende Worte:

Fürchten Sie sich nicht davor, zu versagen … sondern fürchten Sie sich davor, dass Sie vielleicht niemals erfolgreich sein werden, wenn Sie es nicht wagen, es zu versuchen.

Fürchten Sie sich nicht davor, dass der Glaube an Ihren Traum ein Fehler sein könnte … *sondern fürchten Sie sich davor,* dass wenn Sie es nicht versucht haben, Sie eines Tages vor Gott stehen und Er Ihnen sagt, dass Sie erfolgreich hätten sein können, wenn Ihr Glaube stärker gewesen wäre.

Fürchten Sie sich nicht davor, dass Sie in eine peinliche Lage versetzt werden, wenn es nicht funktioniert … *fürchten Sie sich davor,* dass die Zeit beweisen wird, dass Ihnen der Erfolg sicher gewesen wäre. Es ist traurig, am Ende feststellen zu müssen, dass etwas möglich gewesen wäre, wenn man es nur versucht hätte.

Fürchten Sie sich nicht davor, dass Sie versagen könnten … *fürchten Sie sich davor,* dass Sie niemals Erfolg haben werden, wenn Sie es nicht wagen, Risiken einzugehen.

Fürchten Sie sich nicht davor, dass Sie verletzt werden könnten … *fürchten Sie sich davor,* dass Sie vielleicht niemals über sich hinauswachsen, wenn Sie weiterhin auf Erfolg ohne jegliche Schmerzen warten.

Fürchten Sie sich nicht davor, dass Sie lieben und verlieren könnten … *fürchten Sie sich davor,* dass Sie vielleicht überhaupt nie lieben.

Fürchten Sie sich nicht davor, dass andere über Ihre Fehler lachen könnten … *fürchten Sie sich davor,* dass Gott zu Ihnen sagen wird: „Du bist kleingläubig."

Fürchten Sie sich nicht davor, dass Sie erneut versagen könnten … *fürchten Sie sich davor,* dass Sie es vielleicht das nächste Mal geschafft hätten, wenn Sie es nur noch einmal versucht und alles gegeben hätten.

Versagen bedeutet nicht, dass Sie zu dumm waren es überhaupt zu versuchen; es bedeutet, dass Sie den Mut hatten zu erforschen und zu experimentieren, um zu sehen, mit was man Aussicht auf Erfolg hat und was nicht funktioniert. Versagen bedeutet nicht, dass Sie nicht wissen, wie man Entscheidungen trifft; es bedeutet nur, dass Sie vielleicht eine andere Entscheidung hätten treffen müssen. Sie können die Angst vor dem Versagen überwinden, wenn Sie das Wort „Versagen" neu definieren:

Versagen bedeutet nicht, dass Sie ein Versager sind … sondern nur, dass Sie noch nicht erfolgreich waren.

Versagen bedeutet nicht, dass Sie nichts erreicht haben … sondern nur, dass Sie etwas dazugelernt haben.

Versagen bedeutet nicht, dass Sie ein Narr waren … sondern nur, dass Sie an etwas geglaubt haben.

Versagen bedeutet nicht, dass Sie sich blamiert haben … sondern nur, dass Sie bereit waren, es zu versuchen.

Versagen bedeutet nicht, dass Ihnen etwas Wichtiges fehlt … sondern nur, dass Sie etwas auf eine andere Weise machen müssen.

Versagen bedeutet nicht, dass Sie minderwertig sind … sondern nur, dass Sie nicht perfekt sind.

Versagen bedeutet nicht, dass Sie Ihr Leben vergeudet haben … sondern nur, dass Sie einen Grund haben, von Vorne zu beginnen.

Versagen bedeutet nicht, dass Sie aufgeben sollten … sondern nur, dass Sie sich noch mehr Mühe geben müssen.

Versagen bedeutet nicht, dass Sie niemals Erfolg haben werden … sondern nur, dass es noch ein kleines bisschen länger dauert.

Versagen bedeutet nicht, dass Gott Sie verlassen hat … sondern nur, dass Gott etwas anderes mit Ihnen vorhat.

Versagen bedeutet nicht, dass Sie am Ende sind … sondern nur, dass Sie die Chance haben, etwas Neues zu versuchen.

Also stimmt es! Fehlschläge sind niemals endgültig!

Wollen Sie für den Rest Ihres Lebens an dem Punkt bleiben, den Sie jetzt erreicht haben? Gott hat Größeres mit Ihnen und mir vor, aber wir werden niemals vorwärts kommen, wenn wir die Chance nicht nutzen. Wer eine Chance nutzt, riskiert zu versagen und verletzt zu werden. Sie wahrzunehmen erfordert Mut.

In der Halle eines Flughafens in Texas traf ich einen jungen Mann. Er trug ein Exemplar meines Buches „Mit Flügeln des Adlers[12]" unter dem Arm. Er erkannte mich, kam auf mich zu und fragte: „Könnte ich ein Autogramm haben?"

Natürlich kam ich seiner Bitte gerne nach.

„Dr. Schuller", sagte er, „dieses Buch hat mir wirklich geholfen. Ich stehe vor dem finanziellen Ruin. Ich habe meine eigene Firma gegründet, aber jetzt habe ich alles verloren." Er hatte Tränen in den Augen, als er fortfuhr: „Die Geschäfte liefen ziemlich gut. Ich habe ein weiteres Werk und neue Maschinen gekauft. Ich erzielte einen ziemlich guten Gewinn. Aber plötzlich konnten ein paar Leute, die mir noch Geld schuldeten, nichts mehr zahlen. Ich verlor zunächst die kleineren Aufträge und dann die großen. Ich überprüfte die Bilanzen und plötzlich schien mein ganzes Vermögen dahingeschmolzen zu sein. Meine Außenstände waren nichts mehr wert. Als dies geschah, war auch ich am Ende. Das ist der Punkt, an dem ich heute stehe, aber Ihr Buch ist mir eine Hilfe."

Ich blickte diesen intelligenten jungen Geschäftsmann an und sagte: „Zunächst möchte ich erst einmal etwas richtig stellen. Sie haben nicht alles verloren."

„Oh doch", erwiderte er, „ich habe alles verloren!"

„Nein", protestierte ich, „ich bin da anderer Meinung. Sie besaßen etwas, bevor Sie Ihre Firma gegründet haben. Sie hatten einen Traum und Sie hatten den Mut, ihn zu verwirklichen. Diese beiden Dinge haben Sie nicht verloren."

„Doch, ich denk schon", sagte er.

Ich antwortete: „Oh nein! Niemand verliert für immer den Mut! Mut ist etwas, das man nicht verlieren kann. Denn Mut ist etwas, für das man sich selbst entscheidet!"

Die Wahrheit ist: Mut ist keine Gabe, sondern eine Entscheidung! Mut ist nicht fehlende Furcht, sondern eine Berufung, ein Traum, der Sie über sich selbst hinauswachsen lässt. Darum können Sie ihn niemals verlieren. Sie können sich immer dafür entscheiden. Also treffen Sie heute die Entscheidung, Mut zu haben!

SIE KÖNNEN TRÄUMEN – WENN SIE BEHARRLICHKEIT ZEIGEN!

Bringen Sie zu Ende, was Sie begonnen haben, erfüllen Sie Ihre Aufgabe und geben Sie niemals auf. Ich kam vor über 50 Jahren nach Kalifornien mit einem Plan für 40 Jahre. Das nenne ich *Beharrlichkeit*. Verfolgen Sie Ihren Traum weiter, auch wenn das

Schicksal Ihnen hart zusetzen sollte. Bedienen Sie sich der unglaublichen Stärke, die Ihnen durch kompromisslose Hingabe zur Beharrlichkeit verliehen wird.

In den Jahren meiner Zeit als Pastor könnte ich Ihnen mehr als ein Dutzend Zeitpunkte nennen, an denen ich die Lust verspürte, alles stehen und liegen zu lassen. Ich wollte alles hinwerfen. Ich wollte davonlaufen und niemals zurückkehren. Was hielt mich also davon ab, meinem Traum den Rücken zu kehren? Zum einen der Bibelvers: *„Wer seine Hand an den Pflug legt und sieht zurück, der ist nicht geschickt für das Reich Gottes."* (Lukas 9, 62) Zum anderen der Gedanke: „Wenn es ungemütlich wird, rühre dich nicht von der Stelle. Menschen und Umstände ändern sich, der Erdboden aber bleibt derselbe, wohin du auch gehst."

Ich war stets der Überzeugung, dass man zunächst eine „Grundlage" braucht. Wenn man fortgeht, verliert man die Grundlage, die man aufgebaut hat: Vertrauen, berufliche Verbindungen, Ansehen in der Gemeinde, Kenntnisse aus erster Hand über ein bestimmtes Gebiet oder einen Tätigkeitsbereich – eine geballte Ansammlung an Gaben, auf die man nur schweren Herzens verzichten möchte. Schwierigkeiten vergehen, aber Grundlagen sind nur schwer zu ersetzen. Beharrlichkeit bedeutet, zäh zu sein und eine Sache bis zum Ende zu verfolgen. Jeder Geschäftsmann weiß, was Gewinner von Verlierern unterscheidet: „Eine Sache durchzuziehen". Jeder erfolgreiche Manager weiß, dass ohne beharrliche Prüfung und Nachprüfung großer Projekte alles zunichte gemacht werden kann.

Während des Vietnamkrieges war ich als Militärseelsorger in Asien tätig. Die verletzten Soldaten wurden zur medizinischen Versorgung nach Tachekawa in Japan ausgeflogen. Der kommandierende General erklärte mir, welche Erfolge die US-Streitkräfte im Vietnamkrieg erzielt hätten. „Ich werde Ihnen etwas anvertrauen, dass Sie mir nur schwer glauben können, Dr. Schuller", sagte der General. „Aber in diesem Krieg haben wir während der Evakuierung nur elf Männer verloren. Wir haben die Todesfälle im Koreakrieg und im 2. Weltkrieg studiert und festgestellt, dass viele Patienten während des Transports sterben: in Flugzeugen, Zügen, Ambulanzen, auf Booten. Verständlicherweise sind uns Grenzen gesetzt, was das Retten von Leben in der Luft oder auf der Straße anbelangt. Deshalb lassen wir einen Helikopter niemals starten oder die Ambulanz abfahren, bevor wir uns nicht sicher sind, dass der Patient den Flug oder die Fahrt überstehen wird. Kommen Sie mit in die Kommandozentrale, Dr. Schuller, und Sie werden drei Worte sehen, die tausende von Menschenleben gerettet haben; drei Worte, die jeder Arzt, jede Krankenschwester und jeder Sanitäter beherzigen muss."

Ich betrat einen riesigen Raum, etwa so groß wie ein halbes Football-Feld. Auf der einen Seite hing eine Karte, die Asien, den Pazifik und Amerika zeigte. Krankenhäuser und Transportwege waren mit blinkenden Lämpchen markiert. Über die andere Seite zogen sich in riesigen, über zwei Meter hohen Buchstaben die lebensrettenden Worte:

„Erstens: Kontrolle – Zweitens: Kontrolle – Drittens: Kontrolle".

„Oft haben wir das Problem erst in unserer dritten Kontrolle erkannt und ein Leben gerettet!", erklärte der General. Das ist Beharrlichkeit!

Ein anderes Wort, das Beharrlichkeit verdeutlicht, ist „Stehaufmännchen". Ihre Begeisterung mag für einen Augenblick nachlassen, der Reiz mag zu- und abnehmen, aber Sie werden niemals so deprimiert und entmutigt sein, dass Sie aufgeben.

Ihr Traum hat sich vielleicht zerschlagen. Ihr Unternehmen steht vor dem Konkurs oder Sie wurden bei der Beförderung übergangen. Vielleicht ist Ihre Ehe am Ende oder Sie haben die Liebe Ihres Lebens verloren. Ihr Traum ist gestorben. Was machen Sie nun?

Glauben Sie an die Macht Gottes, der Ihnen einen Traum schicken wird, um Ihnen dabei zu helfen, sich zu Lebzeiten endgültig zu profilieren. Und denken Sie daran: *Wenn Sie von etwas träumen können – können Sie es auch tun!* Ich habe immer wieder gesehen, dass dieses Prinzip funktioniert. Auch Sie können es schaffen!

Henry Ford sagte: „Denken Sie, ich kann es, oder denken Sie, ich kann es nicht – beides wird sich am Ende als richtig erweisen."

„Ich kann!", sagte der pensionierte Postbote.
Wayman Presley arbeitet 20 Jahre lang als Postbote im ländlichen Makanda in Illinois. Als er aber nach zwei Jahrzehnten im Postdienst in den Ruhestand ging, bezog er nur eine kleine Rente und besaß 1.100 Dollar an Ersparnissen. Heute, im Alter von

82 Jahren, ist er Millionär. Sein national tätiges Reiseunternehmen Presley Tours macht knapp sieben Millionen Dollar Umsatz jedes Jahr.

Wie wurde aus einem pensionierten Postboten ein wohlhabender Geschäftsmann? Er schaffte es, indem er an sich und seine Fähigkeiten glaubte und andere Menschen glücklich machte. Er liebte es schon immer, Freunde und Nachbarn auf Wanderausflüge mitzunehmen und ihnen die Blumen und Bäume zu zeigen. Die Ausflüge wurden nach und nach professioneller und beinhalteten zum Beispiel die Unterkunft und die Verpflegung.

Eines Tages sagte jemand zu ihm: „Ich würde so gerne einmal das Meer sehen." Dieser einfache Wunsch, den diese Person so begeistert geäußert hatte, veranlasste Wayman Presley eine Reise für 546 Personen nach Miami Beach zu organisieren. Wayman verdiente dabei 120 Dollar und fand so großen Gefallen daran, dass er beschloss, ein Reiseunternehmen zu gründen, aus dem schließlich eines der größten Reisebüros des Landes wurde. Er hatte sich einen Namen gemacht, eine Menge Geld für seine Familie verdient, hunderte von Arbeitsplätzen geschaffen und hat tausenden von Menschen die wunderbare Welt Gottes gezeigt.

„Ich kann!", sagte die junge Frau und Mutter.

Marie Callender war während des 2. Weltkrieges in einem Delikatessengeschäft in Los Angeles beschäftigt, indem Sie Kartoffel- und Krautsalat zubereitete. Ihr Chef bat sie, Kuchen für die Mittagskunden zu backen. Das war der Beginn einer neuen beruflichen Laufbahn für Marie.

Zunächst backte sie die Kuchen zu Hause und schleppte dafür Mehlsäcke in die Küche, von denen jeder ca. 50 Kilo wog. 1948 verkauften sie und ihr Mann ihr Auto und kauften eine Wellblechhütte, einen Ofen und einen Kühlschrank. Dort backte sie Kuchen, die ihr Mann an Restaurants in der Umgebung lieferte. Am Anfang backte sie ungefähr zehn Kuchen am Tag. Zwei Jahre später waren es schon über 200 Kuchen pro Tag. 16 Jahre später kamen jeden Tag mehrere tausend aus dem Ofen.

Marie und ihr Mann eröffneten 1964 ihr erstes Kuchengeschäft in Orange County. Im ersten Jahr konnten sie kaum ihre Kosten decken, aber ihr Mann und später auch ihr Sohn halfen, das Geschäft zu leiten, bis Filialen in 14 Staaten der USA entstanden waren. Marie Callenders Kuchen waren bei allen Menschen beliebt. Sie waren zweifelsohne die Besten, die es zu kaufen gab. Und auch alle weiteren Produkte, die der Speisekarte hinzugefügt wurden, waren von hervorragender Qualität und außergewöhnlichem Geschmack.

1986 kaufte Ramada Inns Inc. das Familiengeschäft, das inzwischen 115 Restaurants umfasste, von Marie und ihrem Sohn für 90 Millionen Dollar. Was für eine bemerkenswerte Leistung! Wer hätte gedacht, dass eine junge Mutter, bewaffnet mit einem Nudelholz und einem Sack Mehl, so vielen Menschen solch eine Gaumenfreude bereiten könnte, ganz zu schweigen von den tausenden von Arbeitsplätzen für Bäcker, Köche, Kellner und Kellnerinnen, die sie geschaffen hatte.

Auch Sie können es schaffen! Auch Sie können Ihre Träume verwirklichen! Auch Sie können ein neues Leben beginnen! Auch Sie können noch einmal von vorne beginnen – selbst wenn Sie am Boden sind!

Ja, auch Sie können ein Träumer und ein Tatendurstiger sein, wenn Sie bereit sind, ein Wort aus ihrem Vokabular zu verbannen: das Wort *unmöglich*.

Mut ist etwas,
dass man niemals verlieren kann,
denn Mut ist etwas,
für das man sich stets aufs Neue
entscheiden kann.

IV. Nichts ist unmöglich!

Nichts ist unmöglich!

„Ach, kommen Sie, Dr. Schuller!", werden Sie vielleicht sagen. „Sie sind doch ein gebildeter Mann. Wie können Sie sagen, dass nichts unmöglich ist? Haben Sie verlernt, kritisch zu denken?"

Es ist allgemein bekannt, dass ich das Wort „unmöglich" aus meinem Wortschatz gestrichen habe. Das ist wahr. Ich habe dies aus mehr als einem Grund getan. Zunächst einmal, weil dieses Wort *zu oft* blindlings, leichtfertig, in törichter und ungerechtfertigter Art und Weise verwendet wird. Nein, ich habe das kritische Denken durchaus nicht verlernt. Genau aus dem Grund, weil ich meine Fähigkeiten, kritisch zu denken, geschärft und geformt habe, ist das Wort *unmöglich* für mich tabu!

Die Tatsache, dass wir nicht wissen, wie etwas Bestimmtes erreicht werden kann, heißt nicht, dass es gerechtfertigt ist, zu sagen: „Es ist unmöglich!" Wenn „Experten" in ihrem Fachbereich sagen, dass etwas unmöglich ist, bedeutet das noch lange nicht, dass sie recht damit haben.

Deshalb warne ich Sie vor der gefährlichsten und zerstörerischsten Kraft auf Erden: dem negativ denkenden Experten. Nur weil er ein Experte ist, sind Sie versucht, ihm unkritisch zuzuhören, ihm zu vertrauen und aufzugeben! Beeindruckt von seiner autoritären Persönlichkeit sind Sie versucht, ihm ohne Zweifel zu glauben. Zu oft hören wir nicht mit unseren Ohren und auf unsere innere Stimme, sondern nur auf das, was Fachleute sagen.

Herbert Bayer, der Künstler, Architekt, Designer und Autor gibt uns einen aufschlussreichen Blick auf das, was mit der Kunst passieren würde, wenn ein negativ denkender Experte sich durchsetzen würde. Hier ein Auszug seiner beliebtesten Fantasy-Geschichte, die von John Dreyfuss, dem Architektur- und Designkritiker der *Los Angeles Times* verfasst wurde:

„Ein Unternehmensberater verschlimmerte einst sein Magengeschwür, als er eine Aufführung von Schuberts Sinfonie „Die Unvollendete" besuchte.

,Alle 12 Violinen spielten dieselben Noten', beschwerte er sich. ,Diese doppelte Ausführung scheint mir völlig überflüssig. Die Besetzung dieses Abschnitts sollte drastisch reduziert werden.'

Des Weiteren vermerkte der Experte gereizt, dass die vier Oboen des Wind-Abschnitts oft zu leise waren. Sein Lösungsvorschlag: Entlassen Sie ein paar Oboe-Spieler und verteilen sie ihre Arbeit auf das gesamte Orchester.'

Mit einer Genialität, die jegliche Vernunft überstieg, stellte der Unternehmensberater fest, dass das Spielen zahlreicher 32tel Noten eine übertriebene Raffinesse sei, und dass sie lieber auf die nächste 16tel Note aufgerundet werden sollten, damit Schuberts Werk von ,Auszubildenden in weniger renommierten Orchestern bewältigt werden könnte.'

In seinem Elan entschied er, dass es nicht sinnvoll sei, die Passagen, die bereits mit Streichinstrumenten vorgetragen worden waren, noch einmal mit Hörnern zu spielen. Wenn all diese überflüssigen Passagen gestrichen werden, könnte das Konzert von zwei Stunden auf 20 Minuten gekürzt werden.

Zu guter Letzt fasste der Sachverständige seine Empfehlungen in einer imposanten Behauptung zusammen: ,Wenn Schubert diesen Dingen mehr Aufmerksamkeit geschenkt hätte, wäre er vielleicht in der Lage gewesen, seine Symphonie zu vollenden.'"

Ein negativ denkender Experte ist ein Mensch, der über ein Thema so gut informiert, geschult und erfahren ist, dass er, falls etwas noch nicht erfolgreich vollbracht wurde, dies weiß und keine Sekunden zögern wird, Ihnen dies zu sagen. Er wird voller Hochmut eines intellektuellen Snobs alle tatsächlichen oder imaginären Gründe dafür aufzählen, warum eine Idee nicht zum Erfolg führt. Er überzeugt zunächst sich selbst und dann Sie davon, dass all seine Worte hieb- und stichfest sind, und überzeugt Sie, dass Ihre Gedanken unrealistisch, unglaubwürdig, lächerlich, undenkbar und unmöglich seien. Dadurch lähmt er den Fortschritt, blockiert die Entwicklung, unterdrückt die Kreativität, stoppt das Weiterdenken und verzögert somit den großen Durchbruch um Monate, Jahre oder gar Jahrzehnte.

Ein Möglichkeitsdenker hingegen ist eine Person, die, sobald sie auf ein neues Konzept trifft und weiß, dass diese Idee bislang noch nicht erfolgreich umgesetzt wurde, voller Begeisterung ist und dies als eine großartige Gelegenheit ansieht, ein richtungweisender Wegbereiter zu werden. Die Chance, neue Lösungen für alte Probleme zu finden, spornt ihn an. Er bedient sich dem neuesten Wissen und Kenntnissen, um einen historischen Durchbruch zu erzielen. Weil er davon überzeugt ist, dass es einen Weg geben muss, scheinbar unüberwindbare Schwierigkeiten zu bewältigen, werden seine kreativen Kräfte entfesselt, um unglaubliche Ergebnisse zu erzielen. Indem er moderne Forschungsverfahren nutzt, beweist er, dass einige lang akzeptierte Ursachen für vergangene Fehlschläge in der Tat nur fehlerhafte Beurteilungen waren, die von intelligenten Forschern getroffen wurden, denen es an Werkzeugen, Fertigkeiten oder diesbezüglichem Wissen, das in der heutigen Zeit verfügbar ist, mangelte. Somit steht fest: Versagen ist niemals endgültig!

Nur weil irgendein negativ denkender Experte sagt: „Das kann ich mir nicht vorstellen!", bedeutet das noch lange nicht, dass nicht irgendjemand, irgendwo, irgendwann sich „das Unmögliche vorstellen" kann und dies erstaunlicherweise auch erreicht!

Ich behaupte, dass Fortschritt zu oft von Personen, die das Wort „unmöglich" verwendet haben, gestoppt, blockiert und verzögert wurde.

❖ „Eine Herztransplantation am Menschen?! Unmöglich!"
❖ „Einen Menschen zum Mond schicken?! Ach, kommen Sie schon. Unmöglich!"
❖ „Eine Kathedrale vollkommen aus Glas in Kalifornien errichten, die länger ist als ein Football-Feld und erdbebensicher?! Das ist unmöglich!"

Nein, ich habe die intellektuelle und rational denkende Hälfte meines Gehirns nicht abgeschaltet oder auf Sparflamme gesetzt. Ich lebe einfach im 20. Jahrhundert und habe erlebt, wie Dinge, die wissenschaftlich unmöglich erschienen, wie Raupen gestorben sind, nur um als Schmetterlinge geboren zu werden, die zeigen, dass es möglich ist.

Sie sagen mir: „Beim heutigen Stand der Kenntnisse ist es nicht möglich, dies zu erreichen." In Ordnung, damit bin ich einverstanden! Das ist eine intelligente Aussage. Aber wagen Sie es nicht zu sagen: „Das ist unmöglich."

Sie sagen mir vielleicht, dass irgendeine neue Idee schlichtweg unglaublich, absurd und lächerlich sei. Dann gleichen Sie dem ungläubigen Thomas, der mit seinem Finger erst die Wunde in Jesu Christi Hand berühren musste, um zu glauben. Nun gut, ich kann Ihre Reaktion verstehen. Aber lassen Sie sich nicht in eine Ecke treiben, von der aus Sie eines Tages zu Kreuze kriechen müssen. Was auch immer Sie tun, verwenden Sie niemals das Wort „unmöglich".

Seien Sie ehrlich zu mir. Sagen Sie mir, wenn Sie die Idee einfach nicht mögen. Sie entspricht nicht Ihrem Stil? Dann passen Sie Ihr Niveau an. Trübt Ihr Ego Ihr Urteilsvermögen? Vielleicht besteht auch ein kulturell übergreifender Konflikt. Ergründen Sie die wahren Ursachen. Aber verwenden Sie nicht das Wort „unmöglich", das jeglicher Intelligenz entbehrt!

Sie beweisen mir vielleicht, dass die Idee nicht kosteneffizient ist. Das sie definitiv nicht profitabel ist. Aber sagen Sie mir auch, wie, wann und durch wen diese Idee ein rentables Unternehmen werden kann. Und versuchen Sie nicht, mich im Nachhinein zu kritisieren. Vielleicht wollen wir es, selbst wenn es uns Geld kostet. Also verwenden Sie nicht das Wort „unmöglich"!

Vielleicht kommen Sie mit diesem Bericht zu mir: „Man hat es versucht, aber es hat nicht funktioniert." Daraufhin möchte ich wissen, wann, wo, von wem und wie. Anschließend möchte ich, dass Sie Ihre Arbeit noch einmal überprüfen. Aber beleidigen Sie nicht meine Intelligenz, indem Sie sagen: „Das ist unmöglich!"

Vielleicht sagen Sie mir auch, dass die Gesetze, so wie sie *heute* sind, dies nicht gestatten. Das geht in Ordnung! Das verstehe ich! Das respektiere ich. Aber Gesetze können geändert werden, also sagen Sie mir nicht: „Das ist unmöglich!"

Ist die Idee Ihrer Auffassung nach unmoralisch und unethisch, dann ist das eine ganz andere Sache. Dann können wir uns sicherlich einigen, das Wort „inakzeptabel" zu verwenden. Aber wir werden auf keinen Fall, das Wort „unmöglich" benutzen, das auch in diesem Fall noch immer nicht korrekt wäre.

Ich war gerade auf meiner dritten Reise nach Peking. Bei früheren Reisen hatte ich mich in einen der größten Kunstschätze Chinas verliebt, das berühmte Bronze-Pferd aus der Han-Dynastie. Es gibt inzwischen zahllose Kopien, 15 oder 30 Zentimeter groß. Ich liebäugelte mit einem Exemplar, das rund 1,20 m groß

war und das unser spirituelles Zentrum in Hawaii schmücken sollte. Es würde mehr als jedes andere Kunstwerk, das ich mir vorstellen könnte, den „freien Geist" symbolisieren. All meine Bemühungen, ein solch großes Exemplar zu finden und zu kaufen,
stießen auf entschiedene Ablehnung, die so unüberwindlich
schien wie die Chinesische Mauer. So wandte ich mich schließlich
an die Spitze: das Ministerium für Kunsthandwerk, das über das
Original verfügte. Die Antwort, die man mir gab, bestand nur aus
einem Wort. Sie wissen sicher, welches gemeint ist. Sie haben
dieses Wort auch in China gelernt, was für mich schockierend ist,
angesichts der *unmöglichen* Dinge, die sie vollbracht haben: in
der Geschichte, Kunst, Architektur, Technik! Nun, ich bekam das
Wort zu hören: „Dr. Schuller, was Sie erbitten, ist *unmöglich*."

Lassen Sie mich erklären, was im Kopf dieser „Behörde" vor-
ging.
  A. Die Anfrage war ungewöhnlich und würde eine spezielle
     Genehmigung erfordern. Dies könnte schwierig und
     frustrierend werden. Und ganz abgesehen davon, wollte
     die Behörde sich diesen Ärger sparen.
  B. Würde die Genehmigung beantragt und erteilt werden,
     würde es wahrscheinlich ein Jahr dauern, die richtigen
     Künstler zu finden, denen die Aufgabe einer „offiziellen
     Kopie" anvertraut werden könnte. Sicherlich möchte
     dieser Amerikaner nicht so lange darauf warten.
  C. Es könnte tausende von Dollar kosten, und dieser Beamte
     denkt: „Das ist mehr als ich in zehn Jahren verdiene!
     Dieser Amerikaner wird niemals so viel Geld dafür
     ausgeben!"

Also äußert er das Wort „unmöglich"! Als ich ihm sagte, dass
ich einen reichen Geldgeber hätte, der „einen sehr hohen Preis"
dafür bezahlen würde und etwas Druck auf ihn ausübte, konnte
ich eine leichte Änderung in seiner Haltung bewirken. „Es könnte aber zwei Jahre dauern!"
  „Das geht in Ordnung."
  Zwei Jahre später habe ich das Bronze-Pferd! Es steht als
Symbol für den freien Geist und inspiriert Pastoren und Gläubige, die zur inneren Läuterung und Erneuerung in unser Zentrum
nach Hawaii kommen.
  Letzten Endes war es möglich!

WEG MIT DEM WORT „UNMÖGLICH"!

Denken Sie daran: dem Unterbewusstsein fehlen kritische und intellektuelle Fähigkeiten. Es neigt dazu, all das zu glauben, was ihm eingegeben wird, wie ein Computer!

Wenn man das Wort „unmöglich" laut ausspricht, hat es eine verheerende Auswirkung auf das Unterbewusstsein. Wir hören auf zu denken. Die Entwicklung wird angehalten. Türen schlagen zu. Nachforschungen werden abrupt eingestellt. Weitere Experimente werden vereitelt. Projekte werden auf Eis gelegt. Träume werden verworfen. Unsere aktivsten und kreativsten Gehirnzellen verschwinden in der Versenkung, igeln sich ein, verstecken sich, erlahmen, schalten sich ab und verschwinden in die hinterste, dunkelste und sicherste Ecke unseres Verstandes. Durch diese Abwehrmaßnahme schützt sich das Gehirn vor dem schmerzhaften Stachel der beleidigenden Enttäuschungen, der brutalen, beschämenden Zurückweisungen und einer zerstörten Hoffnung.

Lassen Sie nun jemand die magischen Worte sagen: „Vielleicht ist es möglich! Ich weiß nicht *wie*, oder *wann*, aber es ist vielleicht möglich!" Diese mitreißenden Worte dringen wie ein Trompetensignal in jeden Winkel des Unterbewusstseins ein und fordern und verlangen diese stolzen Kräfte heraus, sich zu entfalten. Längst tot geglaubte Träume erwachen zu neuem Leben. Die Funken neuer Begeisterung flackern auf und entfachen schließlich eine neue Flamme. Ein Vorhaben wird wieder in Angriff genommen. Verstaubte Akten werden wieder geöffnet. In den seit langem dunklen Laboratorien flammen die Lichter wieder auf. Telefone beginnen zu läuten. Computer werden eingeschaltet. Neue Finanzpläne werden überprüft und genehmigt. Überall werden Schilder aufgehängt, auf denen zu lesen ist: „Mitarbeiter gesucht!" Fabriken werden mit neuen Ausrüstungen ausgestattet und wiedereröffnet. Neue Produkte kommen auf den Markt. Neue Märkte werden erschlossen. Die Rezession endet. Eine großartige neue Ära voller Abenteuer, Experimente, Expansion und Wohlstands bricht an.

Sie sagen: „Aber Dr. Schuller, das sind doch Wortklaubereien." Und ich antworte mit Nachdruck: „Ganz und gar nicht! Das sind *keine Wortklaubereien*! Ich *führe Krieg* gegen gefährliche, unverantwortliche, zerstörerische Kräfte, die durch scheinbar intelligente und arglose Bemerkungen entfesselt werden."

In Wirklichkeit geht es um die *innere Einstellung*. Wenn Sie jemanden mit dem Urteil, dass etwas „unmöglich" ist, und einer negativen Einstellung gegenüber Fortschritt durchkommen lassen, glauben Sie, dass daraus eine aufwärts strebende Entwicklung und kreative Durchbrüche entstehen können? Nein, bestimmt nicht! Also streichen Sie dieses Wort aus Ihrem Wortschatz.

Ein grausamer und gefühlloser Kritiker hat mich einmal auf einer meiner Vortragsreisen, bei denen ich die Idee, dass nichts unmöglich ist, verbreiten wollte, herausgefordert. Er war einer der schlimmsten Zyniker! Er hatte von dem Unfall meiner Tochter erfahren, bei der ihr das linke Bein unterhalb des Knies amputiert werden musste. „Alles ist möglich!? Ach kommen Sie schon, Herr Schuller, Sie können ihr nicht ein neues Bein wachsen lassen. Das ist unmöglich."

„Bitte verwenden Sie nicht dieses Wort", wies ich ihn ruhig zurecht. Vielleicht können Sie noch den Tag erleben, an dem es gelingt, das Herz, die Leber, die Augen – ja, selbst die Beine - eines hirntoten Menschen zu transplantieren!"

Unmöglich? Dieses Wort gibt es in meinem Vokabular nicht! Denn „unmöglich" ist ein gefährliches Wort!

Unmöglich? Dieses Wort besitzt die zerstörerische Kraft einer emotionalen thermonuklearen Bombe!

Unmöglich? Dieses Wort gleicht einem Messerstich in das Herz der Kreativität!

Unmöglich? Dieses Wort blockiert jeden Fortschritt!

Lassen Sie uns dieses Wort demaskieren. Wir müssen erkennen, was als unmöglich bezeichnet wird. Vielleicht lassen sich diese Dinge besser wie folgt bezeichnen:

❖ *Vorurteile*
❖ *Herausforderungen*
❖ *Zu lösende Probleme*
❖ *Schwachpunkte*
❖ *Erschöpfung*
❖ *Unwissenheit*
❖ *Angst*
❖ *Ausflüchte*
❖ *Probleme mit dem eigenen Ego*
❖ *Faulheit*

Nennen Sie diese „unmöglichen" Dinge bei ihrem richtigen Namen: *Ängste*, die in unseren Überlegungen die Oberhand gewinnen. Sie sind mentale Sperren, errichtet durch Unwissenheit, Gleichgültigkeit oder Intoleranz. Reißen Sie der Aussage „das ist unmöglich" die Maske vom Gesicht – was finden Sie wohl dahinter? Ein eingeschränktes Wahrnehmungsvermögen, das Illusionen erzeugt, die wiederum für Verwirrung sorgen.

Also lassen Sie uns diese „Unmöglichkeiten" enttarnen und sehen, was wirklich dahintersteckt! Kontrollieren Sie Ihre Liste der „Unmöglichkeiten" nicht einmal, nicht zweimal, sondern dreimal, bevor Sie diese akzeptieren:

❖ **Es ist nicht unmöglich!**
Ich muss meinen Plan einfach noch einmal überprüfen. Meine Prioritäten neu setzen. Meinen Plan neu gestalten. Meine Strategie ändern. Eine andere Kraftquelle wählen. Meine Standartantworten noch einmal überprüfen. Mich von meinem eingefahrenen Verhalten befreien!

❖ **Es ist nicht unmöglich!**
Ich weiß nur noch nicht, wie ich es anstellen muss, und ich kenne niemanden, der mir dabei helfen könnte. Ich muss einfach den Kontakt zu klügeren Personen herstellen. Ich muss jemanden finden, der neue Mittel erfindet oder neue Verfahren entwickelt!

❖ **Es ist nicht unmöglich!**
Ich muss einfach noch ein paar Probleme lösen. Ich muss einige schwierige Entscheidungen treffen; ich muss mir neue Ziele setzen. Vielleicht muss ich auch mir gegenüber feindlich gesinnte Personen um Hilfe bitten. Bin ich dazu bereit, meine Konkurrenten zu meinen Partnern und meine Feinde zu meinen Freunden zu machen?

❖ **Es ist nicht unmöglich!**
Ich brauche noch etwas mehr Zeit. Es dauert doch länger als ich geplant hatte. Ich muss vielleicht ein paar Termine verschieben, um noch mehr Zeit zu gewinnen. Ich muss meinen Zeitplan straffen, umgestalten und überarbeiten – oder Menschen finden, die mir aushelfen können, wenn mir die erforderliche Zeit fehlt!

❖ **Es ist nicht unmöglich!**
Ich muss einfach noch mehr Geld aufbringen, Kosten senken, Überschüssiges streichen und Lieblingsprojekte beiseitelassen,

um neue Geldquellen zu eröffnen. Alles, was ich brauche, sind kreative Ideen und das Geld für ideenreiche und einfallsreiche Bemühungen wird fließen!

❖ *Es ist nicht unmöglich!*
Ich muss einfach in größeren Maßstäben denken, um meine Begeisterung und Energie zu entfachen! Ich muss meine Denkweise von selbst auferlegtem, beschränktem und zu kleinlichem Denken befreien.

❖ *Es ist nicht unmöglich!*
Ich muss mich einfach noch mehr anstrengen. Ich muss bereit sein, einen höheren Preis zu bezahlen, meinen Einsatz zu erhöhen. Ich muss mich darauf konzentrieren, das, was mich einschränkt, Stück für Stück abzustreifen. Ich kann es nicht „gemütlich angehen" oder „vorsichtig vorgehen" und damit zum Erfolg gelangen!

❖ *Es ist nicht unmöglich!*
Ich muss nur noch mehr an mich selbst glauben, mehr Selbstvertrauen haben. Ich muss lernen, meine Gedanken zu kontrollieren, damit aufhören, mich selbst zu demütigen, mich der festgefahrenen, starren und negativen Klischeevorstellungen und Vorurteilen entledigen, wie zum Beispiel: „Ich bin zu alt!" „Ich bin nicht klug genug." Ich muss mir folgende Denkweise aneignen: „Ich kann."

❖ *Es ist nicht unmöglich!*
Ich muss nur die Führung übernehmen, einen Anfang wagen, beschließen anzufangen. Ich muss mich von übermächtigen Kräften und Äußerlichkeiten befreien, die sich meinen Interessen in den Weg stellen!

❖ *Es ist nicht unmöglich!*
Ich brauche einfach eine positive Einstellung. Ich habe zu negativ reagiert. Ich entscheide mich für die Denkweise: irgendwie, irgendwann ist es vielleicht möglich.

❖ *Es ist nicht unmöglich!*
Ich brauche mehr Vertrauen. Ich muss an die Zukunft glauben. Ich muss meine Denkweise vom hemmenden Einfluss vergangener Erinnerungen an Fehlschläge und Zurückweisungen befreien.

77

❖ *Es ist nicht unmöglich!*

Ich darf einfach niemals aufgeben. Alles, was ich brauche, ist Geduld; Geduld, die niemals endet. Bald werden übliche, jetzt wirkungslose Methoden durch neue technologische Fortschritte ersetzt werden und ich werde für meine „Sag niemals nie"-Einstellung belohnt! Ich bleibe am Ball. Das Morgen löst die Vergangenheit ab!

❖ *Es ist nicht unmöglich!*

Ich muss mich einer höheren Macht bedienen. Dort liegt die Quelle kreativer Ideen, an die ich gelangen muss; dort befinden sich unentdeckte Kräfte, die darauf warten, von mir entdeckt und genutzt zu werden. Es ist also nicht unmöglich; ich kann es nur nicht allein schaffen. Ich brauche die Kraft Gottes! Es ist nicht unmöglich – wenn ich Vertrauen habe. Große Dinge werden vollbracht, wenn der Mensch und Gott gemeinsam vor einem unbezwingbar erscheinenden Berg stehen. Ich muss nur loslassen und mich von Ihm führen lassen.

❖ *Es ist nicht unmöglich!*

Ich muss einfach damit aufhören, so stur zu sein. Ich muss Kompromisse für meine verschwiegenen Bedingungen, meine unausgesprochenen Forderungen, meine starren Prinzipien finden. Ich muss weise genug sein und meine Ansichten ändern. Ich muss den Mut haben, sie auch zu vertreten! Ich muss mich in Demut üben und die Türen werden sich öffnen! Gott wird eintreten und Berge werden versetzt! Ich werde gesegnet sein.

Wenn Sie erst einmal bemerkt haben, dass nichts unmöglich ist, sind sie frei und in der Lage, Lösungen zu sehen! Dann können auch Sie glauben, dass Wunder an jeder Ecke warten. Sie werden erkennen, dass der Weg zwar sehr kurvenreich ist, aber niemals in einer Sackgasse endet!

Werfen Sie einen Blick um die Ecke! Setzen Sie Ihren Weg fort! Geben Sie niemals auf.

ES IST VIELLEICHT MÖGLICH –
WENN ICH LERNEN KANN, WIE ES GEHT!

Was gestern noch unmöglich erschien, ist heute vielleicht schon möglich. Und was heute noch unmöglich erscheint, wird morgen vielleicht möglich sein. Deshalb werden jeden Tag neue Verfahren entdeckt, neue technologische Durchbrüche erzielt.

Für den Vater meines Freundes, Dr. Raymond Beckering, kam solch ein medizinischer Durchbruch leider zu spät. Er war der Pfarrer, der mich vor 37 Jahren in mein Amt einführte, und er war der Pastor, der mich bat, von Chicago nach Kalifornien zu kommen, um dort eine neue Gemeinde zu gründen.

Dr. Beckering erzählte mir, wie sein Vater an Diabetes starb, nur ungefähr einen Monat vor der Entdeckung von Insulin. Hätte sein Vater nur 30 Tage länger gelebt, hätte er womöglich noch weitere 20, 30, vielleicht auch 40 Jahre leben können.

Auch ich wurde daran erinnert, wie schnell Veränderungen stattfinden, als ich mit John Templeton sprach. Der namhafte Anlageberater, der Vorsitzender des Treuhänderausschusses des theologischen Seminars von Princeton war.

„Robert, ist Ihnen eigentlich klar, wie viele Veränderungen Sie und ich in unserem Leben schon erlebt haben?", fragte John. „1912 gab es in Amerika:

- ❖ *Keine Einkommenssteuer … keine US-Notenbank.*
- ❖ *Keine Anlageberater … keine Anlagefonds.*
- ❖ *Keine Vitamintabletten … keine Kühlschränke.*
- ❖ *Keine Radios … keine transkontinentalen Telefonverbindungen … keine Ampeln.*
- ❖ *Keinen Kunststoff … keine Kunstfasern … kein Neonlicht.*

Lange nach dem Wirtschaftsaufschwung von 1929 gab es in Amerika noch immer:

- ❖ *Keine Sozialversicherung … keine Arbeitslosenversicherung.*
- ❖ *Keine Luftpost … keine Fluggesellschaften.*
- ❖ *Keine Kopiergeräte … keine Klimaanlagen.*
- ❖ *Keine Antibiotika … keine Tiefkühlkost.*
- ❖ *Kein Fernsehen … keine Transistorgeräte.*
- ❖ *Keine Laser … und keine Atomenergie.*

Wer hätte damals gedacht, dass wir all die neuen Errungenschaften noch erleben dürfen? Wer kann sich schon heute vorstellen, welche noch größeren Errungenschaften auf unsere Kinder und Enkelkinder warten?"

John fuhr fort: „Wir leben in einer Welt und zu einer Zeit, in der der Fortschritt einer sich drehenden Spirale gleicht. Unsere Erziehung, unsere Ernährung und unsere Wohnverhältnisse sind besser als je zuvor in der Geschichte dieser Welt. Sehen Sie doch nur, wie weit wir schon gekommen sind:

- ❖ *1912 hat Emil von Vehring einen wirksamen Impfstoff gegen Diphtherie und Tetanus gefunden.*
- ❖ *1921 isolierten Frederick Banting und Charles Best das Hormon Insulin.*
- ❖ *1928 entdeckte Alexander Fleming das Penicillin.*
- ❖ *1929 entwickelte Hans Berger den ersten Elektroenzephalographen[13].*
- ❖ *1938 entwickelte Max Theiler einen Impfstoff gegen Gelbfieber.*
- ❖ *1946 erhielt H.J. Muller den Nobelpreis für Medizin für seine Forschung über von Röntgenstrahlen verursachten Mutationen.*
- ❖ *1951 entwickelte Andre Thomas die Herz-Lungen-Maschine.*
- ❖ *1952 entdeckte Selman Warksman Streptomycin[14].*
- ❖ *1954 entwickelte Jonas Salk den ersten wirksamen Polio-Impfstoff.*
- ❖ *1967 führte Christian Barnard die erste Herztransplantation in Südafrika durch.*
- ❖ *1982 implantierte Dr. William De Vries das erste künstliche Herz. Empfänger war der Amerikaner Barney Clark aus Salt Lake City.*
- ❖ *1983 wurde lasergestützte Chirurgie zum Verfahren Nummer eins bei Augenoperationen und der Entfernung von Rücken- und Gehirntumoren.*

---

13 Die Elektroenzephalografie (EEG) ist eine Methode der medizinischen Diagnostik zur Messung der summierten elektrischen Aktivität des Gehirns durch Aufzeichnung der Spannungsschwankungen an der Kopfoberfläche. Das Elektroenzephalogramm (ebenfalls EEG abgekürzt) ist die graphische Darstellung dieser Schwankungen.

14 Wirkstoff, der bei Tuberkulose und wenigen speziellen Infektionen eingesetzt wird.

**Unmögliches verschwindet,
wenn ein Mensch
mit seinem Gott
vor einem unüberwindbar
scheinenden Berg steht.**

Mehr als die Hälfte der Wissenschaftler, die je gelebt haben, sind heute noch unter uns. Mehr als die Hälfte der Entdeckungen in den naturwissenschaftlichen Bereichen fanden im 20. Jahrhundert statt. Der Prozess der Entdeckungen und Erfindungen ist noch nicht zum Stillstand gekommen oder hat sich auch noch nicht verlangsamt. Wer vermag sich schon vorzustellen, was noch alles entdeckt wird, wenn sich das Tempo der Forschung weiterhin so rasant beschleunigt? Jede Entdeckung enthüllt neue Geheimnisse. Je mehr wir lernen, desto mehr realisieren wir, wie unwissend wir in der Vergangenheit waren und wie viel es noch zu entdecken gibt", schloss John.

Vielleicht sind Sie sich Ihrer eigenen Kräfte nicht vollends bewusst. Ihre Position ist möglicherweise stärker geworden, Ihr Einflussbereich hat sich vergrößert. Ihr Freundeskreis ist tatsächlich gewachsen. Dinge sind für Sie heute möglich oder zum Greifen nah, die vor kurzem noch vollkommen undenkbar waren.

Wenn ich daran denke, wie weit wir gekommen sind und wie weit wir noch gehen müssen, bin ich davon überzeugt, dass alles möglich ist! Mit der Zeit werden wir die Antworten auf unsere Fragen finden. Mit der Zeit werden wir Durchbrüche erzielen. Mit der Zeit werden wir erleben, wie das Unmögliche möglich geworden ist!

ES IST VIELLEICHT MÖGLICH – WENN ICH EINIGE PROBLEME LÖSE!

Die unmöglichste Aufgabe, die Sie sich je vorstellen können, ist niemals ganz und gar unmöglich – *wenn* Sie nur lernen, einige der Probleme, die sich Ihnen in den Weg stellen, zu lösen.

Ich habe einmal eine Schiffsreise durch den Panama-Kanal unternommen. Ich freute mich auf dieses Erlebnis, denn ich habe diesen Kanal schon immer als einen der größten Errungenschaften der Welt angesehen.

Die Franzosen waren 19 Jahre lang mit dem Bau beschäftigt. Der Bau dieses Kanals kostete sie Millionen von Dollar und hunderte von Menschenleben. Schließlich gaben sie das ehrgeizige Projekt auf. Daraufhin versuchten die Amerikaner den Kanal fertig zu stellen. Sie kamen auf die Idee, dass die Lösung darin bestände, Schleusen zu bauen, um den Wasserstand senken und erhöhen zu können, damit die Schiffe den Kanal passieren konnten. Diese Errungenschaft war unglaublich. Es war eine bewegende Erfahrung für mich, mit einem Schiff durch diesen meisterhaft gebauten Kanal zu fahren.

Betrachten Sie Ihre unlösbar scheinende Aufgabe als ein Problem, das gelöst werden muss. Erscheint Ihnen das Problem zu groß, müssen Sie es vielleicht in mehrere kleine Probleme aufteilen.

Walter Burke war Vorsitzender der McDonnell Aircraft Corporation[15], als Präsident Kennedy ihn zu sich bestellte und sagte: „Wir wollen einen Menschen auf den Mond schicken."

Walter Burke wusste, was nötig war, um solch eine unlösbar scheinende Aufgabe in die Tat umzusetzen. Er musste einen Raketenantrieb entwickeln, der stark genug war, damit sein Raumfahrzeug die Erdanziehungskraft überwinden konnte. Als Ingenieur hatte er gelernt, dass *ein großes Problem niemals ein einzelnes Problem ist*. Also fragte er sich zunächst: „Was sind die verschiedenen Probleme, die zusammen das Hauptproblem bilden?"

Er teilte das Problem sorgfältig in ungefähr 20 Probleme auf. Dann entschied er, welche dieser Probleme er selbst bewältigen konnte und für welche er Hilfe benötigen würde. Schließlich gelangte er zu dem Punkt, an dem nur noch ein Problem übrig blieb: das Raumfahrzeug, dass die Erdanziehungskraft überwinden und in die Erdumlaufbahn fliegen könnte.

„Das ist die Phase, in der ich am glücklichsten bin", sagte Walter. „Zu diesem Zeitpunkt konnte ich all meine Energien auf das verbleibende Problem konzentrieren, und wenn ich mich ganz und gar auf ein Problem konzentriere, weiß ich, dass es nur eine Frage der Zeit ist, bevor ich eine Lösung dafür finde!"

Nun ja, und der Rest ging schließlich in die Geschichte ein. Sie lösten die Probleme und 1969 war Neil Armstrong der erste Mensch, der den Mond betrat.

---

15 Die McDonnell Aircraft Corporation war ein US-amerikanischer Luft- und Raumfahrthersteller aus St. Louis, Missouri. Sie fusionierte 1967 mit der Douglas Aircraft Company zu McDonnell Douglas.

ES IST VIELLEICHT MÖGLICH – WENN ICH ZUSÄTZLICHES KAPITAL BESCHAFFE!

Geld ist nicht die Lösung für alle Probleme, aber es ist doch überraschend, wie viele Probleme durch fehlendes Kapital verursacht werden. Zu viele Träume scheitern an nüchternen Bilanzen und zu viele Leben werden durch einen Bankrott zerstört.

Wenn Sie also versucht sind aufzugeben, fragen Sie sich: „Wäre es möglich, *wenn* ich genug Geld hätte? Was könnte ich tun, *wenn* ich über ausreichend Kapital verfügen würde?" Es ist unglaublich, wie Menschen, die sich dem Möglichkeitsdenken verschrieben haben, immer einen Weg finden, zusätzliches Kapital zu beschaffen, selbst wenn Experten dies für vollkommen unmöglich halten.

Sybil Brand ist eine der bemerkenswertesten Frauen in Los Angeles County. Die Wände ihres Büros sind mit Auszeichnungen tapeziert. Sie ist über 80 Jahre alt und gilt als eine der Pioniere Amerikas. Sie war Vorsitzende einer der größten Wohltätigkeitsvereine Kaliforniens. Bob Hope[16] hat einmal von ihr gesagt: „Ich kann keine Spendenaktionen mehr durchführen, denn Sybil hat schon alles getan."

Sybil engagierte sich schon seit ihrem fünften Lebensjahr für Bedürftige. Eines Tages klingelte es an der Tür ihres Elternhauses. Als Sybil die Tür öffnete, stand ein Mann davor und fragte: „Kleines Mädchen, ist deine Mutter zu Hause?"

„Ja", antwortete die kleine Sybil. Sie rannte zu ihrer Mutter und sagte: „Mami, da ist jemand, der dich sehen möchte. Er sagt, er sei hungrig. Können wir ihm nicht unseren Ofen schenken?"

Damit begann ihr unglaubliches Engagement, das ihr über 2.000 Auszeichnungen bescherte. Am bekanntesten ist sie jedoch für ihre Arbeit im Sybil-Brand-Institut in Kalifornien. Das Institut ist das Bezirksgefängnis für Frauen ab dem 18. Lebensjahr, in dem über 2.000 Frauen untergebracht waren.

Sybil besuchte zufälligerweise eines Tages dieses Gefängnis und war über den überfüllten Zustand entsetzt. Sie entschied sich, zur Tat zu schreiten und brachte mit Hilfe von Anleihen acht Millionen Dollar für den Bau eines neuen Gefängnisses auf.

16 Bob Hope war ein US-amerikanischer Komiker, Schauspieler und Entertainer.

Aber damit nicht genug. Außerdem ging sie alle drei Wochen zu diesem Gefängnis, um Frauen zu besuchen und organisiert jedes Jahr eine Weihnachtsfeier für sie. Bei dieser Feier überreicht sie jeder Insassin persönlich ein Weihnachtsgeschenk.

Die Gefangenen liebten Sybil. Sie umarmten sie und schrieben ihr Briefe, in denen sie ihr dankten. Sie nannten sie die „gute Fee".

In all den Jahren musste ich feststellen, dass niemand wirklich ein Geldproblem hat, sondern es fehlt immer nur an Ideen. Es gibt immer unzählige Möglichkeiten, Geld auf verantwortungsvolle und ehrliche Weise zu beschaffen.

ES IST VIELLEICHT MÖGLICH – WENN ICH IN GRÖSSEREN MASSSTÄBEN DENKE!

Wir müssen alle in größeren Maßstäben denken. Ich wage zu behaupten, dass es unsere beschränkte Denkweise ist, die viele unserer Probleme erzeugt. So viele unmöglich erscheinende Aufgaben können gelöst werden, wenn sie als das erkannt werden, was sie wirklich sind: kurzsichtige oder beschränkte Betrachtungen.

Jeder von uns kann noch von John und Greg Rice lernen. Sie sind Zwillinge und sie sind sehr bekannte Millionäre. Sie sind erfolgreich, glücklich und führen ein erfülltes Leben. Das ist fast schon ein Wunder, wenn man bedenkt, dass sie nur knapp einen Meter groß sind und noch weitere Hindernisse als ihre Körpergröße zu bewältigen hatten.

John und Greg waren von ihren leiblichen Eltern in dem Krankenhaus ausgesetzt worden, in dem sie geboren worden waren. Als dann auch noch diagnostiziert wurde, dass sie wohl kleinwüchsig bleiben würden, dauerte es neun Monate bis der Staat Adoptiveltern fand, die beide aufnahmen.

Glücklicherweise fand sich eine wundervolle und liebevolle christliche Familie, die sich ihrer annahm. Dort erhielten sie die Liebe und Fürsorge, die sie zu den außergewöhnlichen Menschen werden ließ, die sie heute sind.

John und Greg erlitten einen weiteren Schicksalsschlag als ihre Adoptiveltern starben. Zu diesem Zeitpunkt besuchten sie gerade die elfte Klasse. Wenig später stiegen die beiden in das

Immobiliengeschäft ein. Dann begannen sie Vorträge zu halten. 1979 hörten ihnen Mitarbeiter der Talkshow „Real People"[17] bei einem ihrer Vorträge zu. Sie waren von den beiden jungen Männern, die von ihrer Statur zwar klein waren, aber in großen Maßstäben dachten, beeindruckt.

Sie traten als Gäste in „Real People" auf. Später hatten sie Gastauftritte in TV-Serien. Auch heute noch sind sie international sehr erfolgreich als Redner unterwegs.

John sagte einmal zu mir: „Dr. Schuller, eine Menge Leute behaupten, dass Greg und ich viel Glück gehabt hätten. Wir nennen das nicht Glück, sondern Arbeit. Wir haben herausgefunden, dass wir umso glücklicher werden, je härter wir arbeiten. Wissen Sie, jeder hat in dem einen oder anderen Sinne ein Handicap.

Manche Menschen sind, wie Greg und ich, kleinwüchsig. Anderen fehlt es an Geld, den Meisten fehlt es an Erfahrung. Aber ich denke, dass David vielleicht das beste Beispiel für eine Person mit Handicap ist. Vor 3.000 Jahren lebte dieser Teenager in Israel und musste gegen den riesigen Philister Goliath kämpfen. In der Bibel heißt es, dass David nach seiner Schleuder griff und den Riesen an der Stirn traf, so dass dieser zu Boden stürzte.

Es gibt auch heute noch Riesen in unserer Welt, die es zu besiegen gilt – nämlich Vorurteile, negatives Denken, mangelndes Selbstvertrauen und Selbstmitleid. Manche fühlen sich vielleicht wie David, aber im Gegensatz zu ihm glauben sie, dass ihnen die richtige Munition fehlt, um die Riesen unserer Zeit zu besiegen. Ich denke jedoch, dass wir alle nur unseren Mut zusammennehmen, tief in uns gehen, unsere Steine hervorholen und gegen die Riesen unseres Zeitalters schleudern müssen. Sie sehen, es bedarf nicht viel, um erfolgreich zu sein. Man muss nur *alles* geben."

Greg fügte hinzu: „John und ich hätten all das nie erreichen können, wenn wir nicht den starken Glauben an Gott gehabt hätten, den uns unsere Eltern vermittelt haben. Viele Leute sagen, dass uns der Erfolg geschenkt wurde. Aber John und ich sind davon überzeugt, dass das wahre Geheimnis des Erfolgs darin liegt, glücklich zu sein – glücklich, was immer wir tun. Ich denke, dass John und ich möglicherweise die glücklichsten Menschen sind, die sie je getroffen haben, weil wir unsere Situation nicht als ein Problem ansehen."

John sagte abschließend: „Viele Leute suchen nach Entschuldigungen für die Situation, in der sie sich befinden. Man muss jede Situation, in der man sich befindet, akzeptieren und das Beste daraus machen."

John und Greg haben sicherlich das Beste aus ihrer Situation gemacht. Sie sind glücklich. Sie sind nicht verbittert. Sie sind erfolgreich. Warum? Weil sie die Botschaft der Liebe verkünden, das Leben mit Humor nehmen und Millionen von Menschen inspirieren. Ist es dann noch ein Wunder, dass ihnen Liebe, Bewunderung und weitere Ehrungen entgegengebracht werden?

ES IST VIELLEICHT MÖGLICH – WENN ICH EINFACH NOCH HÄRTER DARAN ARBEITE!

Louis Nizer, einer der größten Rechtsanwälte des 20. Jahrhunderts, lehrte mich die „Magie" eines weiteren Wortes. Er sagte: „Jedes Jahr halte ich Vorlesungen an den Universitäten Yale und Harvard und immer sage ich den Studenten: Ich möchte euch ein Wort beibringen. Dieses Wort verwandelt einen schwerfälligen Verstand in einen aufgeweckten Verstand, einen aufgeweckten Verstand in einen ausgezeichneten Verstand und schließlich eine brillante Person in eine standhafte Person. Dieses Wort wird euch Türen öffnen. Dieses Wort bewirkt, dass man den roten Teppich für euch ausrollt. Dieses Wort wird euch mit den wunderbarsten und mächtigsten Menschen der Welt verbinden. Dieses Wort ermöglicht jedem Menschen den Erfolg. Dieses magische Wort heißt ARBEIT!" Eine positive Einstellung gegenüber Arbeit wirkt Wunder!

Auf einer meiner Reisen nach Srinagar, einer Stadt in Kaschmir, Indien, bestellte ich eine Gartenlaube. Aber in dieser abgelegenen Stadt zwischen China und Pakistan hatte man noch nie von so etwas gehört.

„Unmöglich!", sagten sie.

Nichtsdestotrotz setzte ich mich hin und begann Pläne zu zeichnen.

„Ja, das können wir tun!", antworteten sie.

„Was wird es kosten?", fragte ich.

Der Preis, den sie mir nannten, schien angemessen. „Nehmen Sie einen Barscheck an?"

Wieder lautete die Antwort: „Unmöglich!"

In diesem Moment sah ich eine Ausgabe des Time-Magazins[18] auf dem Tisch des Eigentümers liegen. Zufälligerweise war ein Bild von mir darin zu sehen. Ich nahm das Magazin und zeigte ihm das Bild. „Sie können mir vertrauen; hier ist mein Bild!", sagte ich.

Mit großen Augen las der Holzarbeiter die Geschichte von Beverly Sills[19] Konzert, das bei der Eröffnung der Kathedrale stattgefunden hatte. Der Artikel gab an, dass sogar Frank Sinatra einen Sitzplatz reserviert hatte. „Kennen Sie Frank Sinatra?" Er schien überrascht. „Natürlich nehme ich Ihren Scheck an!", verkündete er.

Acht Monate später wurde die Gartenlaube geliefert. Eingefräst in den komplexen Schnitzarbeiten stand der Name des Arbeiters, seine Adresse – Srinagar, Kaschmir, Indien – und folgendes Zitat: „Unsere Arbeit ist unser Gebet."

Alles ist möglich, wenn Sie nur eine positive Einstellung gegenüber Arbeit haben. Arbeit lässt den Traum wahr werden, und öfters als Sie sich vorstellen können, werden Sie feststellen, dass die Arbeit Spaß gemacht hat. Sie haben sie genossen. Sie hat sie nicht ausgelaugt, sondern belebt. Sie fühlen sich jünger. Erneuert. Und was am wichtigsten ist: Sie gibt Ihnen das Gefühl, etwas erreicht zu haben. Sie sind stolz auf sich und Ihre Leistung. Sie haben sich Ihrem Traum verpflichtet und, in diesem Prozess, auch Gott.

ES IST VIELLEICHT MÖGLICH – WENN ICH JEMANDEN FINDEN KANN, DER MIR HILFT!

Dr. Michael DeBakey war einer der erfolgreichsten Mediziner. Er ist zweifelsohne in die Geschichte eingegangen als der innovativste Arzt unserer Generation. Es gibt kaum einen Operationssaal im Land, in dem nicht seine Instrumente, die den Namen „DeBakey" tragen, eingesetzt werden. Und es gibt kein Krankenhaus, das nicht über eine Intensivstation verfügt.

---

18 Das *Time*-Magazin ist ein wöchentlich erscheinendes amerikanisches Nachrichtenmagazin.
19 Beverly Sills war eine der bekanntesten US-amerikanischen Opernsängerinnen der 1960er und 1970er Jahre.

Die Intensivstation wurde 1953 von Dr. Michael DeBakey eingeführt. Zu dieser Zeit gab es viel Widerstand gegen diese Station, sowohl von Seiten der Ärzte, als auch von Seiten der Krankenschwestern.

Da sich der Patient unmittelbar nach der Operation in einer kritischen Phase befindet und besonders intensive Betreuung benötigt, ist speziell geschultes Personal erforderlich. Die Patienten müssen rund um die Uhr, ohne Unterbrechung, überwacht werden. Glücklicherweise stimmte der Krankenhausverwalter Dr. DeBakey zu und errichtete eine Intensivstation ausschließlich für seine Patienten ein.

Damit war er so erfolgreich, dass die Ärzte nach und nach sagten: „Ich möchte, dass auch meine Patienten hier untergebracht werden."

Infolgedessen musste die Station während der nächsten Jahre erweitert werden, um auch die Patienten dieser Ärzte betreuen zu können. Interessanterweise vergaßen sie ihre früheren Einwände. Die Intensivstation wurde ein fester Bestandteil der Kardiologie der Krankenhäuser und breitete sich bald auf alle Abteilungen in allen Krankenhäusern des Landes und auch im Ausland aus.

„Wie viele Leben, wie viele Menschenherzen haben Sie in Ihrem Leben in den Händen gehalten?", fragte ich ihn.

„Oh! Sicher mehr als 50.000!", antwortete er.

Als ich diese Zahl hörte, war ich mir sicher, dass er übertrieb. 50.000 Herzen – diese Zahl schien mir „unmöglich". Aber dann lud mich Dr. DeBakey ein, eine seiner Operationen zu verfolgen. Er führte mich in eine Beobachtergalerie, von dort aus konnte man vier Operationssäle beobachten, in denen gleichzeitig vier Operationen stattfanden. Verschiedene Teams an Krankenschwestern und Ärzten waren in jedem Raum mit einer Operation beschäftigt. Von Raum zu Raum eilend überwachte Dr. DeBakey all diese Operationen. Ich konnte mich selbst davon überzeugen, dass 50.000 Operationen nicht übertrieben waren, sondern eher noch untertrieben.

Später brachte ich mein Erstaunen und meine Bewunderung über seine Fähigkeit, seine Leistung mit Hilfe anderer zu vervielfachen, zum Ausdruck. Er antwortete: „Ich habe eine Redensart, die ich oft im Operationssaal verwende: ‚Hätte ich noch eine dritte Hand, würde ich euch gar nicht brauchen.' Aber einer der Gründe, weshalb wir keine dritte Hand haben, ist, dass Gott unsere Demut bewahren will."

Ich fragte ihn, wie es sich anfühle, ein menschliches Herz in Händen zu halten.

Er sagte: „Das ist ein von Gott gegebenes Wunder. Das Herz ist eines der wundervollsten Organe des Körpers. Es arbeitet so effizient. Denken Sie nur einmal daran, wie oft es schlägt – sechzig, siebzig oder achtzig Mal pro Minute, ein Leben lang, es wird niemals müde, außer es wird krank. Ansonsten schlägt es regelmäßig und hält den Menschen am Leben. Kein Wunder also, dass man es manchmal als den Sitz der Seele ansieht.

Tatsache ist, dass Sie gar nicht anders können, als diese übernatürliche Präsenz Gottes im Operationssaal zu spüren. Ich bin der Meinung, dass jeder, der die Existenz dieses geistlichen Wesens leugnet, einmal bei einer Operation zuschauen sollte. Sie können nicht anders, als seine Präsenz stark zu fühlen. Sie spüren die Unantastbarkeit des Lebens, sobald Sie sich in dieser kritischen Situation im Operationssaal befinden. Vor allem bei Herzoperationen kommt man nicht umhin zu spüren, dass eine andere Macht anwesend ist. Und ich habe diese Erfahrung schon oft gemacht.

Ich erinnere mich an einen Patient, der von einer Herz-Lungen-Maschine unterstützt wurde, aber sein Herz war nicht in der Lage, von alleine zu schlagen. Schließlich war ich an den Punkt angelangt, an dem ich glaubte, aufgeben zu müssen. Dann, ganz plötzlich, begann das Herz aus völlig ungeklärten Gründen, wieder zu schlagen. Ich dachte nur noch: ‚Danke Gott!' Ihm gebührte der Verdienst. Hätte Er mir nicht geholfen, wäre der Mann wohl gestorben."

Dr. DeBakey konnte sein Wissen mit tausenden von Menschen teilen, weil er selbst von Menschen – Ärzten und Krankenschwestern – umgeben war, die ihm helfen konnten. Und noch jemand stand ihm bei: Gott. Dadurch hat er mehr Menschen geholfen, als wir uns in unserem eigenem Leben erträumen könnten.

Sind Sie frustriert über Ihre mangelnden Fortschritte? Oder glauben Sie, die Grenzen Ihrer Fähigkeiten erreicht zu haben? Dann müssen Sie sich vielleicht noch einmal das Beispiel von Dr. DeBakey ins Gedächtnis rufen. Suchen Sie jemand, der Ihnen hilft. *Der Erfolg ist vielleicht möglich*, wenn Sie versuchen, ihn nicht allein zu erzielen!

ES IST VIELLEICHT MÖGLICH –
WENN ICH FESTSTELLE,
DASS AUFGEBEN KEINE OPTION IST!

Es gehört Mut dazu, unbeirrt seinen Weg fortzusetzen, wenn man direkt mit Hindernissen oder Rückschlägen konfrontiert wird. Es gehört Tapferkeit dazu, wieder aufzustehen und mit dem Ball weiterzulaufen, wenn man zu Fall kam und schwer mitgenommen wurde.

Es erfordert Mut, es erfordert Tapferkeit, es erfordert Integrität. Integrität habe ich auf unserer Farm in Iowa gelernt. Wenn Sie auf einer Farm geboren werden und aufwachsen, entwickeln Sie instinktive Integrität. Sie wissen, dass Sie die Kühe melken müssen oder sie geben keine Milch mehr. Wenn Sie Getreide säen, wissen Sie, dass Sie es auch ernten müssen.

Wenn Sie die Bücher The Pursuit Of Excellence[20] oder Passion For Excellence[21] kennen, kennen Sie auch den Namen Stew Leonard. Er besitzt eine der größten Molkereiunternehmen der Welt. 1986 gehörte er zu den elf Kandidaten, die eine vom amerikanischen Präsidenten verliehene Auszeichnung für außergewöhnliche unternehmerische Leistungen erhielten.

Zwei Monate nachdem Stew sein Examen am College abgelegt hatte, starb sein Vater. Mit 21 Jahren musste er nun den Familienbetrieb übernehmen und Milch an private Haushalte ausliefern. Dann begannen die Kunden mehr und mehr ihre Milch in Supermärkten zu kaufen. Stew fühlte sich wie der Eismann, der früher von Haus zu Haus ging, um seine Eisblöcke zu verkaufen, bis der Kühlschrank erfunden wurde. Das Unternehmen kämpfte ums Überleben. Eines Tages kamen zwei Männer vom Straßenbauamt und erklärten ihm, dass die Molkerei abgerissen werden müsse, um Platz für eine neue Schnellstraße zu schaffen.

Stew wusste nicht, was er tun sollte, also fragte er seine Kunden nach ihren Bedürfnissen und diese antworteten ihm, dass sie frische Milch zum niedrigsten Preis wollten.

Stew hatte einen Traum. Er träumte davon, ein großes Geschäft mit einer zugehörigen Molkerei zu errichten, damit die

---

20 Im Deutschen in etwa: *Auf der Jagd nach Vortrefflichkeit*
21 Im Deutschen in etwa: *Leidenschaft für Vortrefflichkeit*

Kunden kommen und sehen könnten, wie ihre Milch in Flaschen abgefüllt wird. Er könnte ihnen damit helfen, Geld zu sparen, und die Kinder würden Spaß dabei haben, den ganzen Vorgang durch große Fenster beobachten zu können.

Als das neue Geschäft ungefähr zu drei Vierteln fertig gestellt war, kamen die ersten Zweifler. Sie sagten Stew, dass er verrückt sei. Sie sagten, dass es nicht funktionieren würde, weil die Leute nicht extra vom Supermarkt zu seinem Milchgeschäft kommen würden. Sie sagten, dass er pleitegehen würde. Stew erzählte mir später: „Wenn die Experten dir das immer wieder sagen, dann beginnst du, deprimiert zu sein. Mein Buchhalter sagte mir, dass wir unser Budget bereits um 100.000 Dollar überschritten hätten und dass wir am Rande des Bankrotts stehen würden. Das war eine harte Zeit.

Der Wendepunkt in meinem Leben kam eines Nachts, als ich nicht schlafen konnte. Ich ging nach unten und machte mir den Kaffee warm, der noch vom Abendessen übrig war. Ich saß da und schrieb zwei Listen: eine negative Liste, wie ich scheitern könnte und eine positive Liste, wie ich hoffte, es schaffen zu können. Die Liste mit den negativen Gedanken war viel länger. Es war dunkel draußen. Es regnete und ich war niedergeschlagen. Ich begann zu Gott zu beten – nicht nur, damit er all meine Probleme löse, sondern um mir Mut zu machen und mir neue Kraft zu verleihen.

Als die Sonne aufging, wurden meine Gebete beantwortet. Meine Frau Maryann kam die Treppe herunter. Sie sagte: ‚Stew, was machst du?'

‚Ich mache mir Sorgen!', sagte ich.

‚Warum?'

Und ich antwortete: ‚Weil jeder mir sagt, dass ich scheitern werde. Jeder sagt mir, dass wir pleitegehen werden.'

‚Hör' nicht auf diese Pessimisten', sagte sie. ‚Du wirst nicht pleitegehen.' Dann ging sie rüber zum Küchentisch, öffnete die Schublade und zog ein kleines Sparbuch heraus. Sie sagte: ‚Hier sind 3.300 Dollar, die wir von unserer Mutter geerbt haben. Ich hatte es für die Ausbildung der Kinder zurückgelegt. Du kannst es zurücklegen, wenn die neue Molkerei ein Erfolg geworden ist.'

Ich fühlte mich in diesem Moment so stark. Meine Gebete waren erhört worden. Genau in diesem Moment beschloss ich, dass ich es irgendwie schaffen würde. Überraschenderweise lagen die Experten falsch und die Möglichkeitsdenker, wie Mary-ann, behielten Recht!"

Ich fragte diesen dynamischen Unternehmer: „Stew, was glauben Sie, ist das Geheimnis Ihres Erfolgs?"

„Ich glaube, der Erfolg stellt sich ein, wenn man sein Bestes gibt. Nicht die anderen sind für den Erfolg verantwortlich, sondern nur man selbst. Wie kann man sich sicher sein, dass man das Beste aus sich herausgeholt hat?"

Als ich sein Geschäft besuchte, fragte ich ihn: „Stew, wo sind die Kühe? Ich würde gerne ein oder zwei Kühe melken." Dann hielt ich ihm eine kleine Predigt über Verpflichtungen und zwei Monate später kam er, um mich in der Crystal Cathedral zu besuchen. Dort schenkte er mir vor den Augen der ganzen Gemeinde und einem Fernsehpublikum von ungefähr drei Millionen Menschen einen Milchschemel! Dieser Milchschemel trug folgende Aufschrift: „Für Dr. Schuller, der einmal sagte: ‚Aufgeben ist keine Option. Die Kühe müssen jeden Tag gemolken werden, komme, was da wolle.'"

Sobald Sie gelernt haben, was mit Verpflichtung gemeint ist, nämlich dass Aufgeben nie eine Option ist, dann wird sich Ihnen der freie Blick auf alle Möglichkeiten eröffnen!

ES IST VIELLEICHT MÖGLICH – WENN ICH MEINE EINSTELLUNG ÄNDERE!

Wenn Sie wollen, dass Ihre Ideen auch funktionieren, müssen Sie sich ganz und gar Ihrem Traum verschreiben. Sie müssen den Traum wirklich wollen, mit *Leidenschaft* und von ganzem Herzen verteidigen. Wenn Sie vor Leidenschaft brennen und diese Leidenschaft ihren Ursprung in der Liebe zu Gott und den Menschen hat, dann wird *diese Leidenschaft zum Mitgefühl* und Sie werden erfolgreich sein.

Niemand versteht dieses Prinzip besser als Marva Collins. Marva wuchs in Atmore, Alabama, in der Nähe von Pensacola, Florida auf. Ihre Eltern vermittelten ihr einen starken Wunsch danach zu lernen, gebildet zu sein und Erfolg zu haben. Heute ist sie eine der angesehensten Pädagogen in den USA.

Angesichts der zahlreichen Auszeichnungen, die sie erhielt, ist das wohl keine leere Behauptung. 1981 erhielt sie, zusammen mit dem Journalisten Walter Cronkite, dem Richter des obersten Gerichtshofes Potter Stewart, und dem Abgeordneten David Stockman die angesehene Jefferson-Auszeichnung für außerordentliche Leistungen im öffentlichen Dienst. 1982 wurde sie als eine der legendärsten Frauen der Welt geehrt, zusammen mit Beverly Sills, Nancy Kissinger und Barbara Walters.

Marva Collins wurde die Leitung des Schulsystems von Los Angeles County angeboten, doch sie lehnte ab. Der Präsident der Vereinigten Staaten kam auf sie zu und fragte sie, ob sie Bildungsministerin werden wolle. Doch auch dies lehnte sie ab, da sie mit Begeisterung ihren eigenen Traum verfolgte.

Marvas Traum war es, sowohl Lehrern als auch Kindern zu vermitteln, an sich selbst zu glauben. Sie versprach ihren Schülern: „Ich lasse nicht zu, dass ihr versagt!"

1974 gab Marva nach 14 Jahren als Lehrerin in einem großen Schulsystem ihre Arbeit auf, da sie bestürzt darüber war, wie Kinder durch ein System gepresst wurden, in dem sie nichts lernten. Ausgestattet mit 5.000 Dollar aus ihrer Rentenversicherung gründete sie eine Schule, die sie Westside Preparatory School nannte. Diese private Grundschule behandelte alle Schüler gleich: weiße, farbige, reiche und arme. Marva war bestrebt, jedem Kind Selbstvertrauen, Selbstbestimmung und Stolz zu vermitteln.

Es ist ihr gelungen, aus Kindern, die als zurückgeblieben, störend und schulschwänzend abgestempelt wurden, strahlende Erfolgsgeschichten zu machen. Und wie macht sie das? Sie beginnt damit, den Kindern dabei zu helfen, an sich selbst zu glauben und an harte Arbeit. Sie ist davon überzeugt, dass jedes Kind zu hervorragenden Leistungen fähig ist, man muss es nur auf die richtige Weise dazu ermuntern.

„Ich kann nicht" ist ein weiterer Satz, der in Marvas Schule nicht verwendet werden darf. Stattdessen lehrt sie ihre Schüler den Glauben, dass sie es können! Die Kinder glauben daran und sind immer wieder erfolgreich.

Ich hatte vor kurzem die Ehre, diese bemerkenswerte Frau zu treffen und mehr über ihre einzigartige Lehrmethode herauszufinden. Sie sagte: „Dr. Schuller, ich habe die Möglichkeit, die Kinder, die mir anvertraut wurden, so zu formen, dass aus ihnen Menschen werden, die etwas erreichen und nicht nur auf die Hilfe anderer angewiesen sind. Ich habe die Möglichkeit, aus diesen Kindern mehr zu machen, als sie sich selbst je zugetraut hätten. Es fällt mir schwer Ihnen zu beschreiben, wie aufregend es ist, den Glanz in den Augen eines Kindes zu sehen, wenn es beginnt, an sich selbst zu glauben."

Ich fragte sie: „Marva, wie machen Sie das nur? Wie lehren Sie die Kinder, an sich selbst zu glauben?"

„Zunächst einmal lasse ich mich nie im Lehrerzimmer blicken, denn dort würde ich die ganze Zeit nur zu hören bekommen, was die Kinder alles nicht können. Ich habe noch nie ein Kind getroffen, zu dem ich keinen Zugang bekommen habe. Ich glaube, dass alle Kinder etwas erreichen können. Das einzige, was Kinder davon abhält erfolgreich zu sein, ist, wenn ihnen von den Eltern und Lehrern gesagt wird, dass sie nichts erreichen werden."

„Wollen Sie damit sagen, dass viele Kinder darauf programmiert sind, zu glauben, dass sie nicht erfolgreich sein können?"

„Ja, leider ist das oft der Fall. Lassen Sie mich Ihnen ein Beispiel geben. Letzten Donnerstag besuchte ich eine staatliche Schule. Ich fragte besonders nach 44 Kindern. Ich fragte nach den größten Problemen und den Kindern mit den schlechtesten Noten. Ein Junge stand in der Ecke, mit dem Gesicht zur Wand. Ich sagte zu ihm: ‚Du bist viel zu hübsch, um in dieser Ecke zu stehen und mir den Rücken zuzuwenden. Ich möchte in dein hübsches Gesicht sehen.' Ich holte das Kind aus der Ecke und setzte es zu den anderen Kindern. Dann sagte ich zu den Kindern: ‚Jedes Mal, wenn ich euch heute zurechtweise und euch frage, warum ihr etwas nicht macht, werdet ihr sagen ‚*Weil ich zu klug bin*'. Dann sagte ich zu dem jungen Mann: ‚Warum habe ich dich wohl aus der Ecke geholt?'

Und er sagte: ‚Weil ich zu klug bin.'

Ich hielt mich zwei Stunden lang in dieser Klasse auf und als es Zeit für mich wurde zu gehen, sagten sie mit Tränen in den Augen: ‚Bitte gehen Sie nicht weg. Können wir nicht mit Ihnen in Ihre Schule gehen?'

Oft lassen Pädagogen Kinder hundert Mal schreiben: *Ich benehme mich in der Klasse*. In meiner Schule lasse ich ein Kind aufstehen und spontan ein Referat über das Thema ‚Warum ich zu klug bin, um meine Zeit in der Schule zu verschwenden' halten.

Ich lehre meine Kinder, sich vom Versagen *zu verabschieden* und den Erfolg *zu begrüßen*!"

Marva Collins kennt das Geheimnis des Erfolgs. Sie hat gelernt, dass nichts unmöglich ist, wenn man sich nur immer wieder sagt, dass man es kann! Wenn Sie das Wort „unmöglich" aus Ihrem Wortschatz streichen, wenn Sie wieder lernen können, positiv zu denken und nach Möglichkeiten zu suchen, dann werden auch Sie in der Lage sein, sich vom Versagen zu verabschieden und den Erfolg zu begrüßen!

Die richtige Einstellung ist das Grundlegende! Danach dreht sich alles nur darum, sich weiterzuentwickeln, sich neu zu organisieren und seine Persönlichkeit zu formen. Diese Aufgabe ähnelt der eines Bauunternehmers, der ein Slumviertel sanieren soll. Er muss die von Ratten verseuchten Bauten niederreißen, das Gelände vom Schutt befreien und das Fundament für neue, wunderschöne Hochhäuser legen, umgeben von einem parkähnlichen Gelände mit Blumen und grünem Rasen.

Der erste Schritt besteht also darin, das Gelände zu räumen, indem wir unseren Verstand von alten negativen Denkmustern befreien und das Fundament legen, das unsere neuen Gedankengänge stützt und trägt. Das Fundament besteht aus acht positiven Einstellungen. Sind Sie bereit, mit dem Aufbau zu beginnen? Dann los!

V. Wie aus Pessimisten Optimisten werden!

Wie sollen wir mit unserer Reise zum Erfolg beginnen? Oder mit einem Neustart nach einem schweren Rückschlag? „Rückschlag", das ist das richtige Wort, nicht „Versagen"!

Die Antwort auf diese Frage liegt in einer weiteren Frage: Wie packen wir unsere wichtigste, dringendste und schwierigste Aufgabe an, nämlich uns selbst – oder auch jemand anderen - von einem Unmöglichkeitsdenker in einen Möglichkeitsdenker zu verwandeln? Ist das überhaupt möglich? Wir alle kennen verneinende, unverbesserliche, sture und entschlossene Pessimisten, die sich gegen jede Annäherung, Therapie und jeden Vorschlag, der ihr Leben ins Positive verwandeln könnte, wehren. Ist es wirklich möglich, eine Person, die ständig sagt „das kann ich nicht" dazu zu bringen, zu sagen „das kann ich"?

Meine Antwort darauf kennen Sie schon. Mein gesamtes Lebenswerk wurde auf der Annahme aufgebaut, dass der Mensch sich grundlegend ändern und buchstäblich neu geboren werden kann! Jesus hat uns das gelehrt. Ich glaube daran. Ich habe meine gesamte Tätigkeit als Pastor darauf ausgerichtet, und die Ergebnisse waren so beeindruckend, um mich nach jahrelangen aufmerksamen Bemühungen davon zu überzeugen, dass Menschen sich ändern können! Davon bin ich überzeugt! Meine Überzeugung des Möglichkeitsdenkens hat Tausenden von Menschen geholfen, die unsere Bücher gelesen oder uns im Fernsehen verfolgt haben. Menschen, die von Kindesbeinen darauf getrimmt waren, negativ über ihr eigenes Potenzial zu denken, haben erlebt, wie ihre starre Hülle der Zurückhaltung unter positivem Druck zerbrach. Sie können darauf wetten, dass dies möglich ist!

Als erstes sollten Sie sich vergewissern, dass Sie ein Möglichkeitsdenker sind. Verlassen Sie sich nicht darauf, dass andere Ihnen Schwung verleihen, um die Aufgabe zu bewältigen. Verlassen Sie sich nicht auf motivierende Zusammenkünfte oder ein „Wie gelange ich zum Erfolg" – Buch, wie zum Beispiel eines meiner Bücher oder eines anderen Autoren. Diese aussagekräftigen Bücher sind bestimmt hilfreich, um Sie auf Ihre Aufgabe einzustimmen, Ihnen positiv und direkt die Richtung zu zeigen oder Sie sogar geistig darauf vorzubereiten, aber damit die Ergebnisse auch solide und von Dauer sind, bleibt Ihnen nichts anderes übrig, als Ihre Psyche und Persönlichkeit neu zu ordnen.

Um die eigene Persönlichkeit neu zu ordnen, vom Negativen ins Positive zu verwandeln, ist es erforderlich, die „Baustelle" von allen ärmlichen Hütten, den alten negativen Einstellungen zu säubern und das neue Fundament zu legen, das neue Wolkenkratzer tragen kann.

Lassen Sie uns zunächst einmal einen Blick auf die Eigenschaften werfen, die einen Möglichkeitsdenker auszeichnen. Stellen Sie sich seine positive Persönlichkeit als ein Gebäude vor. Was für Baupläne werden dafür benötigt? Was für eine Art von Persönlichkeitsgestaltung suchen wir eigentlich? Gibt es ein Modell, das wir als Vorlage benutzen und als Standard verwenden können? Und wie sehen die Pläne für das Fundament aus, auf dem die Philosophie des Möglichkeitsdenkers errichtet werden kann?

Wenn wir uns die geistige Einstellung eines Möglichkeitsdenkers einmal näher betrachten, können wir Folgendes sehen:

DIE ACHT POSITIVEN EINSTELLUNGEN DES MÖGLICHKEITSDENKERS

Offensichtlich ist ein Möglichkeitsdenker jemand, der eine positive Lebenseinstellung hat. Aber können wir diese positive Einstellung analysieren? Ja, wir können. Seit vielen Jahren schon beobachte und analysiere ich; ich weiß, dass in der Persönlichkeit eines Möglichkeitsdenkers acht positive Einstellungen verankert sind. Lassen Sie uns diese nun im Einzelnen betrachten.

1. SIND SIE BEREIT, VERÄNDERUNG ALS ETWAS POSITIVES ZU BETRACHTEN?

Folgende Aussagen würden Sie von einem Pessimisten erwarten:
„Verschwenden Sie nicht Ihre Zeit. Die werden sich nie ändern."

„Tut mir leid, so war ich schon immer und so werde ich immer sein. Du wusstest schließlich, worauf du dich einlässt."

„Man kann einem alten Hund keine neuen Tricks beibringen."

Beachten Sie aber dabei, dass es sich hier um *absolute,* und nicht relative Beobachtungen handelt. Dies kennzeichnet eine Person, die entweder nicht an Veränderung glaubt oder nicht in Betracht zieht, dass sich etwas ändern kann, und zwar aus vielerlei Gründen, wobei manche verständlich und andere kaum tolerierbar sind.

Auf der anderen Seite betrachten Möglichkeitsdenker Änderungen nicht als eine Bedrohung, sondern als Basis für Hoffnung. Wenn Veränderungen nicht möglich sind, gibt es auch keine Hoffnung auf Verbesserung! Der Widerwille, eine positive Einstellung gegenüber Veränderungen zu haben, ist natürlich in den meisten Fällen ein unterbewusster Abwehrmechanismus einer verunsicherten Person, die sich oft als Opfer von Veränderungen ansieht. Ein in sich gefestigter Mensch sieht sich selbst als den Urheber von Veränderungen, die Pläne und Vorbereitungen auf die Zukunft erforderlich machen. Von allen positiven Einstellungen ist diese positive Einstellung gegenüber der Entwicklung die grundlegendste.

Eine positive Einstellung gegenüber Veränderungen erfordert auch Demut. Nur der selbstbewusste Mensch wagt es, demütig zu sein, denn Demut verlangt, dass wir bereit sind zuzugeben, dass wir nicht die Antworten auf alle Fragen kennen und dass einige unserer Antworten falsch sind.

Offensichtlich werden viele Vorschläge, auf die wir treffen, augenblicklich als hoffnungslos oder „unmöglich" eingestuft, weil uns das nötige Wissen zu diesem Zeitpunkt fehlt. Der Möglichkeitsdenker jedoch nimmt an, dass der Vorschlag, wenn er selbst Samen der Kreativität in sich trägt, es wert ist, ihm ernsthafte Aufmerksamkeit und aufrichtige Prüfung zuteilwerden zu lassen. Können Sie erkennen, wie der Möglichkeitsdenker in relativen, anstatt in absoluten Maßstäben denkt? Erkennen Sie die unterschwellige Bereitschaft, Schlussfolgerungen basierend auf der Annahme zu ändern, dass einige Fehler, Lügen und Ungenauigkeiten in der Natur des Menschen liegen?

Wir werden nie in Erfahrung bringen, wie viele Menschen gescheitert sind, weil sie falsche Annahmen hatten und niemals ihre fehlerhaften und falschen Ansichten in Frage gestellt haben, von denen einige ergänzt, aktualisiert, überprüft oder sogar verworfen werden müssen.

2.   SIND SIE BEREIT, SICH SELBST IN EINEM POSITIVEN LICHT ZU SEHEN?

Wenn Sie eine positive Einstellung gegenüber Veränderungen haben, sind Sie als Möglichkeitsdenker auch in der Lage, sich selbst in einem positiven Licht zu sehen.

Sie analysieren Ihre eigenen Grenzen und glauben, dass sich Schwächen korrigieren und Versäumnisse nachholen lassen.

Sie können auf Ihre Fehler und Unzulänglichkeiten blicken und glauben, dass Sie sich selbst verbessern können.

Sie können Ihre mangelhafte Erfahrung und Ausbildung betrachten und glauben, dass Sie neue Fertigkeiten erwerben können.

Sie können auf Ihre Ängste blicken und können sich tragende Säulen aus Mut und Glauben in Ihrem Leben errichten. Sie können sagen: „Gott und ich zusammen bilden eine Mehrheit."

Sie können auf Ihre Unvollkommenheiten blicken und sich trotzdem respektieren; Sie können sich immer wieder in dem Glauben bestätigen: „Wenn ich etwas gut mache, bin ich auch gut, wenn nicht, ist das nur menschlich!"

Als ich das Buch *Entdecke deine Möglichkeiten – und lebe sie* geschrieben habe, dachte ich, es sei mir gelungen, einen Weg aufzuzeigen, der aus dem Misserfolg heraus zum dauerhaften ganzheitlichen Erfolg führt. Aber ich entdeckte eine große Schwachstelle in meinem Buch. Ich setzte voraus, dass die Leser das Thema mit einem positiven Bild von sich selbst angehen würden. Aber ich hörte Leser derart negative Gedanken über sich selbst äußern, dass mir klar wurde, dass ich ein weiteres Buch schreiben müsste. Als Nächstes veröffentlichte ich *Self Love, The Dynamic Force Of Success*[22]. Ich beobachtete, dass Möglichkeitsdenken nicht in den Charakter eines Menschen übergehen kann, solange diese Person sich nicht selbst wertschätzt und an das glaubt, was sie kann. Die Erkenntnis „ich bin" ist die Voraussetzung für „ich kann". „So wie ich mich selbst sehe, so bin ich auch." Wenn wir den Charakter eines

22 In etwa: *Selbstliebe – Die dynamische Kraft zum Erfolg*

Möglichkeitsdenkers darstellen wollen, darf das Wichtigste nicht fehlen: ein positives Selbstbildnis.

Nun ist es aber nicht einfach, sich ein positives Selbstbildnis anzueignen, vor allem, weil die Gesellschaft eher nicht dazu neigt, uns auf die Schulter zu klopfen. Tragischerweise bleibt dies auch oft in den Familien aus. Der Schwerpunkt wird immer nur auf Fehler gelegt. Fehler und Sünden werden hervorgehoben. Kritik und Verurteilung treten unmittelbar und instinktiv in den Vordergrund, während aufrichtige Komplimente meist vernachlässigt werden. Selbst bei der Erziehung wird das Stärken des Selbstwertgefühls außer Acht gelassen. Auch der Glaube ist in dieser Hinsicht nicht ohne Fehler. Gott allein weiß, wie viele Menschen von Kindheit an darauf programmiert wurden, negativ über ihre Talente und Fähigkeiten zu denken.

Wir neigen fortwährend dazu, selbst unser größter Feind zu sein. Wir sind zurückhaltend, wenn es darum geht, Komplimente anzunehmen. Lob scheint uns in Verlegenheit zu bringen. Auszeichnungen sind willkommen, aber wir wissen nicht, wie wir sie annehmen sollen. Deshalb sträuben wir uns dagegen, eine Einstellung zu übernehmen, die unseren gesunden positiven Stolz stärken würde.

Zur selben Zeit neigen wir auf natürliche Weise dazu, unsere Schwächen zu übertreiben. In unserem Unterbewusstsein, das sich am besten mit einem riesigen Computer vergleichen lässt, beeinträchtigt eine große Sammlung an negativen Programmen unser viel versprechendes Selbstbewusstsein. Diese Programme müssen umfassend neu gestaltet werden. Aus diesem Grund habe ich mich in meinem Amt als Pastor dazu verpflichtet, immer die positiven Aspekte des Christentums darzustellen.

„Warum sagen Sie den Leuten nicht, was für Sünder sie sind?", werde ich oft gefragt.

Die Antwort ist einfach. Die Leute haben keine Schwierigkeiten damit, sich als Sünder zu sehen. Das ist leicht. Die schwierigste Aufgabe ist jedoch, die Leute in ihrem Glauben zu unterstützen, welche wundervolle Menschen sie werden können, wenn sie nur zulassen, dass Gottes Liebe ihr Leben bereichert. Das, was in der Psychologie als positive Verstärkung bezeichnet wird, ist ein nie endendes, konstantes Bedürfnis der Menschen. Wir alle wollen Tag für Tag hören, dass wir Gottes Geschöpfe und somit wertvoll sind.

Möglichkeitsdenker sind die Personen, die intuitiv ein positives Bild über sich selbst haben und überzeugt sind, dass sie etwas „können".

Es heißt, die Hummel dürfte eigentlich aufgrund ihrer Körperform und der Größe ihrer Flügel gar nicht fliegen können. Aber sie fliegt trotzdem, weil niemand ihr gesagt hat, dass sie es nicht kann!

Walter Anderson, Herausgeber des *Parade*-Magazins, das mit 60 Millionen Lesern vermutlich das weitverbreitetste Wochenmagazin in den Vereinigten Staaten ist, vertraute mir an, dass er im College nur glatte Einsen hatte, weil er irrtümlicherweise annahm, dass das Stipendium, das er erhalten hatte, nur weiter bestehen würde, wenn er Einser-Noten schreiben würde. Deshalb arbeitete er hart und bekam nur Einser.

Was sagt uns das über das menschliche Potenzial? Niemand hat Walter Anderson gesagt, dass es nicht möglich sei, nur Einser zu schreiben. Also schrieb er nur die besten Noten, da er glaubte, dass er dies müsse.

Eine meiner Predigten trug den doch etwas langen Titel: „Ich wusste nicht, wie schwer mein Gepäck war, bis ich es absetzte." Ich erzählte meiner Gemeinde, wie ich immer darauf beharrte, im Flughafen meine Taschen selbst zu tragen. Ich hätte mich alt, schwach und gebrechlich gefühlt, wenn ich das Angebot meines Gastgebers, das Gepäck für mich zu tragen, angenommen hätte. Eines Tages nahm ich es aber an. Da ich beide Hände frei hatte, konnte ich beim Gehen und Reden gestikulieren. Ich konnte sogar Freunden, die ich am Flughafen traf, die Hand geben oder jemandem ein Autogramm geben oder ihn umarmen. Plötzlich wurde mir klar, wie schwer mein Gepäck gewesen war.

Wie viel Gepäck an negativen Einstellungen gegenüber uns selbst tragen wir mit uns herum? Stellen Sie es ab! Lassen Sie es einfach fallen! Befreien Sie sich von der Last dieser Selbstvorwürfe und Minderwertigkeitskomplexe!

Versagen ist für die Person, die über eine gesunde Selbstachtung verfügt, nie endgültig. Erfolg endet für die Person niemals, die weiterhin glaubt: „Ich habe viel zu bieten und ich habe noch immer viel zu geben. Nächstes Mal schaffe ich es!"

3. SIND SIE BEREIT, FÜHRUNG ALS ETWAS POSITIVES ZU BETRACHTEN?

Der Möglichkeitsdenker bewertet eine Führungsposition außergewöhnlich positiv, weil er seine Intelligenz und seine Begabungen, seine eigenen instinktiven und intuitiven Fähigkeiten wertschätzt. Daher besitzt er eine tiefgründige innere Erkenntnis dafür, dass er selbst für Veränderungen in seinem Leben und in der Welt um ihn herum sorgen kann. Aus dieser Erkenntnis wird die Führungsrolle geboren.

Denn Führung beinhaltet das Wissen, dass:

- ❖ *ich Alternativen finden, Optionen auflisten, alle Möglichkeiten überprüfen und selbst die Wahl treffen kann!*
- ❖ *ich entscheide, welche Option, Alternative und Möglichkeit ich mir zum Ziel setze!*
- ❖ *es in meiner Verantwortung liegt, Entscheidungen zu treffen!*
- ❖ *ich für mein eigenes Schicksal verantwortlich bin!*
- ❖ *ich ein Mensch bin, keine Marionette! Ich bin viel mehr als ein leistungsstarker Computer! Ich bin ein Geschöpf mit Moral. Ich habe einen eigenen Willen. Ich kann Urteile fällen. Das zeichnet einen Menschen aus! Und sobald ich erkenne, dass dies der Kern der Führungsrolle ist, werde ich selbständig denken!*
- ❖ *ich ändern werde, was in meiner mentalen und emotionalen Einstellung geändert werden muss.*
- ❖ *ich meine Führungsrolle nicht an andere Personen oder Mächte abgebe.*
- ❖ *ich nicht zugunsten negativer Gedanken auf meine Verantwortung, Entscheidungen eigenständig zu treffen, verzichten werde. Vielmehr werde ich mich dafür entscheiden, meinen positiven Gedanken die Führung zu überlassen!*
- ❖ *ich bis an die Spitze gelangen werde! Ich werde der Herr über mein eigenes Leben sein. Ich werde diese Furcht einflößende und geachtete Machtposition nicht fürchten oder davor zurückschrecken.*
- ❖ *ich der Herr meiner Seele bleibe! Ich werde anderen nicht die Kontrolle über meinen Körper, Verstand und meine unsterbliche Seele geben!*

Der Möglichkeitsdenker fragt: „Wo stehe ich in fünf, zehn oder zwanzig Jahren?" und antwortet: „Das hängt von den Entscheidungen ab, die ich heute treffe und von den Zielen, die ich mir als Herr meines eigenen Schicksals setze."

4. SIND SIE BEREIT, PROBLEME ALS ETWAS POSITIVES ZU BETRACHTEN?

Können Sie langsam erkennen, wie die tragende Struktur eines erfolgreichen Menschen Gestalt annimmt? Natürlich hat dieser Mensch eine positive Einstellung gegenüber Veränderungen und kann auch mit schweren Zeiten umgehen. Die Zukunft kann so lange verändert werden, bis sie zum strahlenden Stern wird. Der Möglichkeitsdenker hat sich selbst gegenüber eine positive Einstellung, wodurch er wiederum die Übernahme der Führungsrolle als etwas Positives betrachtet. Ein erfolgsorientierter Mensch kann die Führungsrolle übernehmen, um Herr über sein eigenes Schicksal zu werden, und muss sich als Mensch niemals der Verantwortung gegenüber den anderen entziehen.

Das Ergebnis ist eine Persönlichkeit, die eine positive Einstellung gegenüber Problemen hat. Ohne diese Eigenschaft würde der Mensch sich keine Ziele setzen, weil er intuitiv erwartet, dass Ziele auch Probleme hervorrufen. Und das ist richtig! Fehlt es erst einmal an einer positiven Einstellung gegenüber sich selbst, fehlt es auch an Zuversicht, dass Probleme gelöst oder kreativ gehandhabt werden können.

Zeigen Sie mir eine Person, die die positive Einstellung besitzt, persönliche Probleme lösen zu können, und sie sehen einen Möglichkeitsdenker, der zweifelsohne auf dem Weg zum Erfolg ist.

Ohne eine positive Einstellung gegenüber Problemen wird eine Person niemals ihren Charakter ändern und vom Unmöglichkeitsdenker zum Möglichkeitsdenker werden.

Vielleicht wissen Sie es noch nicht, aber diese Einstellung, die von so grundlegender Bedeutung ist, kann erlernt werden. Man kann lernen, eine positive Einstellung gegenüber Problemen einzunehmen. An diesem Punkt sieht man oft den Beginn eines Persönlichkeitswandels vom Negativen zum Positiven. Lassen Sie uns einmal im Einzelnen betrachten, was passiert, wenn wir Probleme in einem positiven Licht betrachten.

Wie Möglichkeitsdenker Probleme sehen:

1. *Probleme sind akzeptabel.* Sie sind nichts Frevelhaftes. Wir müssen uns ihrer nicht schämen. Unser Selbstwertgefühl braucht nicht darunter zu leiden, dass wir Problemen gegenüber stehen. Probleme sind etwas Natürliches, eigentlich sogar Unvermeidliches, wenn wir unsere Persönlichkeit weiterentwickeln.

Jede Art von Entwicklung erzeugt Probleme. Zu Beginn meiner Tätigkeit als Seelsorger war ich viel in der Eheberatung tätig. Wenn Ehepaare mir ihre Probleme anvertrauten, war dies häufig beschämend für sie. Es war fast so, als hielten sie sich für unnormal. Bei ihrer Hochzeit waren sie so glücklich und selig. Manchmal jedoch tauchten Schwierigkeiten auf, die so schwerwiegend waren, dass niemand genau sagen konnte, warum diese Schwierigkeiten entstanden waren oder durch wen.

Meine Taktik bestand darin, ihnen als Erstes zu erklären: „Das ist in Ordnung. Das ist nichts, wofür man sich schämen müsste, sondern etwas ganz Natürliches. Denken Sie daran, dass selbst schwierige zwischenmenschliche Beziehungen auf einer harmonischen und glücklichen Ebene funktionieren können. Jede Person entwickelt sich noch im eigenen Tempo weiter. Seien Sie also nicht überrascht, wenn der eine schneller wächst als der andere und somit der harmonische Rhythmus verloren geht." Oft nahm ich meine Armbanduhr ab, hielt sie hoch und erklärte: „Diese Armbanduhr hat ein eingebautes Präzisionsuhrwerk. Jedes Rädchen greift nahtlos in ein anderes über. Jedes Teil wurde sorgfältig entworfen und angefertigt, um perfekt in das Gesamtschema von Rhythmus und Harmonie zu passen. Dies alles zusammengenommen kann man einen reibungslosen Betrieb für viele Jahre erwarten. Aber stellen Sie sich einmal vor, dass jedes Rädchen ein Eigenleben hat und obwohl es für sich unabhängig ist, ist es doch auch von den anderen abhängig. Und stellen Sie sich vor, dass jedes Rädchen dieser Uhr in einem anderen Tempo wächst als das Rädchen nebenan. Wie lange kann die Uhr noch funktionieren, bevor sie stoppt und zum völligen, irreparablen Stillstand kommt?

Seien Sie guten Mutes! Beziehungen zwischen Menschen erfordern konstante Abstimmung und Angleichung. Also nur die Ruhe. Es gibt keinen Grund, sich zu schämen. Wachen Sie auf und erkennen Sie, dass Sie auch nur ein Mensch sind und dass Probleme etwas völlig Normales sind. Sie beweisen nur, dass Sie leben und wachsen und menschlich sind!"

Wenn Sie diese Logik erkannt haben, wird jegliche Scham überflüssig und Sie können sich frei dorthin bewegen, wo Ihr Selbstwertgefühl noch intakt ist. Mit dieser Unterstützung können Sie weitermachen und kreative Lösungen für diese natürlichen Probleme finden.

2. *Möglichkeitsdenker erkennen, dass sie sich ihre Probleme selbst geschaffen haben.* Jetzt, wo Ihr Selbstwertgefühl intakt ist, müssen Sie sich vor dem natürlichen und normalen Hang zum Selbstmitleid schützen, indem Sie verstehen, dass Sie sich Ihre Probleme selbst geschaffen haben.

Eheprobleme? Das haben Sie am Tag der Hochzeit bereits vorprogrammiert. Probleme mit der eigenen Firma? Hätten wir uns nicht dafür entschieden, eine Firma zu gründen, hätten wir diese Probleme jetzt nicht, oder? Wenn wir als Möglichkeitsdenker unsere Probleme analysieren, erkennen wir, dass wir sie eigentlich selbst zu dem Zeitpunkt geschaffen haben, an dem wir uns unsere Ziele gesetzt, Entscheidungen getroffen und unsere Unterschriften unter bedeutende Verpflichtungen gesetzt haben. Sobald wir dies akzeptiert haben, haben wir eine positivere Einstellung gegenüber unserer Situation. Der Unmöglichkeitsdenker neigt instinktiv, intuitiv, unüberlegt und impulsiv dazu, anderen die Schuld für seine frustrierende, missliche Lage zu geben. Er übernimmt schnell die Opferrolle.

„Das Leben ist nicht gerecht."

„Ich wurde ungerecht behandelt."

„Niemand versteht, was ich durchmachen muss."

Auf diese Weise verschärfen die negativen Einstellungen gegenüber Problemen nur noch die Probleme!

Als ich meine Tochter nach der Beinamputation im Krankenhaus besuchte, sagte ich zu ihr: „Carol, dein größtes Problem wird womöglich sein, dich selbst nicht zu bemitleiden." Sie erwiderte: „Keine Sorge, Dad. Ich habe auch ohne dieses Problem schon genug Probleme!" Sie hatte sich ihr eigenes Problem geschaffen, als sie sich entschied, die Einladung ihres Cousins anzunehmen, auf dem Rücksitz seines Motorrads eine Spritztour zu unternehmen.

Können Sie sehen, was für ein Prozess da in Gang gesetzt wird? Ein Mensch, der sich mit Problemen auseinandersetzt, wird dadurch davon abgehalten, eine Abwehrhaltung einzunehmen, die alles nur verschlimmern würde. Der negativ eingestellte Mensch nimmt eine Abwehrhaltung ein und hört und achtet nicht auf die hilfreichen Ratschläge und die konstruktive Hilfe, die ihm angeboten wird. Ein Mensch jedoch, der die Verantwortung für seine eigenen Probleme übernimmt, kann Lösungen dafür finden und wird aus dieser Krise weiser, klüger und stärker hervorgehen – und sich auf den Weg zu noch größeren Erfolgen machen.

Denken Sie immer daran: „Fehlschläge" sind nur Probleme, die darauf warten, gelöst zu werden!

3. *Kein Problem ist jemals nur „ein" Problem.* Ein Problem ist immer eine Ansammlung von mehreren oder gar vielen Problemen. Sind Sie arbeitslos? Dieses Problem besteht aus mehreren Problemen. Vielleicht verfügen Sie nicht über die richtige Ausbildung und Fertigkeiten, die für die angebotenen Stellen erforderlich wären. Möglicherweise fehlt es Ihnen an finanziellen Mitteln, um eine spezielle Fortbildung zu machen, die auf dem heutigen Arbeitsmarkt eine Voraussetzung ist, was wahrscheinlich wiederum bedeutet, dass Sie keine Kontakte zu Personen haben, die Ihnen eine kostenlose Weiterbildung anbieten könnten. Vielleicht wissen Sie auch nicht, wo diese Art von Schulung angeboten wird – möglicherweise auch zu niedrigeren Preisen, als Sie sich vorstellen.

Sie müssen jedes Problem gewissenhaft angehen, mit einer positiven Einstellung und mit der Annahme, dass das Problem aus mehreren einzelnen Problemen besteht. Zerlegen Sie es in seine Einzelteile. Gehen Sie jedes Problem einzeln an. Fangen Sie zunächst mit dem einfachsten Problem an. Erinnern Sie sich noch daran, wie es war, eine Prüfung auf der High School oder dem College abzulegen? Als Erstes haben Sie immer die einfachen Fragen beantwortet. Das gab Ihnen das Vertrauen, dass Sie den Test bestehen können, nicht wahr? Möglichkeitsdenker lösen das Problem der Arbeitssuche möglicherweise, indem sie die einzelnen Schwierigkeiten aufgliedern: „Ich muss umziehen … ich muss eine Fortbildung machen … ich muss die richtigen Leute treffen."

Indem Sie alle diese einzelnen Schwierigkeiten aufschlüsseln, werden Sie sie überwinden. Das ist die klassische Strategie, um einen Kampf zu gewinnen!

4. *Jedes Problem lässt sich irgendwie lösen!* Jeder Berg ist zu bezwingen. Vielleicht kenne ich die Lösung auf mein Problem nicht, aber jemand anderes schon. „Es gibt irgendwo irgendjemanden, der mir helfen kann, mein Problem zu verstehen und mir zeigen kann, wie ich es lösen kann; deshalb gibt es keinen Grund, den Mut zu verlieren" lautet die unverwechselbare Einstellung des Möglichkeitsdenkers. Kein Wunder also, dass der Erfolg sich fortsetzt und Fehlschläge nichts weiter als vorübergehende Rückschläge sind!

5. *In jedem Problem ist eigentlich von Natur aus eine Chance verborgen!* Die Einstellung des Möglichkeitsdenkers ist: „Jedes Problem hat einen Sinn und Nutzen." Dieses Kapitel entstand nur einige Tage nach meiner Rückkehr von einer Vortragsreise, die mich von einem Ende Japans zum anderen führte. Ich war vor allem von einem japanischen Firmenchef beeindruckt, dessen Unternehmen von einer Rezession schwer getroffen wurde. Der Marktanteil seines Unternehmens auf der internationalen Bühne hatte drastisch abgenommen. Seine Einstellung? Das ist wunderbar! Gegenüber seinen leitenden Angestellten fasste er es so zusammen: „Wir werden mit schwerwiegenderen Problemen konfrontiert als jemals zuvor. Und das ist wunderbar. Denn Probleme in einem Unternehmen sind wie Schmerzen im Körper. So werden wir auf natürliche Weise darauf hingewiesen, dass Änderungen erforderlich sind."

Das Problem wurde also als eine Möglichkeit betrachtet. Das Hindernis wurde als eine Chance wahrgenommen. Aus Tränen werden Edelsteine. Wir können lernen, aus unseren Schwierigkeiten Nutzen zu ziehen. Wir verwandeln diese Frustrationen in ertragreiche Erfahrungen. Das Problem? Es ist eine Chance, eine Schwäche im System zu erkennen. Das ist eine wichtige und wertvolle Information!

Der Druck auf dem Markt verlagert sich, die Bedürfnisse der Menschen ändern sich und das Problem beschert uns Weisheit, das ist ein so sicheres Ergebnis, als käme es aus unseren eigenen Forschungs- und Entwicklungsabteilungen. Wir entdecken nun neue und wichtige Bedürfnisse und gestalten unsere Ziele neu, um sie zu erreichen. Wir blicken zurück und danken dem Problem, dass es uns auf eine erfolgreichere Strategie hingewiesen hat und unser Erfolg somit niemals enden wird. Also danken Sie Gott für Ihre Probleme!

6. *Jedes Problem wird nun als lösbar, kontrollierbar oder verwertbar erachtet.* Die Verzweiflung bleibt uns erspart. Wir sind gegen Pessimismus immun und reich an Optimismus. Dieses Problem wird analysiert und konstruktiv in Angriff genommen, was bedeutet, dass wir es lösen werden! Wenn wir es nicht lösen, werden wir es zumindest kontrollieren, indem wir seinen negativen Einfluss auf uns kontrollieren. Wenn wir mögliche Schäden oder tatsächlich schlimme Auswirkungen auf uns als Einzelpersonen oder Institution kontrollieren, haben wir die Möglichkeit, Krisenmanagement zu betreiben. Damit können wir uns eine weitere Feder an den Hut stecken. Jeder kann auf ruhiger See erfolgreich sein. Der Sieg gewinnt jedoch umso mehr an Bedeutung, je schwieriger der Kampf war.

Sie haben die Wahl: Entweder lasse ich das Problem mich kontrollieren oder ich kontrolliere das Problem. Solange ich mich nicht entscheide, mich der Entmutigung, dem Schwermut und letztlich der Verzweiflung hinzugeben, werde ich mir selbst beweisen, dass ich in der Lage bin, jeden Berg zu bezwingen! Und ich kann mir bei der Problemlösung einer Sache absolut sicher sein: „Ich kann entscheiden wie ich auf das reagiere, was mir widerfährt." Das Ergebnis ist das strahlende Auftreten von Selbstachtung und Selbstwertgefühl, das dem Vollmond auf einem silbernen See gleicht.

Ich verdiene und erhalte die Achtung aller respektablen Menschen!

Während ich dieses Kapitel schrieb, erfuhr ich aus der Presse, dass eine der bedeutendsten Personen Amerikas persönlichen und geschäftlichen Konkurs angemeldet hatte. Der ehemalige Gouverneur von Texas, John Connally, dessen Wirtschaftskraft einmal 500 Millionen Dollar erreicht hatte, musste mit ansehen, wie die Lage seines Unternehmens sich verschlechterte, als die Ölpreise fielen. Er wurde in einer Fernsehsendung, die landesweit am Vormittag ausgestrahlt wird, über seinen Schritt zur Konkursanmeldung befragt. Er sah dem Fernsehpublikum direkt in die Augen: „Die Ölpreise fielen. Daran konnten wir nichts ändern. Wir haben all unser

Vermögen eingesetzt. Wir mussten mit ansehen, wie unser Vermögen rasch an Wert verlor, bis wir unseren Verbindlichkeiten nicht mehr nachkommen konnten. Wir gingen nach Hongkong und auf die internationalen Märkte, um unsere Geschäfte neu zu finanzieren und waren ziemlich zuversichtlich, dass wir dadurch den Wert unseres Vermögens wieder steigern könnten und wieder zahlungskräftig werden würden. Aber wir sind gescheitert. Uns blieb keine andere Wahl als Konkurs anzumelden."

Ich beobachtete den ehemaligen Gouverneur von Texas, wie er seine Lage integer beschrieb, und ich war tief beeindruckt! Er zeigte keine Anzeichen davon sich in die Opferrolle zu begeben. Er bemitleidete sich nicht selbst. Es war ein offener Bericht eines Geschäftsmannes, der realistisch beobachtete, wie der Schwerpunkt der Wirtschaft sich verlagerte und ihn ohne die finanzielle Grundlage, die er noch vor ein paar Jahren hatte, zurückließ.

„Wir verkaufen unser Silber und haben auch bereits unsere Pferde verkauft. Wir werden unser persönliches Eigentum auflösen und versuchen, so viele Schulden wie möglich zu begleichen", erklärte er ruhig. Seine Gelassenheit im Anblick dieser schlimmen Lage verlangte mir ungeheuren Respekt für ihn ab.

Wenn jeder Aspekt eines Problems sich ihrer Kontrolle entzieht, denken Sie daran, dass Sie immer noch Ihre Reaktion kontrollieren können!

Sobald Sie sich für eine positive emotionale Reaktion auf Ihr unlösbares Problem entscheiden, haben Sie Ihr Problem kontrolliert – zumindest unter dem Strich!

7. *Jedes Problem ist zeitlich begrenzt.* Möglichkeitsdenker wissen, dass schwierige Zeiten nicht ewig währen, hartnäckige Menschen aber nie aufgeben. Jedes Problem erreicht eine Spitze, bevor es wieder an Stärke verliert. Jedes Tal hat einen tiefsten Punkt. Wenn man ihn erreicht hat, gibt es nur noch einen Weg, den man gehen kann, und der geht aufwärts. Probleme währen nicht ewig, sondern sind zeitlich begrenzt. Wenn Sie alle Schwierigkeiten, mit denen der Mensch konfrontiert wird, als etwas zeitlich Begrenztes betrachten, ist es möglich, auch während dunklen und stürmischen Zeiten eine positive Einstellung zu wahren, die vernünftig und letztlich erfolgreich ist.

Einer meiner Gemeindemitglieder war so deprimiert, dass er Selbstmordgedanken hegte. „Selbstmord ist eine völlig stupide Reaktion", erklärte ich ihm. „Denn Selbstmord ist eine dauerhafte Lösung für ein zeitlich begrenztes Problem!"

Jeder Sturm zieht vorbei. Die Sonne geht jeden Tag von Neuem auf. Auf den Winter folgt immer der Frühling.

8. *Möglichkeitsdenker betrachten Probleme als ein momentan verzerrtes Bild der Realität.* Ich übertreibe die Größe des Problems. Ich übertreibe wahrscheinlich auch die negative Auswirkung auf mich, weil ich unter Stress stehe. Entsprechend der vorsehbaren menschlichen Reaktionen reagiere ich überzogen auf die negative Auswirkung dieses Problems auf die Gegenwart und die Zukunft. Deshalb bin ich argwöhnisch, was meine Wahrnehmungen zur Macht meiner Probleme anbelangt und ermahne mich selbst, dass dies nicht halb so ernst ist, wie ich denke.

Das Schlimmste, was passieren könnte, ist nichts, was nicht andere Menschen bereits erlebt hätten - Menschen mit weniger Sensibilität, Tatkraft und anderen menschlichen Ressourcen, die ich besitze. Sie haben überlebt. Also werde auch ich überleben! Und wenn es vorbei ist, bin ich eine weiserer und besserer Mensch als vorher.

9. *Die meisten Probleme sind in Wirklichkeit gar keine.* Dass ich ein Problem sehe, zeigt, dass mein Bild von der Realität verzerrt ist. Ich sehe etwas als ein Problem an, aber in Wirklichkeit ist es nur eine Entscheidung, die darauf wartet, dass ich sie treffe. Sobald ich das erkannt habe, kehre ich zu meiner positiven Einstellung zurück, bin bereit die Führung wieder zu übernehmen und mich auf Veränderungen einzulassen. Jetzt bin ich wieder dazu bereit, ein paar schwierige und auch schmerzhafte Entscheidungen zu treffen. Wenn ich diese aber erst einmal getroffen habe, werden meine „Probleme" verschwunden sein!

10. *Letztendlich ist kein unlösbar scheinendes Problem vollkommen unlösbar.* Das ist das letzte Merkmal der positiven Einstellung eines Möglichkeitsdenkers gegenüber Problemen. Wenn sie mit Problemen konfrontiert werden, die andere als vollkommen unlösbar erachten, hält der Möglichkeitsdenker mit einem klugen Einwand dagegen: „Kein unlösbar scheinendes Problem ist jemals vollkommen unlösbar." Es gibt immer irgendeinen Aspekt

111

dieses Problems, das ich angehen kann. Ich bitte meinen Gott mir die Weisheit zu geben, um zu erkennen, welchen Teil des Problems ich mit meinen Fähigkeiten lösen kann und mit diesem beschäftige ich mich. Oft stelle ich überrascht fest, dass eben dieser scheinbar unbedeutende Aspekt des Problems, den ich zu bewältigen versuche, die entscheidende Wende bringt. Ein Durchbruch erwartet mich. Neue Kräfte und Quellen, die wie aus dem Nichts auftauchen, bringen mir die Rettung und dies alles nur, weil ich die Einstellung habe, dass ich, selbst wenn ich das gesamte Schiff nicht retten kann, wenigstens ein oder zwei Leben retten kann. Jetzt können Sie erkennen, wie eine positive Einstellung gegenüber einem Problem diese Zusage bestätigt: „Erfolg endet nie; Fehlschläge sind niemals endgültig."

5. SIND SIE BEREIT, EINE POSITIVE EINSTELLUNG GEGENÜBER ANDEREN MENSCHEN EINZUNEHMEN?

Ich habe unzählige erfolgreiche Menschen in führenden Positionen gefragt: „Was ist das Geheimnis Ihres Erfolgs?"

Es folgte immer dieselbe Antwort: „Gute Leute, die für mich arbeiten."

Ich habe auch Gespräche mit dutzenden von Leuten geführt, die, nachdem sie Führungspositionen innehatten, sich auf einer Talfahrt befanden: „Was ist schief gelaufen? Was war Ihr größtes Problem?"

Wiederum antworteten alle dasselbe: „Ein leistungsschwaches Team!"

Welche Erkenntnis lässt sich daraus ziehen? Es zeigt, dass erfolgreiche Menschen eine positive Einstellung gegenüber anderen Menschen haben. Sie glauben an diese Leute und versuchen, das Beste aus ihnen herauszuholen. Natürlich sind sie damit nicht immer erfolgreich, aber eine Person, die eine negative Einstellung gegenüber anderen Menschen hat, wagt es nicht, die Verantwortung auf andere zu übertragen: „Ich glaube nicht, dass Sie die Aufgabe zufrieden stellend lösen können" oder „Die anderen heimsen die Lorbeeren ein, während ich das ganze Risiko trage und alle Arbeit mache" oder „Sie nutzen mich nach Strich und Faden aus und lassen mich dann im Regen stehen. Ich mache das lieber selbst. Ich schaffe es schon allein. Ich mache es auf meine Weise und ich mache es richtig."

In meinem Buch *Himmel auf Erden* erwähnte ich, dass die wichtigste Lehre, um glücklich zu sein, aus den Worten Jesu gezogen wird: „Selig sind, die da geistlich arm sind; denn ihrer ist das Himmelreich." (Matthäus 5, 3). Was bedeutet das? Es bedeutet, dass wir die Einstellung haben sollten, dass wir arm sind, wenn wir das Gefühl haben, dass wir allein durchs Leben schreiten müssen. Wir brauchen Hilfe, wir können es nicht alleine schaffen. Das ist es, was diese Seligpreisung uns sagen will. Und sie ist der Ausgangspunkt für wahren Erfolg! Denn Menschen, die andere Menschen brauchen, sind die glücklichsten Menschen auf Erden!

„Ich kann alles erreichen – wenn Christus mir die Stärke gibt." Und wie verleiht er uns Stärke? Kommt Er in Fleisch und Blut, um an unserer Seite zu stehen? Ja, das tut Er. Denn Sein Geist findet sich in uns Menschen wieder und lenkt unser Leben auf positive Art und Weise. Deshalb stärkt mich Christus, wenn ich auf den Rat klügerer Menschen höre. Christus stärkt mich, wenn ich Hilfe von anderen Menschen akzeptiere, die eine Arbeit besser verrichten können, als ich es könnte. Ich suche den Rat von Rechts-, Finanz-, Steuer- und Marketingfachleuten. Sie sind gut, klug und hartnäckig in dem, was sie machen und in ihrem Leben wirkt Christus, um auch mich zu stärken.

Das bedeutet, dass ich nicht abwehrend reagiere, wenn ich konstruktive Kritik von einem guten Berater erhalte. Denn dieser könnte von Christus auserwählt worden sein, um meine Fehler zu korrigieren. Ich habe die Einstellung, dass manche Leute klüger sind als ich; ich habe die Einstellung, dass manche Leute etwas wissen, was ich nicht weiß; ich habe die Einstellung, dass es Menschen gibt, die geschickter und begabter und kreativer sind als ich. Also sollte ich ihnen gegenüber offen und meinen Verstand und mein Leben nicht vor dem Beitrag, den sie womöglich leisten, verschließen.

An dieser Stelle versuche ich zu verhindern, dass persönliche Ego-Probleme gesunde und konstruktive Beziehungen mit guten Menschen, die den Unterschied zwischen verheerendem Scheitern und meinem glorreichen Erfolg ausmachen könnten, blockieren. Eine Person, die solch eine positive Einstellung gegenüber anderen Menschen hat, inspiriert diese, hinsichtlich Loyalität und Erfolg ihr Bestes zu geben. Mit andern Worten: Menschen, die an andere Menschen glauben, werden oft reich belohnt!

Haben Sie sich gewünscht, dass andere Menschen Ihnen vertrauen? An Ihre Ideen glauben? Die Weisheit und den Rat, den Sie in ihrer begrenzten Erkenntnis einbringen könnten? Und wenn Ihre Hilfe angenommen wurde, haben Sie diese nicht großzügig und voller Begeisterung geteilt? Natürlich! Kein Wunder, dass Möglichkeitsdenker erfolgreich sind. Erfolg oder Misserfolg wird durch die Menschen bestimmt, die uns umgeben. Wir ziehen Menschen an, die uns zum Erfolg führen werden, wenn wir ihnen nur vertrauen, an sie glauben und auf sie hören! So einfach ist das. Und wenn Sie das nicht glauben, dann prüfen Sie doch die Alternative. Betrachten Sie einmal die negative Herangehensweise, und Sie werden einen einsamen Menschen sehen, der alles besser weiß und direkt auf den Misserfolg zusteuert. Falls er es zufällig allein schafft, wird er dennoch eine einsame Person sein. Wer ist schon gern allein? Erfolge, die man ohne die Achtung seitens der Gesellschaft erzielt, können letztlich zum endgültigen und trostlosen Versagen führen.

Die traurigste Beerdigung, die ich je als Pastor geleitet habe, war für einen wohlhabenden Mann, zu dessen Beerdigung kein einziger Trauernder kam! Seine drei erwachsenen Söhne lebten zwar in derselben Stadt, aber kamen nicht zur Beisetzung. Solch eine Erfahrung habe ich noch nie zuvor und seitdem auch nie wieder gemacht. Nur der Bestatter und ich waren anwesend. Als ich um eine Erklärung bat, sagte der Bestatter: „Alles, was der Verstorbene zu Lebzeiten wollte, war noch mehr Geld zu verdienen und Statussymbole zu erwerben. Er hatte keine Zeit für seine Kinder. Er hatte keine Zeit für seine Frau. Er hatte keine Zeit oder Geld übrig, um es mit der Gemeinde oder sozialen Einrichtungen zu teilen. Er hatte viel Glück an der Börse, aber er starb als sehr kranker und einsamer Mann. Die Ärzte meinten sogar, dass seine Einsamkeit Schuld an seinem frühen Tod hätte!"

Das ist Versagen!

6.   SIND SIE BEREIT, EINE POSITIVE EINSTELLUNG GEGENÜBER IHREN GEFÜHLEN ZU ENTWICKELN?

Der Möglichkeitsdenker hat eine positive Einstellung gegenüber Stimmungsschwankungen, die in diesem Leben kommen und gehen. Er weiß, dass seine emotionale Begeisterung hin und wieder eine Pause einlegt. Er kann sich nicht die ganze Zeit auf einem emotionalen Höhenflug befinden. Der Möglichkeitsdenker erkennt dies und lässt sich somit nicht von Phasen abschrecken, in denen er unglücklich ist. Er sagt vielmehr: „Ich werde mich emotional zurückhalten. Ich betrachte dies als eine Phase der inneren Einkehr. Ich warte auf den Herrn und Er wird meinem Herzen Stärke verleihen. Ich habe keine übertriebene Angst vor diesen Stimmungen, die meine Lebenskraft einschränken."

Denken Sie daran, dass nicht alle negativen Gefühle destruktiv sind. Zum Beispiel:

* *Abschied mit einem lachenden und einem weinenden Auge.*
* *Mit Wehmut und Freude an die Vergangenheit denken.*
* *Heilende Trauer, wenn man auf einer Beerdigung weint.*
* *Rechtschaffender Zorn, wenn man mit einer schrecklichen Ungerechtigkeit konfrontiert wird.*
* *Konstruktive Angst, durch die man mit dem Rauchen aufhört oder einer anderen schädlichen Angewohnheit.*
* *Schuld, die einen antreibt, seine Lebensweise zu verbessern, indem man wieder auf den richtigen Weg gelangen muss.*

Negative Gefühle können überaus konstruktiv sein.

Es ist nur wichtig, dass ich meine Stimmungen unter Kontrolle habe, damit sie einen besseren Menschen aus mir machen. Bin ich für einen kurzen Augenblick mutlos? Nun, ich werde mich dieser Stimmung nicht ergeben. Sie geht vorbei.

„Ich bin wirklich niedergeschlagen, aber ich stehe wieder auf!" Dies ist eine weitere positive Einstellung, die ich in meinem Buch Himmel auf Erden hervorgehoben habe. Kein Wunder also, dass Möglichkeitsdenker immer wieder auf die Beine kommen. Sie erkennen, dass es auch schlechte Zeiten gibt, die oft unvermeidbar und manchmal sogar hilfreich sind. Wichtig ist nur, wie wir mit ihnen umgehen.

Vor allem werden wir in schlechten Zeiten niemals negative, unwiderrufliche Entscheidungen fällen. Dies ist die Zeit, in der die Entscheidung, keine Entscheidungen zu treffen, die richtige Entscheidung ist! Denn es beweist, dass wir unsere Stimmungen immer noch unter Kontrolle haben.

Wunderbarerweise geht der Tiefpunkt vorbei. Die positiven Gefühle kehren immer wieder zurück! Sie kommen unvermeidlich, um wieder Sonne in unser Leben zu bringen. Als Möglichkeitsdenker wissen Sie, dass Sie viele gute Tage seit Ihrer Geburt erlebt haben. Sie haben vielleicht auch einige oder viele negative Erinnerungen, aber Sie haben eine positive Einstellung zum Leben und wissen, dass es sehr, sehr viele glückliche Momente gibt. Und diese glücklichen Zeiten kehren in Form von unerwarteten, unvorhersehbaren, jedoch überaus willkommenen Gefühlen der Freude in Ihr Bewusstsein zurück. Schon eine Melodie, die an glücklichere Zeiten erinnert, kann bewirken, dass sich unsere Laune bessert und wir mitzupfeifen beginnen.

Sie sehen, wie wichtig diese positive Einstellung gegenüber unseren verschiedenen Stimmungslagen im gesamten Erfolgsprozess ist. Ohne diese würde man sich in einer unangenehmen Zeit den schlechten Gedanken ergeben und es ist vorhersehbar, dass man eine „Bruchlandung" hinlegt. Auf der anderen Seite beschränkt sich jemand mit einer positiven Einstellung darauf, einfach zu warten und nachzudenken.

In unserer hektischen Welt nehmen wir uns selten genug Zeit zum Nachdenken. Ein erfahrener Berufspilot saß einmal bei einem Transkontinentalflug neben mir. „Hatten Sie jemals Probleme oder Krisen? Und wie sind Sie damit umgegangen?", fragte ich.

„Oh ja", antwortete er, „ich hatte ein paar. Aber als ich Pilot beim Militär wurde, lernte ich, dass man in einem potenziellen Notfall nicht spontan handeln soll, sondern nur nachdenken soll. Kein Kontrollelement anfassen! Nur nachdenken!"

Er fuhr fort: „Ich war in der Gruppe, die die Aufgabe hatte, die Bucht von Tokio während des 2. Weltkrieges zu bombardieren. Als ich mich im Sinkflug befand, um meinen Bombenabwurf einzuleiten, wurde ich von feindlichem Feuer getroffen. Für einen Augenblick dachte ich, dass alles vorbei sei. Aber ich habe nicht reagiert! Ich kann Ihnen gar nicht sagen, wie schwer es mir gefallen ist, meine Hände von den Kontrollelementen zu lassen. Alles was ich tat, war nachzudenken, und meine Gedanken waren: ‚Ich glaube, ich bin auf dem richtigen Weg. Ich werde es schaffen'. Und tatsächlich, die Kontrollsysteme funktionierten wieder und ich konnte die Maschine hochziehen. Hätte ich die Systeme durch irgendeinen Handgriff blockiert, wäre ich verloren gewesen!"

Wenn sich Ihre Stimmung also im Sturzflug befindet, machen Sie nichts, sondern denken Sie einfach nur nach und warten Sie! Füllen Sie Ihren Geist mit Gebeten und positiven Gedanken. Sie werden Ihre Stimmungsschwankungen unter Kontrolle haben. Und dies wird den Unterschied zwischen Erfolg und Misserfolg ausmachen – glauben Sie mir!

Ich weiß nur zu gut, wie schwer es ist, der Versuchung zu widerstehen, spontan zu handeln, wenn man mit einer Krise konfrontiert wird. Dennoch lautet der erste Schritt aus dieser Krise: „Unternehmen Sie nichts!"

Fred Markwell, ein Seefahrer aus Australien, gibt diesen Rat in einem Überlebenshandbuch, das er geschrieben hat. Und Markwell ist mit Sicherheit ein Experte, denn er hat sieben Stunden lang einen Sturm in den Gewässern Australiens mit 4 bis 9 Meter hohen Wellen, die sich über ihm brachen, überlebt.

Fred Markwell war Kapitän der Luxusyacht *Nocturn* mit vier Passagieren an Bord. Trotz günstiger Wettervorhersagen zog plötzlich ein heftiger Sturm auf. Aufgrund der Windstärke konnte Markwell sagen, dass sie sich in ernsthafter Gefahr befanden. Er und seine vier Passagiere zogen leuchtende, orangefarbene Rettungswesten an, um auf sich aufmerksam machen zu können, falls sie Hilfe benötigten. Er rüstete das Beiboot ebenfalls mit Leuchtsignalen aus.

Als die Nocturn auseinanderzubrechen drohte, kletterten Markwell und die Passagiere über die Reling in das Beiboot, aber es lief bei der nächsten Welle augenblicklich voll und die Passagiere wurden ins Wasser geschleudert. Teile der Nocturn schwammen an Markwell vorbei. Dabei bemerkte er ein Stück Pinie, gerade einmal 60 mal 20 Zentimeter groß. Er legte seinen Kopf auf das Stückchen Holz und sagte zu sich selbst: „Verschwende nicht deine Energie. Du wirst sie noch brauchen. Tue nichts, was du nicht tun musst!"

Dann erblickte er plötzlich den hölzernen Rahmen einer Liege, dessen Polster sich gelöst hatte. Er war ungefähr 35 Meter von ihm entfernt. Er widerstand der Versuchung, mit aller Kraft darauf zuzuschwimmen und sich an das rettende Holz zu klammern. Er bewahrte die Ruhe, denn er wusste, dass ihm diese überstürzte Handlung den Tod bringen könnte. Stattdessen wartete er bis die nächste Welle kam und ließ sich von ihr tragen, wobei er das Stück Pinie nutzte, um seinen Kopf über Wasser zu halten. Eine weitere Welle brachte ihn in unmittelbare Nähe des Holzrahmens und die Versuchung, zu ihm zu schwimmen, war schier unerträglich. Aber er widerstand der Versuchung und ließ sich von weiteren Wellen tragen, bis er den Rahmen ohne Probleme erreichen konnte.

Er zog sich auf den Rahmen und zwang sich zum Ausruhen. Er schloss seine Augen. Auch wenn er nicht schlief, gab ihm die Ruhepause die Kraft, die Stunden im kalten Wasser durchzustehen, in denen er auf Rettung warten musste.

Sieben Stunden, nachdem die *Nocturn* gesunken war, wurden Fred Markwell und zwei Passagiere, die sich an der Seite des Beibootes festgehalten hatten, von einem Rettungsteam im Hubschrauber gerettet. Zwei Passagiere waren ertrunken.

Markwell sagte, dass das Überleben im Wasser während eines Sturms möglich sei, wenn man nur Selbstdisziplin übe. „Ein konstruktiver Gedanke ist mehr wert als eine Stunde unnützer Tätigkeiten", erklärte er.[23]

Die positive Einstellung gegenüber seinen Gefühlen schärft das Gespür eines Menschen für die Unterschiede zwischen negativen und positiven Gefühlen. Der Möglichkeitsdenker erwirbt nach und nach die Fähigkeit, negative Gefühle zu erkennen und zu verwerfen, um später intuitiv und selbstbewusst positive Gefühle zu spüren und zuzulassen. Alles, was auf unser Gefühlsleben einwirkt, wie zum Beispiel Beziehungen, Bücher, Zeitschriften, religiöse Lehren oder Vorträge, beeinflussen unser Gefühlsleben entweder in positiver oder negativer Weise. Wir beginnen zu spüren, ob unsere Gedanken und Erfahrungen uns Freude, Hoffnung, Zuversicht, Mut oder Liebe geben. Werden diese positiven Gefühle stimuliert, bleiben wir in unserer seelischen Mitte. Hinterlassen Ideen, Personen, Institutionen, Aktivitäten oder Erfahrungen jedoch negative Gefühle bei uns (Enttäuschung, Depression, Wut, Schuld, Scham), ergreifen wir *unverzüglich* Maßnahmen, um uns selbst davon zu befreien oder, wenn dies nicht möglich ist, Schutzschilde zu bilden, um uns vor negativen Einflüssen zu schützen. Mein Schutzschild besteht aus Gebeten und Bibelversen.

Es gibt Tage im Sommer, in dem sich die Insekten in unserem Garten ungemein vermehren. In einer milden Sommernacht lud ich meine Frau auf einen kleinen Spaziergang durch unseren Garten ein. Es gab Zeiten, wo ihre Antwort lautete: „Ich gehe nicht hinaus und lass' mich von den Moskitos stechen."

„Aber du versäumst den Geruch des Jasmins am Abend", sagte ich.

23 *Los Angeles Times*, 23. November 1979

Es gibt Zeiten, in denen ich negative Schwingungen überstehen muss. Ängstlichkeit? Furcht? Sorge? Frustration? Wut? Diese negativen Emotionen sind nicht willkommen und begleiten mich nur kurz auf meinem Weg durch dieses Leben. Aber ich höre deswegen nicht auf zu leben. Ich mache weiter, nachdem ich mir ein emotionales Schutzschild aufgebaut habe, um die negativen Gefühle zu neutralisieren. Dabei lasse ich nicht zu, dass sie bis zum Kern meiner Persönlichkeit vordringen.

Es gibt auch Zeiten, in denen ich mit Menschen arbeiten muss, die negativ eingestellt sind und mit denen es sehr schwierig ist auszukommen. Wie gehen wir mit diesen Erfahrungen um? Wir bilden wiederum emotionale Schilde für die stressigen Zeiten. Für mich bedeutet dies, beständig positive Gebete zu sprechen. Ich wende mich an den Heiligen Geist, damit Er mich durch seine Macht mit Geduld und der Kraft ausstattet, mich über die negativen Erfahrungen hinwegzusetzen, wie ein Düsenjet, der einen Sturm überfliegt, indem er einfach höher steigt.

Eine positive Einstellung gegenüber den eigenen Gefühlen fördert ein geschärftes Einfühlungsvermögen des Möglichkeitsdenkers für den emotionalen Wert von Worten. Wir müssen hören können, ob Worte positive oder negative Gefühle erzeugen. Menschen mit einer positiven Einstellung stehen dem Wort „niemals" immer misstrauisch gegenüber. Sie wissen, dass das Wort sie womöglich aller positiven Gefühle beraubt und die Schleusen für negative Gefühle öffnet.

Dr. Smiley Blanton konnte einen seiner Patienten, der unter Depressionen litt, heilen, indem er ihm vorschlug, die Worte „wenn nur ..." aus seinem Wortschatz zu streichen, und stattdessen die Worte „das nächste Mal" zu verwenden. Diese einfache Therapiemethode bewirkte Wunder!

Ebenso habe ich den Leuten immer wieder empfohlen, Wörter wie „nur" aus ihrem Wortschatz zu streichen, wenn es um ihre eigene Person oder Position geht. „Nur" eine Ehefrau. „Nur" eine Hausfrau. „Nur" ein Laie. „Nur" ein Student. „Nur" ein Lkw-Fahrer. „Nur" ein Verkäufer. „Nur" ein Angestellter. Bei all diesen Beispielen beraubt das Wort „nur" die Menschen ihres eigenen Ehrgefühls, das sie in ihren Positionen haben sollten.

Ich werde nie vergessen, wie Doris Day mich rügte, als ich das Wort „Verlust" im Zusammenhang mit ihrem verstorbenen Ehemann verwendete. Sie machte mich auf den negativen Bedeutungsgehalt dieses Wortes aufmerksam. Es dringt direkt in das Unterbewusstsein ein, das über mangelnde Urteilsfähigkeit verfügt, und wird somit unmittelbar als negatives Gefühl verzeichnet.

Ebenso reagierte Dr. Daniel K. Poling, als ich ihm eine Beileidsbekundung nach dem Tod seiner Frau schrieb: „Ich habe meine Frau nicht ,verloren'; ich weiß, wo ich sie finden kann." Dieser Mann kannte in der Tat die emotionale Gewichtung und den Wert der richtigen Worte!

Indem ich eine positive Einstellung gegenüber meinen Gefühlen wahre, reinige ich meinen Geist, so dass er wieder für die Aufnahme kreativer Ideen zugänglich ist. Wut und Ärger erzeugen Spannungen, die das kreative Denken blockieren. Eine positive Einstellung gegenüber meinen Gefühlen befreit somit meinen Geist unmittelbar, damit er neue, kreative, hoffnungsvolle und erfolgsversprechende Ideen empfangen kann.

7. SIND SIE BEREIT, KREATIVE IDEEN ALS ETWAS POSITIVES ANZUSEHEN?

Der Möglichkeitsdenker hegt eine tiefgehende Ehrfurcht und Achtung für seine Gedanken. Denn ihm ist Folgendes bewusst:

❖ *Niemand hat ein Geldproblem, sondern immer nur ein Ideenproblem. Die richtige Idee sorgt für den Geldfluss.*
❖ *Niemand hat ein Zeitproblem, sondern in erster Linie ein Problem, sich die Zeit richtig einzuteilen.*

Auf der anderen Seite lässt es der Unmöglichkeitsdenker zu, dass Ideen sorglos und ungezügelt durch seinen Geist ziehen. Eine gelegentlich rücksichtslose Einstellung gegenüber Gedanken ist eine Eigenschaft des Pessimisten. Er hat keine positive Einstellung gegenüber der Macht positiver Ideen entwickelt.

Im Gegenteil dazu weiß der Möglichkeitsdenker, dass nur eine einzige Idee einen ganzen neuen Industriezweig schaffen kann. Ein scheinbar einfacher Gedanke kann zur Erfindung eines neuen Produkts führen, das den Lebensstil von Millionen Menschen ändern kann. Ideen werden von Möglichkeitsdenkern genauso wertgeschätzt, wie die Saat vom Farmer.

Gute Ideen sollten niemals wegen fadenscheinigen und längst überholten Ausreden, die der Pessimist automatisch herunterleiert, verworfen werden. Während der vergangenen 20 Jahre habe ich die vielen weit verbreiteten Entschuldigungen von Negativdenkern gehört, wenn sie viel versprechende Ideen zurückgewiesen und durchgeforstet, aussortiert und katalogisiert haben:

1. *„Das geht nicht."*
2. *„Das steht außer Frage."*
3. *„Uns fehlt schlichtweg, was man dazu braucht."*
4. *„Das ist zu riskant."*
5. *„Das gefällt mir einfach nicht."*
6. *„Da sind wir zu spät dran; das macht bereits jemand anderes."*
7. *„Aber niemand macht das. Ich möchte nicht als der Dumme dastehen!"*
8. *„Wir haben schon genug Probleme."*
9. *„Es ist gut so, wie es ist."*
10. *„Die Prognosen lauten aber ..."*

Wie viele weitere Entschuldigungen werden leichtfertig und törichterweise hervorgebracht, um Ideen, die positives Potenzial enthalten, zu verwerfen?

Im Gegensatz dazu wird der Möglichkeitsdenker zwar mit denselben „Entschuldigungen" konfrontiert, aber er wandelt sie in Möglichkeiten um. Das bedeutet allerdings nicht, dass er sich waghalsig, unverantwortlich und ohne angemessene Prüfung und Vorbereitung in eine Sache stürzt. Ganz und gar nicht. Er stellt Fragen, um die Stichhaltigkeit der viel versprechenden Idee zu prüfen. Ein Möglichkeitsdenker wird folgende grundlegende Fragen stellen:

1. *„Braucht das überhaupt jemand?"* Er weiß, dass das Geheimnis des Erfolgs das Auffinden und Befriedigen eines Bedürfnisses ist.
2. *„Warum hat noch niemand etwas in dieser Richtung gemacht? Und wenn doch, kann ich es besser und billiger machen?"*
3. *„Ist es aktuell? Wenn ich mich damit beschäftige, kann ich dann auf mich aufmerksam machen?"* Er weiß genau, dass, egal wie großartig ein Produkt sein mag, die potenziellen Kunden wissen müssen, dass es das Produkt gibt. Und wenn es sich um ein neues oder besseres Produkt handelt, bekommt es vielleicht kostenlose Werbung, da von ihm berichtet wird!

4. „Passt diese Idee zu unserem Unternehmensbild? Wenn nicht, sollten wir ein neues Unternehmen gründen, um dieses Produkt zu vertreiben?"

5. „Gibt es die Möglichkeit, dieses Produkt durch Erwerben einer Lizenz herzustellen, falls ich es mir nicht leisten kann, das Patent zu kaufen?"

6. „Wenn ich es zum gegenwärtigen Zeitpunkt noch nicht realisieren kann, kann ich dann eine Option darauf behalten, damit mir die Zeit gegeben wird, mich zu organisieren und etwas Marktforschung zu betreiben, bevor ich investiere?"

7. „Wird es die Leute wirklich anziehen?" Es wird, wenn die Leute es in den höchsten Tönen loben, es durch seine Schönheit besticht, es die Menschen inspiriert und ihr Leben bereichert.

Eine positive Einstellung gegenüber Ideen ist also eine grundlegende Eigenschaft eines erfolgreichen Möglichkeitsdenkers!

8.	SIND SIE BEREIT, DAS TREFFEN VON ENTSCHEIDUNGEN ALS ETWAS POSITIVES ZU BETRACHTEN?

Viele positive Einstellungen können zunichte gemacht werden, wenn man beschließt, negativ anstatt positiv zu denken. Das Treffen von Entscheidungen als etwas Positives zu betrachten, ist also grundlegend und wichtig.

A. Der Möglichkeitsdenker erkennt, dass jede Entscheidung auch einige Risiken birgt. Eine absolut sichere Entscheidung gibt es nicht. Zeigen Sie ein Beispiel einer absolut sicheren Entscheidung und ich werde Ihnen sagen, dass es sich dabei nur um einen vorher gefassten Schluss handelt und es somit keine Entscheidung ist! Eine Entscheidung bedeutet, dass es eine Wahl zwischen Alternativen und Optionen gibt, welche gegebenenfalls gegeneinander abgewogen werden müssen. Das Risiko besteht aber oft darin, sich für die weniger gute Möglichkeit zu entscheiden. Als Pastor musste ich den Menschen oft sagen, dass die meisten unserer Sünden nicht das Ergebnis offensichtlicher, böser Versuchung ist, sondern vielmehr der negative Einfluss weniger guter Elemente, die uns von den besseren, die unsere volle Aufmerksamkeit verdienen, ablenken!

B. *Der Möglichkeitsdenker weiß, dass selbst Unentschlossenheit eine Form der Entscheidung ist.* Manchmal ist es klug, wenn man bedächtig vorgeht. Auf der anderen Seite erweist sich dies manchmal auch als Mitleid erregende und kostspielige Verzögerung. Nichts zu unternehmen, bedeutet nicht, dass man keine Entscheidung getroffen hat. Treten Faulheit, Desinteresse oder Teilnahmslosigkeit in den Vordergrund, haben Sie die Entscheidung getroffen, die Verantwortung über Ihr Leben anderen zu überlassen, anstatt weiterhin Ihre Gedanken und Gefühle zu kontrollieren. Sich keine Ziele zu setzen und das eigene Denken nicht zu kontrollieren, bedeutet, dass man sich entschieden hat, die Verantwortung abzugeben. Denn unser Grad an Verantwortungsbewusstsein wird an unserer Fähigkeit gemessen, sich dem Entscheidungsfindungsprozess ohne unnötige Verzögerung oder Ablenkung zu stellen.

Das Treffen von Entscheidungen als etwas Positives zu betrachten, macht einen Möglichkeitsdenker aus: Er schreckt nicht davor zurück, Risiken auf sich zu nehmen und er analysiert alle möglichen Risiken sorgfältig und unerschrocken ohne Selbsttäuschung! Sie sind kein Pessimist, nur weil Sie andere Menschen bitten, Ihnen zu sagen, was an der Idee falsch ist und was die möglichen Nachteile sind oder was das Schlimmste ist, was passieren könnte. Menschen mit einer positiven Einstellung gegenüber der Entscheidungsfindung mögen keine Überraschungen. Sie wollen alle negativen Aspekte vorhersehen, so dass sie sich absichern, Schutzbarrieren - sichtbare und unsichtbare Schilde - aufstellen können oder über einen „Fallschirm" verfügen, falls sie „abspringen" müssen. Ihre positive Einstellung gegenüber Risiken ermöglicht ihnen eine positive Einstellung zu Kontrollmechanismen, die einem im Notfall vor unwiderruflichem Schaden bewahren. Wir Möglichkeitsdenker glauben an das Glück, aber wir sind lieber auf alles vorbereitet!

Vorbereitung und Ausführung sind die natürlichen Eigenschaften, die bei uns Möglichkeitsdenkern, die das Treffen von Entscheidungen als etwas Positives betrachten, hervorstechen. Wir prüfen Ideen. Das Letzte, was wir machen würden, ist eine Idee zu verwerfen, die, wenn auch noch so gering, positives Potenzial in sich trägt. Wir wissen, dass jede gute Idee auch einen Haken hat. Jeder positive Vorschlag birgt auch negative Aspekte. Aber wir nehmen an, dass der Entscheidungsfindungsprozess es uns ermöglicht, das negative Element auszumerzen oder die negative Wirkung des negativen Elements in der Idee zu isolieren und anschließend fortzufahren, die positiven Elemente zu nutzen.

Also konzentrieren wir uns auf Forschung und Entwicklung.

Wir werfen einen gründlichen Blick auf die Reduzierung von Risiken und deren Kontrolle.

Wir konzentrieren uns auf die Vorbereitung und eignen uns so viele Informationen wie möglich an.

Wir sind von dem System „Erstens: Kontrolle – Zweitens: Kontrolle – Drittens: Kontrolle" überzeugt.

Wir berücksichtigen die zeitliche Planung, die entscheidend sein kann.

Wir werfen einen gründlichen Blick auf die Kommunikation. Wer wird wen über diese Entscheidung informieren?

Am wichtigsten ist aber, dass wir sichergehen, dass unsere Entscheidungen auf Problemen, die gelöst werden wollen und nicht auf unseren eigenen Bedürfnissen basieren.

Kein Wunder also, dass wir Möglichkeitsdenker oft große Entscheidungen treffen! Wir sind klug. Wir sind gut. Wir sind hartnäckig. Wir haben Erfolg.

Sie dürfen sich selbst beglückwünschen! Denn Sie sind auf dem Weg ein großartiger Mensch zu werden. Sie erleben den Wandel vom Unmöglichkeitsdenker zum Möglichkeitsdenker. Das ist fantastisch! Ihre Persönlichkeit wird auf wunderbare Weise neu strukturiert und auf den Erfolg vorprogrammiert!

Wenn Sie Ihre Einstellung geändert haben ...
... haben Sie es geschafft!

VI. Verankern Sie die Kraft des Möglichkeitsdenkens in Ihrem Leben!

Sind Sie bereit? Dann lassen Sie uns das Konzept des Möglichkeitsdenkens in die Tat umsetzen. Gönnen wir uns die Freude, die Verwandlung eines Unmöglichkeitsdenkers zu einem Möglichkeitsdenker zu verfolgen.

Wenn Sie die grundlegenden positiven Einstellungen angenommen haben, bin ich bereit, Sie in einen dynamischen, erfolgsorientierten Möglichkeitsdenker zu verwandeln! Denken Sie daran: Möglichkeitsdenken ist, ebenso wie Erfolg, ein Prozess. Sie müssen lernen, es in die Praxis umzusetzen, es zu üben und es in Ihrer Denkweise anzuwenden. Also lassen Sie uns beginnen, Ihr Leben umzuwandeln:

- ❖ *Vom Traum zur Verwirklichung,*
- ❖ *Vom negativen Denken zum positiven Denken,*
- ❖ *Vom Misserfolg zum Erfolg,*
- ❖ *Vom Erfolg zu anhaltendem und wachsendem Erfolg.*

Eine alte Legende erzählt die Geschichte eines weisen, alten Einsiedlers, der hoch oben in den Bergen in einer Holzhütte lebte. Er hatte den Ruf, dass er auf alle Fragen, die ihm jemals gestellt wurden, eine Antwort wusste. Eines Tages beschlossen zwei schelmische Jungen dem alten Mann einen Streich zu spielen. Sie würden ihm eine Frage stellen, die er nicht beantworten könnte!

Nachdem sie eine Nacht lang auf dem Dachboden einer dunklen Scheune ihren Plan im Geheimen geschmiedet hatten, blendeten sie einen Spatz. Sie packten rasch den benommenen Vogel und machten sich mit ihm auf den Weg zur Hütte des alten Mannes. Einer von ihnen konnte das unregelmäßig schlagende Herz des verängstigten Vogels spüren, den er fest in seiner Hand hielt. Mit hinter dem Rücken verschränkten Armen würden sie den alten Mann fragen: „Was haben wir in unseren Händen?" Und wenn er erraten würde, dass es ein Vogel ist, hätten sie gefragt: „Was für ein Vogel?" Würde er erraten, dass es sich um einen Spatz handelte, hätten sie ihn in die Falle gelockt, indem sie ihm eine Fangfrage stellen wollten: „Sagen Sie uns, weiser Mann, ist er tot oder lebendig?". Würde er „lebendig" sagen, würden sie den Vogel zu Tode drücken und ihm beweisen, dass er falsch lag. Würde er sagen „tot", würden sie den kleinen Vogel einfach fliegen lassen und ihm damit beweisen, dass er falsch lag!

Sie gingen den Bergpfad hinauf, richteten das Licht auf die Holzhütte und klopften an die Tür. Sie warteten nervös, die zitternden Hände hinter dem Rücken versteckt. Die schwere Tür öffnete sich langsam und quietschend. Vor ihnen stand ein großer alter Mann mit langem Haar und einem weißen Bart, der ihm fast bis zur Hüfte reichte. Er blickte sie durch seine schmalen Augen finster an und fragte: „Was gibt es Jungs?"

Aufgeregt antworteten sie: „Sagen Sie uns, weiser alter Mann, ob sie erraten können, was wir in unseren Händen halten?"

Sein Blick durchbohrte sie förmlich. Er wartete, dann sprach er: „Einen Vogel".

Sie sagten: „Richtig alter Mann, aber was für einen Vogel?"

„Einen Spatz."

Sie sahen sich gegenseitig an: „Sag uns alter Mann, ist er tot oder lebendig?"

Er blickte sie lange an und dachte nach. Schließlich sagte er: „Das liegt in euren Händen, Jungs!"

Was halten Sie gerade in Ihren Händen? Ihr Schicksal! Ihre Zukunft! Ist sie tot oder lebendig? Ihre Träume? Sind sie tot oder lebendig? Die Antwort lautet: Das liegt in Ihren Händen, mein Freund/meine Freundin!

Doch nun genug philosophiert. Lassen Sie uns an die Arbeit gehen und Ihre Denkprozesse neu gestalten, Ihre Denkweise umrüsten und aufrüsten, damit Sie erfolgreich sind! Folgen Sie mir. Ich kenne den Weg gut. Ich bin ihn schon viele Male gegangen. Ich habe schon Tausende geführt. Vertrauen Sie mir. Ich werde gut auf Sie Acht geben!

BEWAHREN SIE SICH IHRE EINSTELLUNG!

Im letzten Kapitel haben wir über die positiven Einstellungen gesprochen, die die Grundlage des Möglichkeitsdenkens bilden. Aber machen Sie sich nichts vor. Es bleiben immer ein paar negative Elemente übrig, die fortbestehen oder leicht, auf natürliche Weise und schnell zurückkehren können, um Schaden anzurichten. Denken Sie daran: Probleme sind nicht dazu da, um gestoppt zu werden. Sie sollen gelöst werden! Lassen Sie uns doch gleich einmal das erste und immer wiederkehrende Problem lösen: das Zurückfallen in alte negative Denkmuster.

Es ist verblüffend, wie verführerisch, ganz heimlich und im Stillen negative Gedanken in die vertrautesten und unschuldigsten Winkel unseres Verstandes eindringen, wo sie unsere noch nicht ausgereiften Träume attackieren, verletzen und beschmutzen.

Haben Sie schon einmal Menschen gesehen, die mit einem Metalldetektor am Strand entlang gehen? Mit Metalldetektoren kann man Geld, Uhren, Schmuck und selbst Abfall aufspüren, der im Sand versteckt ist. Das ist ein interessantes Hobby und trägt dazu bei, dass der Sand vom Abfall gesäubert wird.

Denken Sie jetzt an die offenen Türrahmen bei der Sicherheitskontrolle in Flughäfen. Grünes Licht! Gehen Sie durch! Oh nein, rotes Licht leuchtet auf und Warnsignale ertönen. „Gehen Sie noch einmal durch", fordert der Sicherheitsbeamte auf. Man leistet seiner Anordnung Folge und der Alarm geht noch einmal los. „Lehren Sie bitte Ihre Taschen."

„Oh ja, mein Nagelknipser!"

Wir alle brauchen einen ähnlichen Detektor in unserem Leben, aber nicht einen Metalldetektor, sondern vielmehr einen Detektor für unseren Verstand, der sowohl positive als auch negative Einstellungen erkennen kann, so dass wir unseren Verstand so frei wie möglich von negativen Gedanken halten können.

Lassen Sie mich erklären, was den Alarm auslöst, der anzeigt, dass Sie dem negativen Denken verfallen.

Zunächst einmal gibt es negative Annahmen, die wir alle mit uns herumtragen. Unentdeckt und unerkannt richten diese Annahmen insgeheim Schaden an:

- *Beispiel:* „Ich glaube nicht an Gott".
Im Klartext: Die Annahme zeigt, dass Sie insgeheim glauben, dass Sie, wenn Sie ein praktizierender Christ werden, ein Moralapostel sein müssen – eine fromme, perfekte, freudlose, langweilige Person. Falsch! Das ist eine bemitleidenswerte, fälschliche Annahme!

- *Beispiel:* „Ich muss reich oder gesellschaftlich angesehen sein, damit ich Karriere machen kann."
Im Klartext: Die Annahme zeigt, dass Sie insgeheim glauben, dass Sie, weil Sie aus einer armen Familie kommen und nicht die richtigen Verbindungen haben, nicht von Erfolg träumen dürfen. Falsch, falsch und nochmals falsch!

- *Beispiel:* „Ich weiß, was ich tue. Ich bekomme das hin. Auf meine Art und Weise!"
Im Klartext: Die Annahme zeigt, dass Sie insgeheim glauben, dass Sie auf alles die richtigen Antworten haben und dass niemand klüger und weiser ist als Sie, dass Sie Träume träumen, sich Ziele setzen und einfach drauf los stürzen können, ohne den bestmöglichen Rat einzuholen! Das ist traurig!

Es ist nicht überraschend, dass einige der Annahmen, die wir insgeheim haben und die uns blockieren oder zu Fall bringen, aus einer negativen Grundeinstellung hervorgehen. Wir neigen zum Beispiel nur selten dazu zu hinterfragen, was uns an den Universitäten gelehrt wird. Wir nehmen an, dass unsere Lehrer immer Recht haben! Aber immer wieder bringen Experten neue Erkenntnisse zum Vorschein. Was wir für *uneingeschränkt* richtig gehalten haben, entpuppt sich als *überholt und veraltet*! Aber wir lassen weiterhin zu, dass diese vermeintlichen „absoluten Wahrheiten" unsere Denkweise begrenzen und uns an unserer persönlichen Entwicklung hindern.

Eine weitere Alarmglocke sollte in unserem Verstand schrillen, wenn wir uns selbst sagen hören: „Ich habe das noch nie vorher gemacht!" Lassen Sie nicht zu, dass Unerfahrenheit eine Entschuldigung dafür ist, es nicht wenigstens zu versuchen! Lassen Sie sich davon nicht einschüchtern! Möglichkeitsdenker durchbrechen diese Barriere der Unerfahrenheit, indem sie einfach beginnen. Auch Rembrandt hat einmal klein angefangen! Selbst Einstein musste erst einmal die Grundkenntnisse der Mathematik erlernen. Jeder Fußballstar muss erst einmal als Neuling beginnen.

Denken Sie an die gigantische Verschwendung des menschlichen Potenzials, der Energie, des Wachstums und der Kreativität, die stattfindet, wenn wir es zulassen, dass Unerfahrenheit uns zurückhält. Um den Durchbruch zu schaffen, müssen Sie die Einstellung haben, dass Unerfahrenheit Sie nicht besiegen kann. Lassen Sie niemals die Einstellung zu, Ihnen würde die Erfahrung fehlen, um Ihren Traum zu verwirklichen, denn Mut und eine positive Einstellung sind viel wichtiger.

Ich erinnere mich an die Geschichte eines kleinen Jungen, der im Hof auf und ab ging und mit sich selbst sprach. Er trug eine Baseballkappe, einen Ball und einen Schläger. „Ich bin der größte Baseballspieler der Welt", sagte er stolz. Dann warf er den Ball hoch, holte mit dem Schläger aus und verfehlte ihn. Unverdrossen hob er den Ball wieder auf, warf ihn in die Luft und wiederholte: „Ich bin der größte Baseballspieler aller Zeiten!" Er holte mit dem Schläger aus und verfehlte den Ball abermals.

Er hielt für einen Moment inne und kontrollierte sorgfältig seinen Schläger und den Ball. Dann warf er den Ball abermals in die Luft. „Ich bin der größte Baseballspieler, der je gelebt hat!", rief er. Er holte weit mit dem Schläger aus und verfehlte den Ball abermals. „Dritter Schlagfehler!", schrie er und fügte dann hinzu: „Wow, was für ein genialer Werfer!"

Es geht nichts über eine positive Einstellung! Sie kann uns den Mut geben, alles zu versuchen! Es mangelt Ihnen an Erfahrung? Das ist wunderbar! Also wartet ein neues und aufregendes Abenteuer auf Sie!

> „Trauere nicht um mich,
> denn ein neues Abenteuer wartet auf mich.
> Freudig und erwartungsvoll warte ich auf die Abfahrt,
> ich und mein sorgloses, kühnes Herz."[24]

Bewahren Sie sich Ihre Einstellung und schützen Sie sich wie der Arzt, der sicher geht, dass er keine Krankheiten überträgt oder angesteckt wird. Fordern Sie die negativen Einstellungen heraus, die möglicherweise nur verzerrte Bilder der Realität sind, entstanden aus negativen Annahmen, wie zum Beispiel: „Das ist gesetzlich verboten" (basierend auf der Annahme, dass das

Gesetz nicht geändert werden kann); „Wir können uns das nicht leisten" (basierend auf der Annahme, dass das Geld nicht gespart, verdient, geliehen oder durch den Verkauf von Sachgütern erworben werden kann).

Fordern Sie jede unmöglich erscheinende Idee oder negative Einstellung heraus, die verstohlen im hintersten Winkel Ihres Verstandes lauert. Bringen Sie jede Einzelne ans Licht, decken Sie sie auf, demaskieren Sie sie. Befassen Sie sich solange mit jeder Einzelnen, bis sie die verborgenen Annahmen entdeckt haben, die Ihnen dieses verzerrte Bild der Realität in Ihren Gedanken entstehen ließ. Räumen Sie jede Einzelne aus dem Weg. Befangenheit? Unwissenheit? Irreales Weltbild? Räumen Sie gründlich damit auf!

Denken Sie daran, dass es sich um eine Kunst handelt, die geübt sein will und die im Prozess eines erfolgreichen Denkens unabdingbar ist.

ANALYSIEREN SIE IHRE MÖGLICHKEITEN!

Wenn Sie Ihre Einstellung von allen negativen Gedanken befreit haben, kann Ihr Verstand das empfangen, was er andernfalls als lächerliche, unmögliche Vorschläge angesehen hätte. Jetzt erscheinen sie ihm als Möglichkeiten, Chancen!

Los geht's! Öffnen Sie die Türen Ihrer Vorstellungskraft weit und lassen Sie die unvorstellbaren Möglichkeiten herein! Welche Träume würden Sie träumen, wenn Sie wüssten, dass Sie sie verwirklichen können?

Würden Sie vielleicht Arzt werden, auch wenn Sie bereits über 50 Jahre alt sind? Cory SerVaas hat es getan! Sie können ihre Kolumne in jeder Ausgabe der Wochenzeitschrift Saturday Evening Post lesen!

Meine eigene Tochter, Carol, träumte nach Ihrer Beinamputation davon, eine erfolgreiche Skiläuferin zu werden und hat einige Goldmedaillen bei den Paralympics[25] gewonnen!

---

25 Die Paralympischen Spiele, auch Paralympics genannt, sind die Olympischen Spiele für Sportler mit einer körperlichen Behinderung.

Bringen Sie Ihr Boot
nicht zum Kentern!

Ich werde niemals die Autogrammstunde in einem Buchladen in Brooklyn vergessen. Hunderte von Menschen warteten in einer langen Schlange darauf, dass ich ein Buch, das sie gekauft hatten, signierte. Der erste in der Schlange war ein gut aussehender, gut gekleideter, offensichtlich erfolgreicher Mann. „Dr. Schuller, ich bin 28 Jahre alt. Ich habe Sie zum ersten Mal vor 14 Jahren gehört, als ich mit meiner Familie in einem engen und schäbigen Appartement wohnte. Sie haben gesagt, dass es jeder zu etwas bringen kann, wenn er ein Möglichkeitsdenker ist!

Ich habe Ihre Bücher gekauft und bin zum christlichen Glauben übergetreten. Ich dachte: ,Wenn ich wüsste, dass ich nicht versagen kann, würde ich Rechtsanwalt werden!'. Sie sagten, dass man frei wäre, jeden Traum zu wählen … frei, sich jedes Ziel zu setzen! Es lag in meiner Hand, Erfolg zu haben, wenn ich bereit war, den Preis dafür zu zahlen!

Jetzt, Dr. Schuller, bin ich Mitglied in der Anwaltskammer des Bundesstaates von New York und mein neues Ziel ist es, an den obersten Gerichtshof zu gelangen! Ich weiß, dass ich es schaffen kann! Ich brauche Ihr Autogramm nicht! Ich bin hier aus einem ganz anderen Grund zwei Stunden lang angestanden: Ich wollte Ihnen dafür danken, dass Sie aus mir einen Möglichkeitsdenker gemacht haben!"

ERKENNEN SIE IHRE GEGENWÄRTIGE POSITION!

An diesem Punkt muss gesagt werden, dass Möglichkeitsdenker nicht überstürzt oder ziellos handeln und dabei die Wirklichkeit ignorieren. Bevor Sie einer Möglichkeit nachgehen, sollten sie erst einmal Ihre gegenwärtige Position kennen. Eines der wichtigsten Prinzipien im Marketing ist die Positionierung des Produkts. Ganz egal also, welchen Möglichkeiten Sie nachgehen, egal, welche Träume Sie verfolgen, Sie müssen immer wie ein erfolgreicher Geschäftsmann handeln. Ihr Produkt oder Ihre Dienstleistung muss irgendwie vermarktet werden, um sicher zu gehen, dass die Menschen, die von Ihrer Kreativität profitieren, auch wissen, dass Sie etwas geleistet haben, was Ihnen jetzt zugänglich ist.

Der kluge Möglichkeitsdenker überprüft die Chancen, die ihm der Markt bietet. Sein erster Schritt liegt in der Überprüfung der Konkurrenz. Dann untersucht er nochmals die unerfüllten Bedürfnisse der Menschen. Gibt es noch irgendeine Marktlücke, die noch niemand besetzt hat?

Ein leitender Angestellter des Automobilkonzerns Ford hat mir einmal anvertraut: „Wir haben lange Zeit vergeblich versucht, unsere Position auf dem Markt für Luxuswagen zu stärken. Es ist uns nicht gelungen, uns gegen Mercedes durchzusetzen. Mercedes hat sich eine überaus feste Position auf dem Markt geschaffen und ist ein extrem harter Konkurrent."

Einer der Gründe, warum unsere Kirche ein Erfolg wurde, war, dass unsere Kirche einen christlichen Glauben des positiven Denkens ohne Dogmatismus bietet. Wir sind mit unseren Predigten im Fernsehen so erfolgreich, weil unsere Position auf dem Markt religiöser Ideen deutlich definiert ist. Und wir haben nur wenig Konkurrenz. In den USA gibt es Millionen von Menschen, die den christlichen Glauben positiv, praktisch, intelligent und klassisch dargestellt haben wollen. Dafür sorgen wir, unter Einsatz all unserer Kräfte, mit unserem Fernsehgottesdienst *Hour of Power*.

Mit voller Kraft voranzustürmen, um seine eigenen Bedürfnisse zu befriedigen oder die eigene Begeisterung auszunutzen und dabei die Konkurrenz oder die harte Realität des Prinzips der Marktpositionierung außer Acht zu lassen, könnte sich als verhängnisvoll erweisen. Wir müssen darauf vorbereitet sein, unseren Kurs entsprechend den unbefriedigenden Bedürfnissen der Menschen zu ändern.

Einmal wurde über die Kreuzfahrt von Prince Charles und Prinzessin Diana an Bord der königlichen Privatyacht durch tropische Gewässer berichtet. Nach einem wunderbaren Abendessen mit dem königlichen Paar entschuldigte der Kapitän sich, um zur Brücke zurückkehren und den Kurs überprüfen zu können.

Genau in dem Augenblick, als er die Brücke betrat, konnte er deutlich Lichter auf Kollisionskurs erkennen. Der Kapitän erteilte den Befehl, dem Fremden durch Lichtsignale zu bedeuten, den Kurs zu ändern. Gleich darauf kam die Antwort: „Ändern Sie den Kurs!"

Der Kapitän war brüskiert: „Wir haben zuerst signalisiert. Sie ändern Ihren Kurs", lautete seine nächste Nachricht.

Der Fremde signalisierte umgehend: „Das ist nicht möglich. Sie müssen Ihren Kurs ändern."

Der entrüstete Kapitän erteilte den Befehl folgende Nachricht zu signalisieren: „Sagen Sie Ihnen, wer wir sind und wen wir an Bord haben!"

Der Funker übermittelte die Nachricht: „Hier ist John Smith, Kapitän der königlichen Privatyacht. An Bord befinden sich Prince Charles und Prinzessin Diana. Dies ist eine königliche Anordnung: *Ändern Sie Ihren Kurs!"*

Für einen kurzen Augenblick herrschte nichts als Dunkelheit in der Ferne. Dann erschienen die Lichter von Neuem und signalisierten: „Ich bin Fred Smith und seit zwanzig Jahren Wärter dieses Leuchtturms – *ändern SIE Ihren Kurs!"*

Auch wenn jemand Ihre Position auf dem Markt bereits eingenommen hat, geben Sie deswegen nicht gleich Ihren Traum auf. Vielleicht können Sie Marktanteile gewinnen, wenn Sie mehr als Ihre Konkurrenz bieten. Aber bevor Sie das tun, stellen Sie sich folgende Frage: „Werde ich damit zufrieden sein, am Anfang nur einen kleinen Anteil am Markt zu haben?" Viele kleine Unternehmen sind heute erfolgreich, weil ihre Erwartungen bezüglich Unkosten und Einnahmen deutlich unter denen der Konkurrenz liegen. Und andere wiederum haben Erfolg, weil die Konkurrenz schlechtere Produkte oder Dienstleistungen anbietet.

Viele Unternehmen sind aber erfolgreich, weil sie eine Spitzenposition auf dem Markt einnehmen. Läufer wissen um den Vorteil einer guten Startposition. Derjenige, der in der Spitzengruppe startet, hat mit Sicherheit eine beneidenswerte Position! Vielleicht ist das auch eine Möglichkeit für Sie! Es könnte eine sein, wenn Sie auf irgendeine Weise Ihren Kurs ändern, um eine andere Position einzunehmen.

ÜBERPRÜFEN SIE IHRE WERTVORSTELLUNGEN!

Jetzt sind Sie für den wichtigsten Schritt im Erfolgsprozess bereit: Halten Sie an Ihren Wertvorstellungen fest! Möglichkeitsdenken ohne die Einschränkungen durch gesunde Wertvorstellungen könnte Sie ins Verderben führen! Ein Beispiel: Wollen Sie unermesslich reich werden? Ohne die Werte, die die Zehn Gebote vermitteln, und ohne die Achtung der Gesetze könnten Sie sehr schnell zum Kriminellen werden! „Erfolg um jeden Preis" ist eine sehr törichte Einstellung! *„Denn was hülfe es dem Menschen, wenn er die ganze Welt gewönne und nehme an seiner Seele Schaden?"*, fragte Jesus (Markus 8, 36).

Sie haben Träume! Das ist großartig! Setzen Sie den höchsten Wertmaßstab an. Ich kenne kein Lehrbuch über ethische oder menschliche Werte, das die Bibel übertrifft. Nehmen Sie eine Bibel zur Hand, lesen Sie sie, prüfen Sie Ihre Möglichkeiten anhand dieses klassischen Lehrbuchs!

„Ich wollte unbedingt ein Hollywood-Star werden und dafür habe ich sogar die moralischen Werte, die mir in der Sonntagsschule vermittelt wurden, außer Acht gelassen. Ich habe mit meinem Agenten geschlafen. Er versprach mir, gute Rollen zu verschaffen. Ich bekam sie – und Herpes Simplex[26] dazu!" Die Schauspielerin weinte, als Sie mir dies erzählte. Sie bereute, was sie getan hatte und ich empfand großes Mitleid.

Als ich einen Vortrag bei der Vereinigung amerikanischer Banken (ABA) in San Francisco hielt, forderte ich die Anwesenden auf, sich selbst drei Fragen zu stellen:

1. *Worin besteht überhaupt unsere Aufgabe in diesem Geschäft?*
2. *Wenn wir so weitermachen wie bisher, bekommen wir dann das, was wir gesucht haben?*
3. *Wenn wir unsere Ziele erreicht haben, werden wir dann zufrieden sein – und auch stolz darauf sein, wie wir unser Ziel erreicht haben?*

Ich fügte hinzu: „Denken Sie immer daran, dass es sich in Ihrem Bankgeschäft unter dem Strich nicht um Zahlen dreht! Es geht um Menschen!"

Um Ihre Wertvorstellungen zu wahren, sollten Sie immer so leben, dass, wenn Sie Ihr Ziel erreicht haben, Sie mit Stolz zurückblicken können, Sie von Liebe umgeben werden und Hoffnung vor Ihnen liegt. Ist dem so, dann haben Sie den richtigen Weg zum Erfolg eingeschlagen – den Weg, der wahrhaft in den Himmel führt.

Bob Krauss, ein Kolumnist des *Honolulu Advertiser*, schrieb einen Nachruf über Dr. Charles S. Judd, Jr., der in Honolulu gestorben war:

---

26 Unter Herpes simplex versteht man eine Virusinfektion.

Ein Regenbogen zeigte sich am Himmel über der Central-Union-Kirche – eine wahrhaft passende Segnung für Dr. Judds Gedenkgottesdienst. Wer aber war Dr. Charles Sheldon Judd, Jr.? Seine Frau Mary nannte ihn oft „Dr. Kostenlos". Sie arbeitete in der Praxis und kümmerte sich um die Abrechnungen.

„Wenn ein Patient nicht bezahlen konnte, schrieb Charlie ,Keine Rechnung' auf ein Blatt Papier", erzählte sie. „Wir hatten eine Kiste voll von diesen Blättern."

… Nie zuvor hat man auf einer Beerdigung in Honolulu so viele „Alohas" gehört. Der gesamte Kirchhof war mit Autos zugeparkt. In der Kirche standen die Menschen bis zu den Wänden und Eingängen …

Die beeindruckendste Ehrung kam von den Menschen aus West-Samoa. Sie überreichten Mary im Namen ihres Staatsoberhauptes Tanu Masili Malietoa einen feingewebten Teppich und einen Umhang.

Samoa ist für seine kunstvollen Teppiche und Umhänge bekannt.

Doch Reverend Sualauvi Tuimalealiifono erklärte, dass dieses Geschenk, das von höchster Stelle kam, etwas Besonderes sei. „Dieses Geschenk ist Staatsoberhäuptern vorbehalten", sagte er. Solch ein Geschenk wurde bislang nur einem Ausländer zuvor gemacht. Das war im vergangenen Jahrhundert an Robert Louis Stevenson. „Dies ist das erste Mal, dass ein solches Geschenk außerhalb West-Samoas überreicht wurde", erklärte Tuimalealiifono.

Die Bewohner Samoas drückten damit ihre Dankbarkeit für die Arbeit Dr. Judds aus, die er als Regierungsarzt zwischen 1965 und 1969 verrichtete.

Mary und Charlie arbeiteten solange, bis jeder Patient, der draußen auf dem Rasen wartete, versorgt war. Viele waren mit einem klapprigen Bus vom anderen Ende der Insel angereist. Sie nannten ihn den „Retter". Menschen sprachen ihn auf der Hauptstraße von Apia[27] an, um ihm die Narben der Operationen zu zeigen, die er durchgeführt hatte.

Viele Redner beim Gedenkgottesdienst sprachen über Charles Güte. Er war so nah dran ein Heiliger zu sein, wie jeder andere

27 Apia ist die Hauptstadt von West-Samoa.

Mann auch, den ich kannte. Doch Pater Damian[28] und der
Hl. Franz von Assisi erreichten nicht, was sie erreicht hatten,
nur indem sie gütig waren.
Charles war, genauso wie sie, stark. Er hatte einen starken
Willen! An einem gewöhnlichen Tag in der kostenlosen Klinik
von Kalihi behandelte er 27 Patienten in zwei Stunden, nachdem
er sich fast die ganze Nacht um Notfälle gekümmert hatte.
Das war eine beeindruckende Kombination aus Güte und
Stärke. Ich glaube, dass ist der Grund, warum der Regenbogen
nach dem Gottesdienst über der Central-Union-Kirche
erschien.[29]

LISTEN SIE IHRE AKTIVA AUF!

Wenn Ihre Hoffnungen zu fantastisch und Ihre Träume unrealistisch und undurchführbar erscheinen, geben Sie nicht auf! Jetzt ist es an der Zeit Ihre Aktiva aufzulisten, zu kontrollieren und nachzukontrollieren. Was besitzen Sie, mit dem Sie beginnen können? Die Freiheit, es zu versuchen? Wenn Sie in Amerika leben, stehen Ihnen viele Möglichkeiten offen! Vergessen Sie nicht: der Mangel an Freiheit stellt wirklich ein großes Hindernis für Erfolg dar – und für Sie ist dieses Problem bereits gelöst! Sie können sich frei entscheiden zu studieren, sich zu bemühen, zu arbeiten, zu sparen, Karriere in einem Unternehmen zu machen oder erfolgreich in einem von ihnen gewählten Unterfangen zu sein. Stellen Sie sich diese Frage: „Was fange ich mit der Freiheit an, die ich habe?"

Schauen Sie nach vorne! Handeln Sie! Erstellen Sie eine vollständige Liste Ihrer finanziellen Mittel. Sie sind vielleicht gar nicht so arm wie Sie denken! Natürlich gibt es offensichtliches Vermögen wie Bargeld, Immobilien, Kleidung, Schmuck. Aber es gibt auch verborgene Schätze wie Wissen, Erfahrung, Freiheit, Freunde, Glaube.

Vergessen Sie nicht Ihr verborgenes, noch nicht entwickeltes Potenzial! „Ich wusste gar nicht, was in dir steckt", sagte eine Mutter zu ihrem erfolgreichen Sohn.

---

28 Damian de Veuster (* 3. Januar 1840 in Tremelo, Belgien; † 15. April 1889 in
    Kalawao, Insel Molokaʻi, Hawaii) war Ordenspriester der Arnsteiner Patres und
    ist ein Heiliger der katholischen Kirche und Schutzpatron der Leprakranken.
29 Artikel aus dem *Honolulu Advertiser*

„Das wusste ich auch nicht, Mutter! Es gleicht einer Erbschaft, die ich niemals erwartet hätte!"

Jeder Mensch verfügt über vergessene oder unentdeckte Aktiva. Wir haben alle das Zeug, etwas Großartiges zu leisten. Das Problem liegt nur darin, sein eigenes Potenzial zu erkennen, zu entdecken, sich seiner zu bedienen und es in vollem Maße zu entfalten.

Mein Enkel Jason beschwerte sich einmal im Alter von vier Jahren: „Ich weiß nicht, was ich einmal werden will, wenn ich groß bin. Ich kann kein Polizist werden, weil ich in meinen Schuhen nicht schnell genug bin, um Verbrecher zu fangen. Feuerwehrmann kann ich auch nicht sein, weil ich Angst habe, mich zu verbrennen. Ich kann kein Krankenwagenfahrer werden, weil ich nicht stark genug bin, eine Trage hochzuheben."

Seine Mutter entgegnete: „Nun, du könntest ein Prediger werden wie Großvater."

„Ach nein, das kann ich nicht!"

„Warum nicht?"

„Ich wüsste nicht, was ich sagen soll!"

Junge Menschen sind nicht die einzigen, die Schwierigkeiten haben, ihre Aktivposten und Talente zu erkennen. Ich erinnere mich daran, wie ich zu meiner Studentenzeit eine Kirche besucht hatte. Ich traf dort eine Frau und fragte sie: „Was machen Sie in der Kirche?"

„Oh", sagte sie, „nichts, ich habe keinerlei Talente."

„Was meinen Sie damit?", fragte ich.

„Nun, ich kann nicht singen. Und ich … ich habe Hemmungen, wenn ich sprechen soll, also kann ich auch nicht unterrichten. Ich habe einfach keinerlei Talente, aber die Leute sagen immer wieder ‚Sie haben ein so schönes Lächeln'. Ich weiß, dass es für die Kirche sehr wichtig ist, als freundlicher Ort zu erscheinen, deshalb beschloss ich, an der Tür zu stehen. Das ist, was ich mache. Ich führe die Leute weder in die Kirche noch bin ich dort, um sie zu begrüßen. Ich stehe einfach nur da und lächle sie an, wenn sie die Kirche betreten und wenn sie sie wieder verlassen."

Das war ihre Gabe. *„Lass nicht außer Acht die Gabe in dir, die dir gegeben ist."* (1. Timotheus 4, 14) Jeder hat ein Talent, eine von Gott gegebene Gabe.

Venita Van Caspel führte einmal die Liste der renommiertesten Finanzplaner in den USA an. Viele ihrer Bücher waren auf der Bestseller-Liste der *New York Times* vertreten.

Venita ist jemand, der gelernt hat, wie man Schätze auflistet und entwickelt. Sie wuchs in einer liebevollen, christlichen, jedoch mittellosen Familie auf, was ihr aber, laut ihrer Aussage, eine sehr gesunde Achtung für Geld vermittelt hat. Deshalb beschloss sie, falls sie jemals Geld haben sollte, Bescheid zu wissen, was man damit am besten macht. Neben dem Wirtschafts- und Finanzstudium am College arbeitete sie die ganze Zeit. Noch während ihrer College-Zeit heiratete sie und legte ihr Wissen für die nächsten Jahre „auf Eis".

Dann starb ihr Mann bei einem Flugzeugabsturz. Sie erhielt eine kleine Summe aus der Lebensversicherung und beschloss, das Beste aus diesem Geld zu machen. Sie konnte es sich nicht leisten, einen Fehler zu machen! Also ging sie zurück aufs College und belegte einen Investment-Studiengang. Sie lernte, was sie aus ihrem Geld machen konnte und war mehr und mehr daran interessiert, anderen Menschen bei ihren Geldinvestitionen zu helfen.

Während ihres Studiums erfuhr sie von einer sehr alarmierenden Statistik. Nur zwei Prozent der Bürger im Alter von 65 Jahren war finanziell unabhängig. Sie empfand dies als eine Tragödie und so beschloss sie, Menschen zu ihrer finanziellen Unabhängigkeit zu verhelfen. Dies wurde zu ihrer Mission, ihrer christlichen Berufung, denn sie wollte das Beste aus ihren von Gott gegebenen Talenten machen.

Venita war die erste Frau, die an der *Pacific Coast Stock Exchange*[30] zugelassen wurde. Viele der einflussreichsten Leute des Landes zählen zu ihren Kunden und holen sich täglich Rat bei ihr ein. Sie verwandelte ihre Ausbildung, das zunächst ein brachliegendes Talent war, in einen Aktivposten – einen lukrativen, angesehenen Beruf.

Wir alle besitzen brachliegende Talente, die in einen Aktivposten verwandelt werden können. Manche haben Pinsel und Farben, die sie schon lange nicht mehr verwendet haben. Ein anderer besitzt eine Geige, die schon seit Jahren in ihrem Kasten liegt. Jemand anders wiederum saß bereits für lange Zeit nicht mehr am Klavier oder hat ein Notenbuch geöffnet. Sind Sie ein Schriftsteller? Wann haben Sie sich das letzte Mal an den Schreibtisch gesetzt?

Listen Sie Ihre Talente auf! Denken Sie nicht schlecht über sich, nur weil die Leute Ihnen keine angemessene Anerkennung

---

30 Zweitgrößte Börse der USA, mit Sitz in San Francisco.

geschenkt haben – selbst wenn sie Ihnen gesagt hätten, dass Sie nicht besonders talentiert oder intelligent sind - selbst wenn Ihnen einmal gesagt wurde, dass Ihre Malkünste nicht die Besten seien, Ihre Musiktalente zu wünschen übrig lassen, oder Sie nur durchschnittlich tanzen können.

Wussten Sie, dass der verstorbene Fred Astaire[31] über dem Kaminsims seines Hauses in Beverly Hills eine aufschlussreiche Notiz hängen hatte? Sie wurde vom Casting-Direktor der Show verfasst, bei der er zum ersten Mal vortanzte. Darauf stand:

Name: Fred Astaire
Anmerkungen: Miserabler Schauspieler, etwas kahlköpfig, kann ein bisschen tanzen.

Listen Sie Ihre Talente auf und prüfen Sie sie sorgfältig. Sie verfügen möglicherweise über eine stärkere und bessere Ausgangsposition, Ihre Möglichkeiten umzusetzen, als Sie jemals gedacht hätten!

SCHLAGEN SIE KAPITAL AUS IHREN ERFAHRUNGEN!

Wir alle wissen, dass Kapital all die Dinge umfasst, die wir investieren können, um unsere Produktivität zu steigern. Das Kapital aufzubringen, ist allerdings eine der ersten großen Hürden, die es beim Beginn einer neuen Unternehmung zu überwinden gilt.

Die gute Nachricht: Sie können selbst Fehlschläge in eine Investition umwandeln, die Ihre Produktivität steigert! Das ist wahr! Haben Sie versagt? Viele Leute wollen den Grund dafür wissen. Schlagen Sie Kapital aus ihrer Neugier! Sie können die Rolle eines Beraters übernehmen.

Als ich vor vielen Jahren dazu berufen wurde eine neue Kirche in Südkalifornien zu gründen, musste auch ich erst einmal meine Talente und meine Aktivposten auflisten. Sie bestanden zu diesem Zeitpunkt aus mir selbst, meiner Frau Arvella, die Orgel spielen konnte, und 500 Dollar Bargeld. Daraus bestand mein Kapital.

31 Fred Astaire war ein US-amerikanischer Tänzer, Sänger und Schauspieler.

Also musste ich kreativ sein und eine Möglichkeit finden, meine Aktivposten in eine Kirche umzuwandeln. Zunächst musste ich einen Ort finden, an dem ich Gottesdienste abhalten konnte. Die Seventh Day Adventist Church[32], der Elk's Club[33] und das Bestattungsinstitut waren bereits alle besetzt. Ich hatte das Gefühl, versagt zu haben, noch bevor ich wirklich begonnen hatte!

Als ich aber eines Tages in die Zeitung blickte, sah ich zufällig den Kinoteil. Dort wurde für einen Film geworben, der im neuen Autokino gezeigt werden sollte. Plötzlich hatte ich eine Idee. Ich vereinbarte einen Termin mit dem Manager des Autokinos. Er ging auf meinen Vorschlag ein, das Autokino für Gottesdienste zu nutzen. Ich wurde zur Zielscheibe des Spotts. Die Wahrheit ist: Ich war bei allen anderen Möglichkeiten gescheitert und nun ganz unten angekommen - eine Kirche in einem Autokino. Aber ich freundete mich mit der Idee an, Gottesdienste unter freiem Himmel, der Sonne und Wolken halten zu können! 20 Jahre später sollte diese Idee mich zum Bau einer gläsernen Kirche inspirieren, von der aus ich den Himmel sehen konnte. Die Crystal Cathedral war das Ergebnis meines Scheiterns, eine Räumlichkeit zu finden, in der ich eine Kirche gründen konnte!

Wenn Sie also scheitern sollten, verlieren Sie nicht den Mut. Es könnte das Beste sein, was Ihnen jemals passieren kann. Aufgrund dieses Verlustes besitzen Sie jetzt vielleicht die Freiheit, eine Änderung zu vollziehen, die Sie schon lange hätten vornehmen sollen, aber für die Sie niemals den Mut aufgebracht haben.

Ich weiß nicht, wie viele Männer und Frauen über all die Jahre zu mir kamen und sagten: „Als ich meine Arbeit verlor, dachte ich, eine Welt bricht für mich zusammen. Aber dann boten sich mir weitaus bessere Chancen." Einer, zum Beispiel, startete sein eigenes Unternehmen; ein anderer war bereit, einen neuen Job anzunehmen, der ihm mehr Freiheit, Kreativität und bessere Bezahlung bot.

---

32 Die Freikirche der Sieben-Tags-Adventisten ist eine protestantische Freikirche, gegründet im 19. Jahrhundert in den USA.
33 Wohltätigkeitsorganisation.

SETZEN SIE BEI IHREN ZIELEN PRIORITÄTEN!

Erfolg stellt sich natürlich nur dann ein, wenn Sie sich ein Ziel setzen. Und jedes Mal, wenn Sie sich ein neues Ziel setzen, müssen Sie Ihre Prioritäten neu anordnen. Das ist nicht leicht. Es kann mitunter auch sehr schwierig sein. Aber denken Sie daran: Ihr größtes Problem befindet sich in Ihrem Kopf. Vielleicht mussten Sie Ihr Lieblingsprojekt eine Zeit lang aufgeben. Möglicherweise mussten Sie auf Ziele, die Sie sich gesetzt haben, verzichten, um das neue Ziel zu erreichen. Vielleicht ist dieses Jahr das Jahr, in dem Sie Projekte anderen Projekten unterordnen oder sie auf Eis legen müssen, um eine Gelegenheit, die nicht länger warten kann, nutzen zu können. In meiner Amtszeit als Pastor musste ich viele solche Zeiten erleben.

Listen Sie all Ihre Pflichten, Hobbys, anderweitigen Verpflichtungen, attraktiven Ideen auf. Seien Sie nun bereit, sorgfältig den Wert der Anforderungen, die an Sie gestellt werden, abzuwägen. Beweisen Sie Stärke, den richtigen Schritt zu wagen. Denken Sie immer daran: es *gehört Mut dazu, neue Wege zu beschreiten*. Prüfen Sie sorgfältig die negativen Gedanken, die Ihnen vielleicht in den Sinn kommen und Ihren so wichtigen Traum als etwas Unmögliches erscheinen lassen.

Sie können vielleicht Leute anwerben, damit Sie einen Großteil der Arbeiten, die Sie heute verrichten, übernehmen. Ich war und bin in der Lage, eine Kirche aufzubauen, Bücher zu schreiben und Fernsehpredigten zu halten, weil *ich nicht die Arbeiten erledige, für die ich auch jemand anders anwerben kann. Auf diese Weise bleiben nur noch eine Hand voll Dinge übrig, bei denen ich überzeugt bin, dass ich sie selbst erledigen kann und muss. Innerhalb dieses Rahmens bin ich bereit, meine Prioritäten zu setzen.* Sonntags predige ich zum Beispiel von der Kanzel der Crystal Cathedral. Der Montagabend gehört meiner Frau. Während der Sommermonate reise ich im Auftrag meiner Kirche und um Studien zu betreiben ins Ausland, oder ich begebe mich in die Abgeschiedenheit, um meine Bücher zu schreiben.

Lernen Sie, Ihre Prioritäten richtig zu setzen, und Sie steuern geradewegs auf den Erfolg zu.

GESTALTEN SIE IHREN KALENDER NEU!

Füllen Sie jetzt Ihren Kalender aus. Es ist unglaublich einfach, die Kontrolle über Ihre Ziele zu bewahren, wenn Sie erst einmal gelernt haben, Sie in den Kalender einzutragen. Sobald Sie Ihre Prioritäten neu gesetzt haben, müssen Sie auch Ihren Kalender neu gestalten. Vielleicht ist dies der Zeitpunkt, an dem Sie beschlossen haben, sich um die vernachlässigten Beziehungen zu Ihrer Familie, Ihren Freunden und Geschäftspartnern zu kümmern. Sollte dies der Fall sein, sollten Sie sich Zeit nehmen, die Sie mit ihnen verbringen können. Markieren Sie ein paar Daten im Kalender, um Ihnen selbst die Zeit zu geben, sich liebevoll und mit ganzem Herzen um diejenigen zu kümmern, die Sie womöglich vernachlässigt haben.

An oberster Stelle steht nun die Aufgabe des Nachdenkens. Bedenken Sie Ihren nächsten Schritt und erstellen Sie ein paar langfristige Planungen. Tragen Sie „Bedenkzeit" in Ihren Kalender ein. Ich kenne einen sehr erfolgreichen Menschen, der sich jeden Tag 60 Minuten Zeit zum Nachdenken nimmt. Für ihn umfasst das Gebete, das Lesen in der Bibel und in sich zu gehen. Während dieser einen Stunde ist er von allen uneingeladenen, unwillkommenen Unterbrechungen, die Stress erzeugen, abgeschottet und geschützt. Nur für dringende Mitteilungen aus dem engsten Familienkreis wagt es sein Sekretär, diese wichtige Tätigkeit zu stören.

Vielleicht besteht Ihre nächste Priorität darin, durch Prüfungen und Nachforschungen festzulegen, ob Ihr nächstes Vorhaben durchführbar ist. Sie werden also auf Ihren Kalender zurückgreifen, um Termine für Treffen mit informierten Beratern zu vereinbaren.

Haben Sie festgestellt, dass Sie sich in den vergangenen zwei Jahren verändert haben? Haben Sie neue Spannungen, Frustrationen oder Ermüdungserscheinungen bemerkt, die Sie zuvor nicht bemerkt haben? Dann müssen Sie vielleicht Ihren Kalender neu gestalten, um sich Zeit für Spaß und Erholung zu schaffen. Meine Ziele waren es immer, meinen persönlichen und beruflichen Erfolg zu maximieren, aber dabei zugleich meinen Verstand und meinen Körper gesund zu halten und die Harmonie in meiner Ehe und Familie aufrechtzuerhalten. Aus diesem Grund habe ich ein regelmäßiges „Kalendertreffen" mit meiner Frau und meinen führenden Angestellten. Bei diesen Treffen merken wir uns ein Jahr im Voraus Ruhezeiten, Studierzeiten und Reisezeiten vor.

ABER VORSICHT:
KONTROLLIEREN SIE IHREN KALENDER,
BEVOR ER SIE KONTROLLIERT!

HALTEN SIE SICH IHRE ZIELE VOR AUGEN!

Sie sind nun bereit, sich Bilder auszumalen oder Ihre „Ich-will"-Liste zu erstellen (und die wichtigsten Daten in Ihren Kalender einzutragen!). Der Verstand ist ein erstaunliches, mysteriöses, wunderbares Instrument. Im Mai 1985 erschien ein aufschlussreicher Artikel in der Zeitschrift *Psychology Today*[34] mit dem Titel „In The Mind's Eye"[35], den ich nur empfehlen kann. Der Artikel handelt im Grunde genommen um den Prozess der Visualisierung. Die Visualisierung ist keine physische Vorstellung, sondern die innere Vorstellung. Sie nutzt die Macht der Vorstellungskraft. Die Bibel spricht ebenfalls über ein ähnliches Konzept: *„Wo keine Offenbarung ist, wird das Volk wild und wüst."* (Sprüche 29, 28)

Ich habe festgestellt, dass ich, sobald ich meine Träume in Bilder verwandelt habe, einen riesigen Schritt in Richtung Erreichen meiner Ziele gemacht habe. Einmal, zum Beispiel, beauftragte ich einen Architekten. Wir besprachen gemeinsam das Vorhaben, analysierten, ob es den tatsächlichen Bedürfnissen entspräche. Schließlich erstellte er davon eine Zeichnung aus Wasserfarben. Zu diesem Zeitpunkt nahm mein Ziel Gestalt an und wurde real. Ich habe ein Bild in meinem Gedächtnis gemacht und es in meinen Erinnerungen abgespeichert. Es wurde ein motivierender Teil meines Unterbewusstseins. Ich stellte fest, dass ich in der Lage sein muss, ein Ziel zu visualisieren oder mir zu vergegenwärtigen, bevor ich auf eine Energiequelle zurückgreifen kann, die mir den nötigen Antrieb zur Verfolgung des Vorhabens auch durch schwierige Phasen hindurch gibt.

---

34 Psychologie Heute
35 Mit den Augen des Verstandes.

Indem wir unsere Ziele visualisieren, wird auch die Konzentration auf diese ungemein wichtig. Dr. David Burns, Autor des Buches *Feeling Good: Depressionen überwinden, Selbstachtung gewinnen*, ist einer der führenden Psychologen im Bereich kognitiver Verhaltenstherapie. Er nutzt ein Fernglas zur Veranschaulichung. „Wenn Sie keine Vorstellung von Ihrem Leben haben", betont er, „haben Sie sich wahrscheinlich auf nichts konzentriert."[36]

Holen Sie also Ihr geistiges Fernglas hervor und konzentrieren Sie sich auf ein spezifisches Ziel, das Sie erreichen möchten. Richten Sie Ihre Aufmerksamkeit, mit Ihrer Vorstellungskraft als Richtungsweiser, auf eine Sache, bis sie deutlich als messbares und zu bewältigendes Ziel erscheint. Richten Sie Ihren Blick darauf. Ergreifen Sie es mit Ihrer Seele und es wird Sie ergreifen!

Verwenden Sie einen Filter, während Sie sich auf Ihre innere Vorstellung und Ihren Herzenswunsch konzentrieren. Es könnten viele verwirrende Bilder in Ihrem Kopf auftauchen. Alle zweideutigen inneren Vorstellungen können eine Konkurrenz für Ihre starke Begeisterung darstellen und Ihren Antrieb und die Kraft, mit Nachdruck vorwärts zu schreiten, abschwächen. Bei vielen Menschen stellt dies ein dauerhaftes Problem dar. Sie sind wie Reisende in einem Bus, die aus dem Fenster blicken und sehen, wie alle Sehenswürdigkeiten an ihnen vorüberziehen, ohne dass sie einen der Plätze, der so schnell an ihnen vorüberzieht, jemals wirklich gesehen oder gefühlt haben.

Interessanterweise habe ich viel über Psychologie und Theologie in meinen engen Beziehungen zu großen Architekten gelernt. Als der Zeitpunkt gekommen war, unser erstes Gotteshaus zu errichten (das wie ein Drive-In gebaut war und das später zu klein geworden ist), setzte ich mich mit einem der größten Architekten des 20. Jahrhunderts in Verbindung: dem mittlerweile verstorbenen Richard Neutra. Als wir über die Gestaltung sprachen, sagte er zu mir: „Robert, wir müssen Gebäude bauen, die Ihnen bei Ihrer Arbeit helfen. Bevor wir irgendwelche Skizzen anfertigen oder Entwürfe zeichnen, müssen wir erst einmal zurück zum Wesentlichen. Sie möchten ein Gebäude, in dem positive Gefühle Menschen leicht erreichen können und ein Gebäude, das, hoffentlich, negative Gedanken fernhält."

---

36 David Burns: *Feeling Good: The New Mood Therapy* (New York: William Morrow, 1980).

Ich brauche wohl nicht zu betonen, wie sehr mich diese Aussage faszinierte. Die Wahrheit ist, dass ich mir bereits ein Bild der Art von Kirche gemacht hatte, die ich bauen wollte. Interessanterweise ist es in dieser Phase des Möglichkeitsdenkens – Visualisierung des Zieles – überaus wichtig zu erkennen, dass wir noch Anpassungen vornehmen können, die Einfluss auf den letztendlichen Erfolg oder Misserfolg des Vorhabens ausüben.

„Was meinen Sie damit, Herr Neutra?", fragte ich.

„Nun, wir betrachten einfach Symbole, die negative Gefühle in unserem Unterbewusstsein erzeugen. Dann entwerfen wir eine Struktur, die unsere negativen Impulse von unserem Gehirn fernhält und konzentrieren uns auf die Quellen und Zentren positiver Gefühle."

Er merkte, dass ich nicht ganz bei der Sache war und ihm nicht folgen konnte. Also griff er zu einer einfacheren Erklärung.

Seine schlanke Hand ausstreckend zeigte er mit seinem knochigen Finger auf einen Strommast: „Dort drüben steht zum Beispiel ein Strommast. Sobald das Bild des Strommasts das Unterbewusstsein erreicht, wird Spannung innerhalb der Persönlichkeit erzeugt. Das Unterbewusstsein weiß, dass Sie, wenn Sie die Drähte dieses Strommasts berühren, einen Stromschlag bekommen würden. Also egal wo sich ein materielles Objekt befindet, das ein negatives Gefühl hervorrufen kann, bauen wir einfach eine massive Wand, sodass man es nicht sehen kann! Auf der anderen Seite bietet sich vielleicht eine herrliche Sicht, die unserem Geist Ruhe vermittelt; auf dieser Seite setzen wir Glasfenster ein, damit wir uns auf das Positive konzentrieren können! Wir würden also nie eine massive Wand bauen, die das Eintreten eines positiven Gefühls, das durch den Anblick des Himmels, des Meeres oder von Gärten vermittelt wird, verhindert. Die Bilder, die wir malen, entstehen durch die Einflüsse, die wir in unsere Persönlichkeit eindringen lassen."

Sie können sicher sein, dass Richard Neutras Konzept meine Vorstellung von einem Kirchengebäude drastisch geändert hat! Vorher hatte ich das Bild eines herkömmlichen Gebäudes mit massivem Dach, Fenstern, die auf beiden Seiten in Reih und Glied angeordnet sind, und eine massive Wand hinter der Kanzel. Nachdem wir unsere Ziele visualisiert hatten, überprüften wir unsere Konzepte und nahmen ein paar wichtige Korrekturen daran vor, so dass wir unsere Vorstellungen verwirklichen konnten und unglaubliche Energie freigesetzt wurde. Kein Wunder also, dass wir erfolgreich waren!

Regelmäßig kommen Menschen auf mich zu, die mit mir über ihren Traum sprechen wollen. Für gewöhnlich gebe ich immer dieselbe Antwort: „Ich denke nicht, dass ich die Zeit dafür habe, zuzuhören, bevor Sie sich nicht die Zeit genommen haben, diesen Traum vollständig zu durchdenken." Und dann schlage ich vor: „Zeichnen Sie mir ein Bild. Wenn Sie nicht malen können, drücken Sie Ihren Traum in Worten aus. Versuchen Sie Ihr Vorhaben kurz gefasst auf einer Seite darzustellen. Bevor Sie nicht in der Lage sind, Ihren Traum deutlich darzustellen, sind Sie wahrscheinlich auch nicht bereit, sich auf den Weg zu machen, ihn zu verwirklichen."

Sie haben also ein Bild? Eine klare Vorstellung? Negative Gedanken und Irrtümer, die Sie aufhalten könnten, wurden herausgefiltert? Sie konzentrieren sich fest auf das, was Sie erreichen wollen? Gut! Dann können wir zum nächsten Schritt kommen.

Doch warten Sie eine Sekunde. Sind Sie sich auch sicher, dass Ihr Traum die richtige Größe hat? Sie können sich ein Bild von ihm machen, aber haben Sie seine Größe auch richtig eingeschätzt? Nur durch umsichtige Gebete können Sie feststellen, ob die Größe Ihres Traumes für Ihre Person und Ihre Position geeignet ist. Manche beißen ein zu großes Stück vom Kuchen ab und ersticken fast daran. Fangen Sie bescheiden an und versuchen Sie kleine Erfolge zu verbuchen. Schaffen Sie sich eine feste Basis und strecken Sie dann Ihre Fühler in alle Richtungen aus.

Auf der anderen Seite denken manche Menschen in zu kleinen Maßstäben. Wenn Sie den Traum ohne die Hilfe Gottes erreichen können, ist er zu klein. Gestalten Sie Ihre Träume so groß, dass auch Gott darin Platz findet, denn Gottes Träume sind immer so groß, dass sie nur mit Seiner Hilfe verwirklicht werden können. Damit sorgt Er dafür, dass wir unsere Demut nicht verlieren. Haben wir unsere Träume erst einmal erfolgreich verwirklicht, vergessen wir niemals, wem wir das zu verdanken haben!

Haben Sie eine klare Vorstellung von Ihrem Vorhaben und hat es die richtige Größe, dann greifen Sie danach! Setzen Sie sich diesen Traum als ein festes Ziel und verankern Sie ihn in Ihrem Innersten. Nehmen Sie sich fest vor, ihn zu verwirklichen. Selbst wenn es unmöglich erscheint, schreiten Sie voran. Wollen Sie Ihren Traum erfolgreich verwirklichen? Visualisieren sie ihn! Ergreifen sie ihn! Fühlen sie ihn! Und folgen Sie dem Weg zum Erfolg!

MOBILISIEREN SIE IHRE RESSOURCEN!

Jetzt ist es an der Zeit, alles zu geben! Viele Menschen haben nicht etwa versagt, weil sie nicht genügend Talent, Übung oder Chancen hatten, sondern weil dem Vorhaben nicht die rückhaltlose Aufmerksamkeit geschenkt wurde. Als praktizierender Möglichkeitsdenker widme ich mich mit ganzem Herzen und leidenschaftlich jedem Vorhaben, das ich in Angriff nehme. Jedes Mal hatte ich ein deutliches Bild des fertig gestellten Projekts vor meinem inneren Auge: ein Gebäude, ein Buch, eine Fernsehsendung, eine Familie, ein Haus. Dann war ich bereit, alles aufs Spiel zu setzen, um mein Ziel zu erreichen. Die Ressourcen wurden gebündelt, um sich voll und ganz auf das Erreichen des unmittelbaren Zieles zu konzentrieren.

Dies ist der Zeitpunkt, vollen und uneingeschränkten Einsatz zu bringen. Es gleicht Amerikas Reaktion auf den Angriff der Japaner auf Pearl Harbor oder der Landung in der Normandie. Zentralisieren Sie Ihre Kraft, mobilisieren Sie Ihre Ressourcen. Dies ist die Zeit, in der Sie auf Schlaf verzichten und länger arbeiten sollten. Halten Sie keine Energie zurück. Nehmen Sie sogar eine Überbelastung in Kauf, um dieses Vorhaben ins Rollen zu bringen. Fassen Sie festen Fuß, halten Sie hartnäckig an ersten Gewinnen fest. Stellen Sie sich vor, sie seien ein „eiserner Keil, der in den gefrorenen Boden getrieben wurde und nun unbeweglich ist" – um Winston Churchills Worte zu zitieren, mit denen er einen seiner größten Generale würdigte.

Beten Sie inbrünstig für das Gelingen dieses Vorhabens. Wenden Sie sich an die klügsten und wagemutigsten Menschen, die Sie kennen. Suchen Sie sich eine Koryphäe auf diesem Gebiet und überzeugen Sie sie, mit Ihnen an diesem aufregenden Projekt zu arbeiten. Möglicherweise müssen Sie Ihre Verbindung zur höchsten Kraftquelle prüfen: Jesus Christus. „Mit Christus Hilfe kann ich alles erreichen."

Mit Sicherheit brauchen Sie alle intellektuellen, finanziellen und fachlichen Ressourcen, die möglich sind – und alles an verfügbarer Energie! Erfolgsmenschen, Sieger, Top-Produzenten müssen die körperliche Energie haben, lange und schnell zu arbeiten.

AKTIVIEREN SIE IHR DENKEN!

Wenn Sie erst einmal 1) Ihre Einstellung bewahrt, 2) Ihre Möglichkeiten analysiert, 3) Ihre Position bestimmt, 4) Ihre Wertvorstellungen geprüft, 5) Ihre Aktiva aufgelistet, 6) Kapital aus Ihren Erfahrungen geschlagen, 7) bei Ihren Zielen Prioritäten gesetzt, 8) Ihren Kalender neu gestaltet, 9) Ihre Ziele visualisiert und 10) Ihre Ressourcen mobilisiert haben, sind Sie bereit 11) Ihr Denken mit einem gehörigen Schuss Begeisterung zu aktivieren. Denn Begeisterung *ist* Energie!

Doch was ist Begeisterung? Handelt es sich dabei um das mysteriöse Etwas, das einen Durchschnittsmenschen in eine herausragende Person verwandelt? Sie macht alte Menschen wieder jung und ohne sie wird ein junger Mensch alt. Sie ist die verborgene Quelle endloser Energie. Sie ist diese wunderbare Kraft, die uns von mittelmäßigen Leistungen zu hervorragenden Leistungen führt. Sie zaubert ein helles Licht auf ein müdes Gesicht, bis die Augen funkeln und der Mensch mit Freude erfüllt ist. Sie ist wie ein geistiger Magnet, der helfende und glückliche Menschen anzieht, die hilfreiche Freunde werden. Sie ist wie ein emotionaler Brunnen, aus dem Freude sprudelt, und der Menschen an unsere Seite führt, um von der Freude zu trinken, die aus unserem Herzen kommt. Sie enthält die inspirierende Nachricht eines positiven Menschen an die Welt: „Ich kann es! Es ist möglich! Wir werden es schaffen."

Begeisterung ist der lange gesuchte Brunnen ewigen Lebens. Alte Menschen halten inne, um von seinem Elixier zu trinken und können plötzlich wieder träumen. Fantastische, übernatürliche, mysteriöse neue Kraft strömt durch die alten Knochen. Enttäuschung löst sich auf wie der Morgennebel im Sonnenschein. Plötzlich ertappen Sie sich dabei, wie Sie zu pfeifen beginnen; Sie beobachten die vorüberfliegenden Vögel, sehen die herrlichen Umrisse der weißen Wolken am blauen Himmel. Aus Ihrem tiefsten Inneren ertönt ein Lied. Sie pfeifen, Sie singen und merken: „Ich fühle mich wieder lebendig!"

Begeisterung – was ist das? Wie erklären Sie diese Kraft, mit der man Berge versetzen kann? Wie kommen Sie dazu? Es gibt Synonyme, die den Bedeutungsgehalt des Wortes „Begeisterung" veranschaulichen, zum Beispiel „Enthusiasmus". Dieses Wort wurde von zwei Wörtern aus dem griechischen abgeleitet: „*en*" und „*theos*". Wörtlich übersetzt bedeuten sie „in Gott".

Wir sprechen von Inspiration, abgeleitet vom lateinischen „in spiritu", im Geiste. Füllen auch Sie Ihr Leben mit dem Geist Gottes und alle möglichen Kräfte werden zum Vorschein kommen.

Niemand wird im Leben etwas erreichen, wenn es ihm an aktivem, energiereichem Denken mangelt. Nehmen Sie nun einen Stift und ein Blatt Papier zur Hand und lassen Sie uns begeistert eine Übung für das Möglichkeitsdenken machen. Schreiben Sie enthusiastisch Ihre aktiven, energiegeladenen Gedanken auf und führen Sie alle Ziele auf, die Sie erreichen möchten.

Jede Hausfrau weiß, wie wichtig eine geschriebene Liste sein kann. Ist Ihnen eigentlich schon einmal aufgefallen, wie viele junge Hausfrauen ihre Einkaufswagen durch die Gänge der Supermärkte schieben und dabei immer wieder auf ihre Einkaufsliste blicken? Diese einfachen Einkaufslisten helfen dabei, Zeit und Geld zu sparen und Frustration zu vermeiden. Die Gänge sind voller verlockend gestalteter Verpackungen, die Ihren Blick anziehen und Ihre Aufmerksamkeit ablenken sollen. Geschriebene Listen helfen jedoch dabei, uns auf das Wesentliche beim Einkauf zu konzentrieren und uns nicht von anderen Dingen ablenken zu lassen, wie zum Beispiel einer Packung klebriger Schokoladenkekse.

Ich liebe die Geschichte eines älteren Ehepaares, das eines Abends Lust auf Eis hatte. Die Frau sagte zu ihrem Mann: „Warum gehst du nicht los und besorgst etwas Eis?"

Er stimmte zu und sie sagte: „Aber bitte nur Vanille, keine Schokolade, und schreib es dir auf, sonst vergisst du es."

„Das vergesse ich nicht", protestierte er.

Als er gerade auf dem Weg zur Haustür war, rief sie ihm noch zu: „Und vergiss nicht die Schokoladensauce, hörst du? Keine Erdbeersauce, sondern Schokolade."

„Kein Problem, das kann ich mir merken!"

Als er gerade in den Wagen stieg, öffnete sie das Fenster und rief: „Und bring auch ein paar Nüsse mit!"

„Ja, Liebling." Er fuhr los. Er hatte die besten Absichten, aber als er am Geschäft ankam, konnte er sich nicht mehr daran erinnern, was er besorgen sollte. Er ging in den Gängen auf und ab und versuchte sich zu erinnern.

Als er zu Hause ankam, war seine Frau bei dem Anblick, was er gekauft hatte, entsetzt: ein dutzend Eier.

Sie sagte: „Was? Ein dutzend Eier? Ich wusste, dass du dir nichts merken kannst! Du hast den Speck vergessen!"

Wir alle brauchen Listen! Wenn wir keine Projekte, keine Aufgaben, keine Anliegen, keine Träume haben, haben wir auch keinen Grund, eine Liste zu erstellen und sind antriebslos, was bedeutet, dass wir nur einen Schritt von Depressionen entfernt sind. Wir brauchen eine „Das-würde-ich-gerne-machen"-Liste. Wir brauchen eine „Ich-wünschte-ich-könnte …"-Liste. Wir brauchen eine „Wäre-es-nicht-fantastisch?"-Liste. Werfen Sie jeden Tag einen Blick auf Ihre Liste der Möglichkeiten und Sie werden jeden Tag begeistert sein.

SIE HABEN KEINEN ANTRIEB? – VERMUTLICH WEIL SIE **KEINE LISTE** HABEN!

Auf einem Seminar, das ich vor einiger Zeit besucht habe, fragte einer der Anwesenden einen Arzt: „Warum haben manche Menschen mehr Energie als andere?"
Er antwortete: „Das ist in erster Linie genetisch festgelegt. Manche Menschen haben besonders dynamische Erbanlagen." Er erklärte, dass die endokrinen[37] Drüsen vor allem dafür verantwortlich sind, dass Adrenalin in das Blut ausgegossen wird.

Aber das stellte mich nicht zufrieden. Also fragte ich: „Was veranlasst die Drüsen, Adrenalin auszuschütten?"

Der Arzt antwortete: „Der Unterschied liegt darin, dass die Drüsen bei manchen Menschen stimuliert werden und mehr Energie freisetzen, während sie bei anderen nicht stimuliert werden und somit keine Energie freisetzen."

Ich hakte nach: „Aber was stimuliert diese Drüsen, damit sie diese Energie produzierenden Stoffe ausschütten?"

Seine Antwort: „Möglichkeitsdenken. Das wissen Sie genau, Dr. Schuller!"

Negative Emotionen wie Zweifel, Angst, Sorge, Wut, Feindseligkeit, Selbstmitleid und Neid beraubt Sie Ihrer Energie. Auch Unentschlossenheit kostet Energie. Das Eingehen von Verpflichtungen hingegen verschafft Zugang zu neuer Kraft und entfesselt unglaubliche Kräfte – physische, emotionale und geistige. Sind Sie bereit an Gott zu glauben, gibt Er Ihnen die Kraft, die Sie brauchen. Er öffnet die Schleusen und überflutet denjenigen mit Kraft und Energie, der an ihn und sich

---

37 endokrin: mit innerer Sekretion, nach innen, ins Blut absondernd

selbst glaubt. Während Sie Ihre Zeit damit verbringen, zu bauen, zu konstruieren, zu helfen und Großes zu verfolgen, sorgt dies zugleich für unermessliche Begeisterung bei Ihnen. Sie verbrauchen dabei keine Energie, sondern erneuern ständig Ihren Energievorrat!

Also wagen Sie es, zu träumen, eine Vision zu haben, erstellen Sie sich eine Liste der Dinge, die Sie tun könnten, um anderen Menschen, die Hilfe benötigen, zu helfen. In einer Welt, wo so viele Menschen von Leid und Schmerz umgeben sind, können Sie viele Listen schreiben. Angesichts all dem emotionalen und physischen Schmerz, dem Hunger und Kampf gibt es keine Entschuldigung dafür, nicht voller Begeisterung eine Vision davon zu haben, was ich machen und leisten kann!

ERSTELLEN UND ORGANISIEREN SIE IHR NETZWERK!

Eine sorgfältige Analyse jedes erfolgreichen Menschen und jeder erfolgreichen Institution zeigt ein offensichtliches und ein undurchsichtiges Netzwerk, das zum Erfolg führt. Denken Sie an das fein verzweigte Netzwerk von Blutgefäßen, das unseren Körper durchzieht: Es reicht von kräftigen Arterien, die zum Herzen führen, bis zu winzigen Kapillargefäßen, die jede lebende Zelle versorgen. Ohne dieses Netzwerk könnte kein noch so großes und kräftiges Herz schlagen. In gleicher Weise zieht sich ein Netzwerk von Nerven vom Gehirn bis in jeden Muskel, um Reize zu empfangen und zu übermitteln. Ohne dieses unglaubliche Netzwerk könnte das Gehirn niemals seine Kontrollfunktion aufrechterhalten.

Unser Fernsehgottesdienst *Hour of Power* wird in ca. 200 Fernsehstationen an fast 90 Prozent der amerikanischen Haushalte ausgestrahlt. Wir nennen diese 200 Fernsehstationen unser Netzwerk.

Sendezeit ist teuer. Wir haben langsam, sicher und solide ein Netzwerk von 20.000 Spendern gewonnen und aufgebaut, die uns jedes Jahr 500 bis 1.000 Dollar zusichern, um uns bei der Bezahlung der Sendezeit zu helfen. Sie gehören zu unserem

„Eagles Club"[38]. Es ist unser grundlegendes finanzielles Netzwerk, ohne dass wir nicht erfolgreich sein könnten.

Knapp 2.000 Freiwillige unserer Kirche wurden angeworben, geschult und organisiert, um die Arbeit in unserer Gemeinde vor Ort zu verrichten. Sie bereiten Weihnachtsgeschenke für das Staatsgefängnis vor, halten die erste eingerichtete Telefonseelsorge für Selbstmordgefährdete rund um die Uhr aufrecht, sie beherbergen und beraten zahllose Menschen, die jedes Jahr zu unserer Kirche und ihren Einrichtungen kommen. Dies ist unser Netzwerk an Mitarbeitern, ohne die wir niemals erfolgreich sein könnten.

Was für ein Netzwerk von Freunden, Mitarbeitern, Geschäftsleuten brauchen Sie? Überlegen Sie! Denken Sie daran, die Führungsrolle als etwas Positives zu betrachten. Und denken Sie auch an die positive Einstellung gegenüber anderen Menschen. Beginnen Sie nun auf diesen soliden Fundamenten mit dem Aufbau Ihrer Organisation.

Fangen Sie klein an. Testen Sie Ihr System und merzen Sie Fehler aus, während Sie noch klein sind und Sie selbst noch die Kontrolle darüber haben. Wenn es sich zu bewähren scheint, entwickeln Sie es weiter. Denn, wenn der Erfolg sich einstellen soll, ist es an der Zeit, ein Netzwerk einzurichten.

BEREINIGEN SIE KONFLIKTE UND STREBEN SIE NACH HARMONIE!

Wenn Sie einmal wirklich erfolgreiche Menschen und Institutionen betrachten, wird Ihnen dabei eine Sache sehr schnell und deutlich auffallen: echte Harmonie. Der moralische Anspruch ist hoch und setzt ungeheure Energien frei, das heißt Antrieb, Produktivität! Begeisterung macht sich breit. Die Produktion läuft mit höchster Effizienz und bringt hervorragende Produkte und Leistungen hervor. Schlechte Qualität, Produktionsverzögerungen und minderwertige Leistungen sind Seltenheiten.

Sie sehen nun, wie wichtig es ist, folgende Übung beim Möglichkeitsdenken zu praktizieren: Bereinigen Sie Ihre Konflikte und streben Sie nach Harmonie.

---

38 Wörtlich „Club der Adler": einer der Spenderclubs, zu dem Zuschauer gehören, die Hour of Power mit einer monatlichen Spende (ab 50 Euro) unterstützen.

Beginnen Sie damit, Ihre inneren Konflikte aus dem Weg zu räumen - die Kämpfe, die Sie mit sich selbst führen, wenn Sie mit einem Wertekonflikt konfrontiert werden. Sie möchten gerne vorwärtskommen, aber Sie wissen auch, dass Sie damit ein paar Menschen verletzen werden. Stellen Sie unter allen Umständen sicher, dass Sie eine deutliche, zuverlässige und unnachgiebige moralische Sicht und ethische Grundsätze haben – richten Sie sich nach der Bibel! Erst dann sollten Sie Ihren Weg fortsetzen.

Es ist zwingend erforderlich, dass Sie sich von Ihren inneren Konflikten befreien und sich mit den unvermeidbaren Widersprüchen auseinandersetzen. Sollten Sie darauf verzichten, wird es Ihnen an Begeisterung und Antrieb fehlen, um erfolgreich zu sein. Die Leitung Ihres Projekts wird schwankend und unbeständig sein und unweigerlich zum Versagen führen. Positive Gebete um eine göttliche Führung sind absolut entscheidend! Seien Sie hart gegen sich selbst. Sie können nicht gleichzeitig Jäger und Beute sein, mit den Hunden jagen und mit den Hasen um Ihr Leben rennen.

An dieser Stelle wird der moralische Aspekt in Ihre Führungsrolle eingebracht. Sagen Sie „ja" zu dem, was richtig ist, „nein" zu dem, was falsch ist – und Sie werden Frieden in Ihrem Innern finden! Jetzt sind Sie stark genug, um äußere Konflikte anzupacken!

Machen Sie sich selbst nichts vor: Erfolg ohne Konflikte ist unrealistisch. Jedes Mal, wenn Sie etwas Bemerkenswertes leisten, wird jemand etwas daran auszusetzen haben. Und letzten Endes sind Sie ja auch nicht perfekt. Jedes Vorhaben hat auch seine Schattenseiten. Sie können sicher sein, dass jedes Mal, wenn Sie sich ein neues Ziel setzen, auch Spannungen auftreten werden. Und jede noch so gute Idee hat einen Haken. Also stellen Sie sich auf Konflikte ein.

Bereinigen Sie Konflikte frühzeitig. Versuchen Sie vorauszuahnen, wo und durch wen es zu Konflikten kommen kann, Enttäuschung oder Disharmonie auftreten kann. Bevor ich den nächsten Schritt wage, wende ich mich an die klügsten und vertrauensvollsten Berater und Arbeitskollegen. Zusammen bestimmen wir, wie wir Konflikte vermeiden können! Konflikte löst man besser im Voraus als im Nachhinein.

BAUEN SIE WIDERSTÄNDE AB!

Wenn Konflikte nicht vermieden werden können, dann gilt es sie zu lösen. Zunächst sollten Sie versuchen, Ihre Feinde zu Ihren Freunden zu machen. Behandeln Sie die Gegenseite mit Würde. Menschen, die andere Menschen gering schätzen, sind selbst gering zu schätzen und werden nur wenig erreichen.

Jahrelang habe ich in meinen Vorstandsversammlungen versucht, immer einen einstimmigen Konsens zu erzielen. Als Vorstandsvorsitzender respektierte ich gegenteilige Meinungen. Ich versuchte, Zugang zu der stillen Person zu bekommen, die ihre ganz persönliche Ablehnung durch ihr Schweigen zum Ausdruck brachte. „John", sagte ich höflich, „ich spüre, dass du Einwände hast. Vielleicht denkst du an etwas, dass wir eventuell übersehen haben?" Eine offene Diskussion führte zu einer Lösung. „Haben wir deine Bedenken beseitigt, John? Bist du bereit, mit uns darüber abzustimmen? Wenn nicht, dann lass uns mit der Entscheidung bis zur nächsten Versammlung warten, lass uns einen annehmbaren Kompromiss finden. Es ist wichtig, dass alle mit Begeisterung an diesem neuen Projekt beteiligt sind!"

Denken Sie daran:

* *Wer **fordert**, muss mit Widerstand rechnen.*
* *Wer **aufgibt**, muss mit Gleichgültigkeit rechnen.*
* *Wer sich **einsetzt**, kann mit Hilfe rechnen!*

Deshalb zollen Sie Ihrem Gegenüber Anerkennung! Er liegt vielleicht falsch, aber trotzdem hat er teilweise Recht! Hören Sie zu und lernen Sie. Lösen Sie die Probleme lieber eindeutig, gründlich und unter vier Augen, als die Spannungspunkte zu ignorieren und später einen hohen Preis dafür zu bezahlen.

Kann jeder Widerstand abgebaut werden? Meistens schon. Also versuchen Sie es! Ist Ihr Gegenüber aber darauf aus, Ihrem Traum den Wind aus den Segeln zu nehmen, ihn zu vereiteln oder gar zu vernichten, sollten sie getrennte Wege gehen. Vielleicht müssen Sie auch den ersten Schritt machen. Gehen Sie den Konflikt freundlich, gerecht, offen und entschlossen an. Sie und Ihre Mitarbeiter werden sich wie befreit fühlen, wenn der Ursprung quer treibender Kräfte vollständig beseitigt wurde.

MINIMIEREN SIE IHRE RISIKEN!

Wenn Sie die inneren und äußeren Konflikte gelöst und den Widerstand konstruktiv abgebaut haben, haben Sie es noch immer nicht ganz geschafft. Möglicherweise gibt es noch andere Risiken, die berücksichtigt werden müssen. Werden Sie ein Experte für die Reduzierung, Beseitigung und Neutralisierung von Risiken und Sie befinden sich auf dem Weg zu einem angesehenen Risiko-Manager.

Dies stellt eine echte Herausforderung für Ihr Möglichkeitsdenken dar! Denken Sie daran, dass Sie ein Realist sind; Sie wissen, dass jedes Vorhaben Risiken birgt. Doch lassen Sie sich von den Schwingen des Erfolgs tragen und niemals die Angst vor dem Versagen die Führungsrolle in Ihrem privaten oder beruflichen Leben übernehmen. Risiken stellen Herausforderungen dar, denen man sich stellen muss. Es bleibt kein Platz für Entschuldigungen, um auszusteigen oder aufzugeben!

Dennoch würde ich nie auf die Idee kommen, mit meinem Auto zu fahren, ohne einen Ersatzreifen dabei zu haben, selbst wenn ich nur in meinen Wohnort fahre. Ich plädiere für Fallschirme, Notausstiege. Jedes Schiff, auf dem ich jemals war, hatte Rettungswesten und Rettungsboote. Bin ich deswegen negativ eingestellt? Nein, überhaupt nicht. Ich gehe nur sicher, dass ich überleben werde, wenn der schlimmste Fall eintreten sollte – damit ich von vorne beginnen kann. Mit dieser Einstellung bin ich bereits dabei sicherzugehen, dass eine Panne oder ein Versagen nichts Endgültiges sein muss!

Als wir uns die Crystal Cathedral vorstellten, wurden die Kosten dafür auf 10 Millionen Dollar eingeschätzt. Angesichts einer Inflationsrate von 30 Prozent in drei Jahren stiegen die geschätzten Kosten um 3 Millionen Dollar pro Jahr auf einen Endpreis von knapp 20 Millionen Dollar! Wir hatten mit dem Bau begonnen, ohne die Finanzierung vollständig auf die Beine gestellt zu haben. Wenn wir nicht schnellstens Bargeld aufbringen könnten, würde der Bau gestoppt werden. Die Banken schreckten davor zurück, ein Baudarlehen zu gewähren. Plötzlich, wie durch ein Wunder, bot uns eine führende kalifornische Bank ein langfristiges Baudarlehen in Höhe von 10 Millionen Dollar, für dessen Rückzahlung uns mehrere Jahre gewährt wurden. Ich war im Ausland, als der Vorstand meiner Kirche sich traf und dieses Angebot annahm.

Als man mich über das Telefon darüber informierte, fragte ich: „Wie hoch sind die Zinsen?"

Zwei Punkte über dem Leitzins, bei einem variablen Zinssatz", antwortete mein Controller. Der Leitzins liegt momentan bei 9 Prozent, das macht dann einen Zinssatz von 11 Prozent."

Ich rechnete mir rasch aus, dass das eine finanzielle Belastung von 1 Million Dollar pro Jahr, allein an Zinsen, wäre! Und die Zinsen konnten steigen! Dieses Angebot anzunehmen, würde unser Risiko erhöhen! „Damit kann und bin ich nicht einverstanden", sagte ich, „falls nötig, mache ich von meinem Vetorecht als Vorsitzender des Vorstandes Gebrauch. Wir können uns auf dieses Risiko nicht einlassen! Wir müssen einfach noch mehr Spenden sammeln, noch mehr Menschen von unserer Sache überzeugen!"

Gott sei Dank wurde diese Entscheidung einstimmig angenommen. Sie legte uns den Druck auf, Kapital zu beschaffen und bar zu zahlen. Das war unser Glück, denn zwei Jahre später stiegen die Zinsen auf 21 Prozent! Unsere Zinsbelastungen wären somit auf 2,3 Millionen Dollar pro Jahr gestiegen. *Das* hätte die Crystal Cathedral in den Ruin getrieben!

Sie sind klug! Wenden Sie das Möglichkeitsdenken an und Sie werden Risiken vorausahnen und sie reduzieren. Letztlich wollen Sie ja nicht nur Ihren eigenen Weg gehen, sondern auch Erfolg haben!

ENTWICKELN SIE POSITIVE GEWOHNHEITEN!

Sie wollen wirklich von ganzem Herzen erfolgreich sein oder? Sie wünschen sich ungeduldig, Ihren Traum zu verwirklichen? Dieses Vorhaben muss ein Erfolg werden! Ihre Entschlossenheit, Ihr Ziel zu erreichen, gleicht einem Vulkan, der darauf wartet, mit ungeheurer Energie auszubrechen. Sie haben mehr als ausreichend Ressourcen, um Ihren Berg zu überwinden!

Dann sollten Sie auch auf Folgendes achten: Prüfen Sie Ihre Gewohnheiten. Sie haben richtig gehört, Ihre persönlichen Gewohnheiten. Wir alle haben sie. Der Mensch ist ein Gewohnheitstier. Daran ist nichts auszusetzen. Tatsächlich können wir uns diese Tatsache sogar zunutze machen und damit einen ungeheuren Beitrag zu unserem Durchhaltevermögen leisten.

Worauf es ankommt, ist: Sind es positive oder negative Gewohnheiten? „Gemischt", sagen Sie. Natürlich! Also lassen Sie uns an die Arbeit gehen und die guten von den schlechten trennen. Prüfen Sie Ihre Gewohnheiten bezüglich Essen, Arbeit, Sex, Lesen und Entspannen. Ich brauche Ihnen da wohl keine Moralpredigten zu halten oder? Ich denke, Sie sind intelligent genug, so dass ich Ihnen nicht sagen muss, was richtig und was falsch ist. Meine Aufgabe besteht darin, Sie auf die positiven Möglichkeiten Ihrer positiven Gewohnheiten aufmerksam zu machen!

Wäre ich nicht dazu motiviert worden, die negative Gewohnheit des Rauchens aus meinem Leben zu verbannen, wäre ich vielleicht an Lungenkrebs gestorben. Ich vollzog die Trauung von Glenn Ford in seinem Haus in Beverly Hills. Jimmy Stewart, Frank Sinatra, John Wayne, Bill Holden, der Bräutigam und ich saßen zusammen und waren in ein Gespräch vertieft. Frank Sinatra zündete sich eine Zigarette an. „Wann hörst du endlich mit dem Rauchen auf, Frank?", brummelte John Wayne.

„Wann hast du aufgehört, Duke?", entgegnete „Ol' Blue Eyes"[39].

„Als ich mich entschloss zu leben, statt zu rauchen!"

Ich war Mitte vierzig, als ein Kirchenmitglied mir liebevoll einen Finger in meine leicht füllige Mitte drückte und meinte: „Pastor Schuller, Sie sind immer noch jung genug, um einen möglicherweise tödlichen Fehler zu korrigieren!" Er bot mir an, mir dabei zu helfen. Nachdem ich regelmäßig gejoggt bin, habe ich erst bemerkt, dass ich eine *positive* Gewohnheit entwickelt hatte. Ich kann nicht damit aufhören! Es ist wie eine Sucht! Ich weiß nicht, wie oft ich meinen Geist schon durch das Joggen reinigen konnte, so dass er frei für kreative Ideen wurde, die mir zum Erfolg verholfen haben!

Entwickeln Sie positive Gewohnheiten, denn negative Gewohnheiten werden Sie zerstören, wie wir es schon so oft erleben mussten.

Er war auf dem Weg an die Spitze. Er war entschlossen, bereit, verfügte über gute Kontakte. Was für ein Netzwerk an Beziehungen er hatte. Irgendwann wurde er zuerst freisinnig,

39 Spitzname von Frank Sinatra, da er bemerkenswert blaue Augen hatte.

dann hochmütig, schließlich gleichgültig, was die Art und Weise der Befriedigung seiner sexuellen Bedürfnisse anbelangte. Gerüchte kursierten, er sei ein Frauenheld – nicht gerade das richtige Bild für einen Mann, der bald im Chefsessel sitzen soll. Er stritt jegliche Anschuldigungen ab, doch der Skandal ließ sich nicht mehr aufhalten. Seine Karriere war über Nacht zu Ende. Er hat sich als schlechter Geschäftsmann erwiesen und sich auf einen kläglichen Handel eingelassen.

Dann gibt es noch den super erfolgreichen Zeitgenossen, der zu jung starb. In den Zeitungen stand, dass er an einer Lungenentzündung gestorben sei. Ein paar von uns kannten ihn (und haben in unseren Bemühungen versagt, ihn von seinen negativen Gewohnheiten zu befreien) und wissen, dass er an AIDS gestorben ist.

Ich werde wohl nie genau wissen, wie viel meine glückliche Ehe zu meinem Erfolg beigetragen hat. Unser ganzes Leben lang hatten wir immer geschützten Sex, indem wir uns an den Grundsatz hielten, keinen Sex vor oder außerhalb der Ehe zu haben. Verletzen Sie niemals Ihre Treue mit einer Affäre oder einem einzigen Abenteuer. Dann sind Sie wirklich vor Krankheiten und geistigen Ablenkungen bei der Arbeit und vor Erpressung geschützt. Und was resultiert daraus? Positive sexuelle Gewohnheiten, die unermesslich zum Erfolg beitragen! Sie halten das für eine altmodische Ansicht? Nun, meine Ansichten sind althergebracht, nicht altmodisch, das heißt, dass Werte, die der Prüfung durch die Zeit standhalten, letztlich richtig sein müssen.

In Ordnung - nun sind Sie an der Reihe. Nutzen Sie Ihr Möglichkeitsdenken, um negative Gewohnheiten, die Sie in eine Sackgasse führen könnten, aufzudecken und auszusondern.

Entwickeln Sie anschließend positive Gewohnheiten. Und so geht's:

1. *Säen Sie ein Gebet; ernten Sie eine Idee.*
2. *Säen Sie die Idee; ernten Sie eine Handlung.*
3. *Säen Sie die Handlung; ernten Sie eine Gewohnheit.*
4. *Säen Sie die Gewohnheit; ernten Sie das Ansehen.*
5. *Säen Sie das Ansehen; ernten Sie ein Schicksal!*

BRINGEN SIE IHRE PLÄNE ZU ENDE!

Im Erfolgsprozess sind Sie nun bereit, die Vorbereitungsphase abzuschließen und zur Startphase überzugehen. Sie sind der Pilot. Das Flugzeug befindet sich auf der Rollbahn und wartet auf die Startfreigabe vom Tower. Gehen Sie noch einmal die Check-Liste durch:

1. *Haben Sie einen Flugplan erstellt? Wissen Sie, welches Ziel Sie ansteuern?*
2. *Wissen Sie, wie Sie zu diesem Ziel gelangen?*
3. *Sind Sie in der Verfassung, um „abzuheben"? Haben Sie einen klaren Kopf? Sind Sie gut ausgeruht?*
4. *Sind Sie auf Probleme vorbereitet? Haben Sie Ideen, wie Sie mit ihnen umgehen sollen?*
5. *Haben Sie die Wettervorhersage geprüft? Herrschen momentan die richtigen Witterungsbedingungen für Ihren Start? Oder wäre es klüger, damit noch zu warten?*
6. *Überprüfen Sie Ihre vorbereiteten Pläne noch einmal. Denken Sie daran: 1. Kontrolle – 2. Kontrolle – 3. Kontrolle. Halten Sie sich an das alte russische Sprichwort: „Es ist besser, mit dreierlei Maß zu messen, als einmal zu schneiden!"*
7. *Alles klar zum Start? Dann los!* **„Lassen Sie sich nicht gehen, sondern gehen Sie"**, *wie mein in Möglichkeiten denkender Sohn Robert Anthony zu sagen pflegt.*

FORMULIEREN SIE IHRE ERWARTUNGEN!

Nun ist es an der Zeit, den Kopfsprung zu wagen. Ihre Erwartungen haben Gestalt angenommen. Fehlschläge resultieren oft aus einem Wirrwarr an Erwartungen. Sie sehen Ihren Traum deutlich vor Ihrem inneren Auge. Sie haben Ihre oberste Priorität auf Ihre Ziele gesetzt. Sie haben unglaublich viel Vorarbeit geleistet, um alles abzusichern. Nun ist es an der Zeit, nicht nur positiv zu denken, sondern auch positiv zu sprechen.

Machen Sie die Neuigkeiten publik. Führen Sie eine Pressekonferenz durch. Schalten Sie eine Anzeige in der Zeitung. Holen Sie Ihren Traum aus dem Dunkeln hervor und stellen Sie ihn ins Rampenlicht. Dies ist der Augenblick, für den Sie gebetet haben, von dem Sie geträumt haben, für den Sie studiert und sich vorbereitet haben! Sie stehen auf der Bühne. Es ist nun an Ihnen, zu sprechen. Dieser Augenblick hat einen Namen: *persönliche Verpflichtung!* Sie kündigen an, zu heiraten. Sie unterzeichnen einen Mietvertrag für ein Geschäft. Sie stellen einen Antrag und legen Ihren nicht zurückzahlbaren Scheck auf den Tisch. An diesem Punkt gibt es kein Zurück! Verspüren Sie jetzt Angst? Nein! Aufregung! Denn morgen werden die Leute über Sie reden.

Und dann erleben Sie Überraschungen: Glückwunschkarten, Anrufe, Glückwünsche von Menschen, von denen Sie nie eine Unterstützung erwartet hätten! Stärke und Zuspruch kommen von unerwarteter Seite. Wie aus dem Nichts kommen Menschen auf Sie zu! Sind Sie jetzt überrascht? Die Leute warten darauf, dass ein Mensch auftaucht, der die Führungsrolle übernimmt, ihnen ein Produkt, eine Dienstleistung, einen Traum anbietet, der sie begeistert. Sie sehen erst, wie viele Vögel in Ihrer Nachbarschaft leben, wenn Sie die Futterhäuschen aufstellen. Sie wissen erst, wie viele Freunde Sie dort draußen haben, wenn Sie „Ihren Traum fliegen lassen"!

Ich gratuliere Ihnen! Ich bin stolz auf Sie. Und jetzt? Nun, Sie haben der Öffentlichkeit Ihr Wort gegeben – das ist schon was. Jetzt müssen Sie Integrität beweisen. Sie müssen sich nun voll und ganz Ihrer Aufgabe widmen. Es ist unglaublich, wie viel Energie durch persönliche Verpflichtungen freigesetzt wird!

VERWIRKLICHEN SIE IHRE TRÄUME!

Jetzt sind Sie auf dem richtigen Weg. Der Erfolg wartet bereits auf Sie. Er wartet, um zu sehen, ob Sie den Weg auch bis zum Ende folgen. Also bleiben Sie dran, zahlen Sie auch weiter den Preis in Form von persönlichen Opfern, die Sie zur Verwirklichung Ihres Traumes bringen müssen. An diesem Punkt angelangt, können nur noch Sie Ihren Traum zerstören. Ihr Traum hat jetzt ein Eigenleben entwickelt. Nur Sie können den Traum noch töten. Andere Leute frustrieren Sie vielleicht; das war zu erwarten. Neidische und kurzsichtige Menschen können Sie behindern. Aber nur eine Person hat die Befugnis, den Totenschein für Ihren von Gott gegebenen Traum auszustellen – und das sind Sie! An diesem Punkt haben Sie aber bereits zu viel investiert, vor allem Ihre Glaubwürdigkeit und Integrität. Sie können also nicht mehr aufgeben.

„Ich habe einen Traum". Erinnern Sie sich an diese Worte? Dr. Martin Luther King, Jr. äußerte diese berühmten Worte. Seine Frau Coretta Scott King erzählte mir einmal in der Crystal Cathedral, dass Martin sich selbst des gefährlichen Weges bewusst war, den er beschritt. Dennoch glaubte er, dass er seine Verpflichtung gegenüber dem Herrn und seinen Mitmenschen im Namen Jesu Christi eingegangen war. Ihm war bewusst, dass Menschen, die diese Verpflichtung eingegangen waren, für gewöhnlich geopfert wurden.

Und auch er wurde getötet. Aber das bedeutete nicht das Ende für die Bewegung! *Denn Erfolg endet niemals!*

Was war das Geheimnis seines Erfolgs? Seine hundertprozentige Verpflichtung, diesen Traum zu verwirklichen – egal, welchen Preis er dafür zahlen müsste. „Indem man sich einer Sache voll und ganz widmet und sich hundertprozentig dazu verpflichtet, inspiriert man viele Menschen und damit bewirkt man, dass eine Veränderung im Leben der Menschen stattfindet", meinte Coretta.

Nur wenige Einladungen zu predigen oder eine Rede zu halten, stellten eine größere Ehre für mich dar, als die Bitte von Coretta Scott King im Januar 1987 anlässlich des Geburtstages ihres verstorbenen Mannes in der Ebenezer Baptistenkirche in Atlanta eine Predigt zu halten. „Man könnte Martin Luther King, Jr., einen Möglichkeitsdenker nennen, der wusste, wie man seinen Traum verwirklicht", sagte ich. „Wie verwirklichen Sie Ihre Träume?" fragte ich diese angesehene Gemeinde.

„Ich bin!"

„Ich kann!"

„Ich werde!"

„Nur mit dieser Einstellung sind Sie auf dem richtigen Weg!", sagte ich.

„*Ich bin.* Ich bin ein Kind Gottes. Ich bin ein Freund von Jesus Christus. Ich kann vielleicht nicht lesen und schreiben oder habe keine Ausbildung genossen, aber ich bin jemand! Gott kann mir Seine Träume schicken, damit ich sie ausführe und erfülle, und ich glaube, dass Er das auch getan hat! Ich bin Gottes Chance, ihn zu verwirklichen. Fragen Sie mich nicht, warum Gott so oft die Unwissenden, Unentdeckten wählt, um etwas Unmögliches zu ermöglichen! Er wählte ein Bauernmädchen aus Nazareth, das Jesus gebären sollte. Ein anderes Bauernmädchen aus Jugoslawien wurde als Mutter Teresa bekannt. Es finden sich unzählige Beispiele in der Geschichte."

„Wann begann Ihr Traum?", fragte ich Coretta Scott King.

Sie antwortete: „Während ich das Antioch College besuchte, das von Horace Mann gegründet wurde, hörte ich ein Zitat, das mich tief bewegte und motivierte. Horace Mann sagte zu seiner ersten Klasse, die er Ende der 50er Jahre im 19. Jahrhundert im Antioch College durchs Examen führte: ‚Schämen Sie sich zu sterben, bevor Sie einen Sieg für die Menschheit errungen haben.'"

Es gibt also keine großen Leute – die so genannten großen Leute haben lediglich auf Ihren leidenschaftlichen Traum gehört, ihn gelebt und sind oft für ihn gestorben.

„Ich kann!"

„Wenn ich Gottes Chance bin, seinen Traum zu verwirklichen, dann kann ich! Denn Er ist mehr am Erfolg dieser göttlichen Möglichkeit interessiert als ich! Und Gott, der diese wunderbare Arbeit in mir begonnen hat, wird sie auch zu Ende bringen! Deshalb kann ich durch Christus, der mir die Stärke gibt, diese wunderbare Sache vollbringen."

„Ich werde!"

„Ich bin! Ich kann! Ich werde meinen Traum verwirklichen."

„Ich werde energisch vorwärtsschreiten."

„Ich werde meinen Traum zu Ende bringen."

„Ich werde alle Probleme lösen."

„Ich werde den Preis dafür zahlen."

„Ich werde meinen Traum niemals im Stich lassen, bis ich sehe, wie mein Traum voller Eigenleben mich verlässt: munter, lebendig, vollbracht!"

MAXIMIEREN SIE IHRE ERGEBNISSE!

Erinnern Sie sich an Stufe Zehn eines Traumes? Sie sind jetzt dort angekommen, an einem gefährlichen Punkt. „Das *ist* darf niemals das *sollte* einholen", lehrte der weise Dr. Victor Frankl. Ich habe ein Buch über dieses Thema geschrieben: *The Peek-To-Peak Principle*[40]. Stoppen Sie nicht, wenn Sie erst einmal die Spitze des Berges erreicht haben! Stoppen Sie nicht, bis nicht

---

40 In etwa: *Das Prinzip, Richtung Gipfel zu blicken.*

jeder Hungernde auf der Welt etwas zu essen hat, jeder Weinende getröstet wurde, jeder Deprimierte wieder lachen kann, jeder Mutlose wieder Mut fast und jeder Lethargische wieder motiviert ist. Hören Sie nicht auf, Ihre Möglichkeiten auszuschöpfen. *„Denn wem viel gegeben ist, bei dem wird man viel suchen"*, lehrte Jesus (Lukas 12, 48). Der Erfolg bringt eine wunderbare große Verpflichtung mit sich, nämlich diese neue Kraft als Hebel dazu zu benutzen, die Welt ein Stückchen näher zu Gott zu bringen! Jetzt ist nicht die richtige Zeit, sich in seinem Ruhm zu sonnen, sich zurückzulehnen oder Dinge auf die lange Bank zu schieben, sondern es gilt, den Erfolg einem höheren Ziel zu widmen.

Sie verfügen nun über eine Machtbasis. Nutzen Sie sie! Jetzt haben Sie Einfluss. Machen Sie ihn sich zunutze! Jetzt haben Sie Erfolg. Teilen Sie ihn! Auf dem Gipfel des Berges angekommen, lassen Sie Ihren Blick in die Ferne schweifen – in Richtung einer neuen Vision, eines neuen Traumes, eines noch höheren Zieles! Bleiben Sie am Gipfel nicht stehen!

BILDEN SIE KOLONIEN IHRER ERFOLGE!

Wohin geht es nun vom Gipfel aus? Nutzen Sie Ihre Basis nun als Abschussrampe! Als wir mit unserem Fernsehgottesdienst 1970 und 1971 Erfolge erzielten, weiteten wir unsere Fernsehübertragungen auf New York, Chicago und Philadelphia aus. Nach fünf Jahren errichteten wir noch mehr „Kolonien" in zwölf weiteren Städten. Wir expandierten immer erst, wenn die neuen Kolonien vollständig autark waren. Wir erlagen niemals der Versuchung, uns Geld zu leihen, damit wir noch schneller expandieren konnten!

Wenn Sie erfolgreich waren, dann bilden Sie Kolonien Ihres Erfolgs. Wenn Sie jetzt an dem Punkt, den Sie erreicht haben, stehen bleiben, wenn Sie nicht weiterhin wachsen, dann beginnen Sie zu sterben.

Erbauen Sie neue Siedlungen für Ihren Erfolg! Wenn sie Erfolg hatten, dann bauen Sie darauf auf. Nutzen Sie Ihren Erfolg in kleinem Maße, um ihn vorsichtig weiter auszubreiten. Gehen Sie dabei nicht zu schnell vor, aber auch nicht zu langsam!

Die Geschäftswelt und die Wall Street waren erstaunt über das Wachstum eines Unternehmens namens Wal-Mart. Wal-

Mart ist ein Discounter, der 1962 sein erstes Geschäft in Arkansas eröffnete. Als das Unternehmen 1970 an die Börse ging, konnte man 100 Aktien für 1.650 Dollar kaufen. Heute haben Sie einen Wert von 700.000 Dollar erreicht.

Der Gründer und Vorsitzende, Sam Walton, hat aus seinem Erfolg in solchem Maß Kapital geschlagen, dass das *Time Magazine* ihn im Mai 1987 als „Amerikas reichsten Mann" bezeichnete.

Dennoch lebte Sam Walton bescheiden, er fuhr einen Ford Pickup, brachte seinen Lagerarbeitern Donuts vorbei oder half einem Buchhalter einen Barscheck zu bewilligen.

Wal-Mart eröffnete seinen ersten Laden 1962. Sam Walton machte sich die Grundsätze zunutze, die sein Geschäft erfolgreich gemacht hatten und brachte diese wiederum in neue Geschäfte ein, bis er eine Kette im ganzen Land aufgebaut hatte und sein Unternehmen der größte Einzelhandel der USA wurde.

Er hat es geschafft, weil er den Leuten das gegeben hat, was Sie wollten: niedrige Preise ohne Extras. 1988 beschäftigte er 151.000 Angestellte, mit denen er seine Ideen und Gewinne großzügig teilte. Viele großartige Ideen kamen aus den Reihen der einfachsten Angestellten. Und aufgrund dieser aufgeschlossenen Einstellung verändern die Geschäfte immer wieder tausende von kleinen Dingen, die am Ende einen himmelweiten Unterschied machen.

Sie waren also erfolgreich?! Dann profitieren Sie davon, indem Sie Ihren Profit wieder in das Unternehmen fließen lassen, um damit die Basis für weitere Expansion zu schaffen. Ihre Möglichkeiten sind unbegrenzt!

ERWECKEN SIE IHRE VORSTELLUNGSKRAFT NEU!

Mittlerweile sind Sie als Möglichkeitsdenker bereit, sich mit der Quelle der höchsten Kraft zu verbinden, die Ihren Erfolg weiterhin stimulieren und aufrechterhalten kann.

„Was ist das für eine Quelle?", fragen Sie. Darauf antworte ich mit einer langen Frage: Welche Macht auf der Welt:

- ❖ *Reist* schneller als das Licht?
- ❖ *Durchdringt* alle Barrieren, egal ob aus Stahl oder Granit?

❖ **Kennt keine** Zeit, weder Vergangenheit noch Zukunft und ermöglicht es dem Menschen, die Uhr um Jahrhunderte zurückzudrehen oder im Kalender bis zur Unendlichkeit vorzublättern?

❖ **Trägt** das menschliche Bewusstsein unverzüglich über Kontinente und Kulturen hinweg, um Geräusche zu hören, Bilder zu sehen, und exotische und berauschende Düfte zu riechen?

❖ **Liefert** uns schon jetzt einen verlockenden Blick auf die Ewigkeit und Unsterblichkeit, und enthüllt dabei die Möglichkeit, die höchste Lebendigkeit zu leben, ohne die Last eines Körpers mit sich tragen zu müssen?

❖ **Versorgt Menschen** mit einer Quelle der Kreativität; befähigt ihn, ein Meisterwerk zu malen; Noten aneinander zu reihen, Töne und Melodien zu schaffen, bis ein musikalisches Meisterwerk daraus entsteht; erfasst Träume, die sich in den Köpfen durchschnittlicher Menschen jeden Alters befinden, bis einer von ihnen von seinem Traum ergriffen und festgehalten wird, und sich ein fantastisches Ziel setzt, ein aufregendes und leidenschaftliches Projekt startet?

❖ **Programmiert Daten** in unser Unterbewusstsein, die bahnbrechende Lösungen für das berechnen, was für uns eine endgültige Sackgasse und ein unlösbares Problem zu sein scheint?

❖ **Verwandelt das Klima** in unserer Gesellschaft und trägt dazu bei, dass ein unbehagliches, angespanntes, unangenehmes emotionales Umfeld plötzlich entspannt, leicht und angenehm ist?

❖ **Schärft** die Aufmerksamkeit des Menschen, richtet sie zielgenau aus - bis der Basketball im Korb landet, der Baseball eine nahezu unglaubliche Kurve beschreibt, der Football mit einem perfekten Kick nach oben durch die Torpfosten fliegt?

❖ **Verbindet innere Widersprüche kreativ**, bis unüberbrückbare Differenzen überraschend durch konstruktive Kompromisse überwunden werden?

Was ist das für eine Kraft? Wie heißt diese unglaubliche Macht? Diese Macht entfacht ein kreatives Feuer in den Herzen der Möglichkeitsdenker und heißt: Imagination!

Und hat wirklich jeder Mensch, ungeachtet seines wirtschaftlichen oder gesellschaftlichen Status, Zugriff darauf? Die

Antwort lautet: ja. Ich könnte Ihnen unzählige Beispiele von ungebildeten Mitgliedern der entlegensten Stämme im Landesinneren von Neuguinea, im Südpazifik, im Herzen Afrikas, erzählen, die alle weder lesen noch schreiben konnten und trotzdem diese absolut unermessliche, ungeheure Macht erlebt und sich zunutze gemacht haben.

Nehmen Sie diese bemerkenswerte, wunderbare Gabe in Anspruch und Sie werden Dinge sehen können, bevor Sie geschehen. Das ist wahrlich eine göttliche Gabe. Möglicherweise ist das der eindrucksvollste Beweis für die Existenz Gottes und dass er durch uns Menschen konstruktiv und kreativ wirkt und lebt. Dies könnte den Beweis für die biblische Lehre darstellen, dass der Mensch das *Ebenbild* Gottes ist.

Das „Ebenbild Gottes in uns" ist meine Beschreibung für „Vorstellungskraft". Denn Vorstellungskraft ist das Stück Ebenbild von Gott in uns! Wie ein Fenster, das klar und sauber glänzt und einen deutlichen Blick auf den Horizont freigibt. Oder es kann auch mit einem Film bedeckt sein, der zunächst dünn ist; dann langsam und unbemerkt häuft sich eine dicke Schicht an Ablagerungen auf dem wehrlosen Glas, bis die funkelnde, spiegelnde Eigenschaft dieses Fensters der Seele, durch das Gott scheint, sich verdunkelt und trübe wird und das Bild verzerrt. Ermüdung, Frustration, Misserfolge und Ängste verschmutzen diese Scheibe, durch die Gott deutlich sein Programm für unser Leben projizieren möchte.

Deshalb beleben Sie Ihre Vorstellungskraft neu und ein verdunkelter Verstand wird wieder in Farbe erstrahlen. Und los geht's, Ton an, Energie, Begeisterung, Antrieb, Entschlossenheit, Eifer, Freude, Lebensfreude!

Was passiert, wenn Sie Ihre Vorstellungskraft neu belebt haben? Das Fenster ist nun geputzt. Die Scheiben sind klar, die Projektion deutlich zu erkennen. Plötzlich sind die Ängste verschwunden. Die Finsternis wurde abgewaschen. Die hell leuchtende Vision erscheint auf dem inneren Bildschirm des Verstandes. Eine unerklärliche Quelle übermächtiger Entschlossenheit, sich zu bemühen, und der Erfolg verleiht der menschlichen Motivation Energie. Sie sind auf Ihr Ziel eingeschworen. Niemand kann Sie jetzt mehr aufhalten. Sie haben eine deutliche Vorstellung. Sie haben ein unverwechselbares Bild des Traumes, den Gott für Ihr Leben entworfen hat. Sie fühlen sich in Ihre Jugend versetzt. Sie sind ein angehender Olympiakandidat. Sie sind ein aufstrebender Erfolgsmensch. „Pass auf, jetzt komme ich."

Imagination – was für ein unglaublicher Kanal unermesslicher geistiger Energie! Vorstellungskraft stellt den Audio- und Videokanal dar, den Gott nutzt, um mit uns zu sprechen, um Seine Träume in unser Bewusstsein zu schicken. Wenn Ihre Vorstellungskraft erst einmal eingeschaltet ist, dann leben Sie wirklich. Kein Stoff, keine Droge kann ein Hochgefühl hervorrufen, das mit diesem gesunden, heiligen Gefühl vergleichbar ist. Wenn Sie diese Vorstellungskraft ausschalten und zulassen, dass der Bildschirm schwarz wird, werden Sie plötzlich gelangweilt, lustlos und schrecklich anfällig für möglicherweise zerstörerische Reize sein, die Ihre innere emotionale Leere zu füllen und das Verlangen Ihres Herzens nach Aufregung zu befriedigen versuchen.

Erfolg? Erfolg stellt sich erst mit einer vollständigen Lebendigkeit ein, die nur durch eine neu erweckte Vorstellungskraft erzeugt wird. Der Bauunternehmer stellt sich vor, wie das Gebäude entsteht: mit Brunnen, Stahl, Glas, Rolltreppen und Fahrstühlen.

Der Schüler stellt sich den Tag seines Abschlusses vor, wenn er endlich sein Abschlusszeugnis in Händen hält.

Angehende Eltern stellen sich ein eigenes Heim vor. Sie sammeln Bilder aus Zeitschriften, sie blättern durch Möbelkataloge, schauen sich Ausstattungen für Kinderzimmer und Babykleidung an und stellen sich eine Familie vor.

Der Geschäftsmann stellt sich die Begeisterung in den Gesichtern seiner Kunden vor, die sein Produkt oder seine Dienstleistung kaufen wollen, weil es genau das ist, was sie brauchen.

Der Sprecher stellt sich sein Publikum in gespannter Aufmerksamkeit vor, das seine Ansprache förmlich aufsaugt und die Leistung mit einem Applaus würdigt.

Der Chirurg stellt sich vor, mit welcher Kunstfertigkeit und Anmut er den scharfen, zügigen Schnitt durchführt.

Der Lehrer stellt sich die Schüler als große, reife Erwachsene vor, die erfolgreich zum Wohle der Gesellschaft beitragen.

Der Autor stellt sich seinen Artikel gedruckt vor. Er sieht das Buch mit seinem Bild auf dem Umschlag. Er kann es nicht erwarten, zu schreiben zu beginnen.

Der Manager stellt sich die abwehrenden Gesichter von Arbeitern vor, deren Haltung sich ändert und die empfänglich, einladend und anerkennend werden und ihn als Kontrolleur akzeptieren.

Der Geldgeber stellt sich ein kleines Anfangskapital vor, das zuerst langsam, dann etwas schneller wächst, sich türmt, bis es schließlich mit unglaublicher Geschwindigkeit seine Ressourcen vervielfacht und sein Vermögen anschwillt – und er es sich leisten kann, die Freuden eines Philanthropen zu genießen!

Die Hochspringerin stellt sich ihren Körper vor, bei dem die Übung und Fitnessroutine Früchte trägt, bis der Spiegel ihr ein unglaubliches Profil zeigt. Nun stellt sie sich vor, wie sie schnell läuft, wie eine Gazelle, ein Windhund, ein Fuchs. Sie kann sehen, wie sie jede Hürde überwindet – hoch, höher – ohne dabei die Stange zu berühren. sie schafft einen neuen Rekord. Die Sensation wird durch das Läuten der Glocke verkündet. Der Applaus ist ohrenbetäubend. Sie hat es geschafft. Sie hat es wirklich geschafft.

Erfolg endet niemals und Versagen ist niemals endgültig für den, der weiß, wie er seine von Gott gegebene kreative Vorstellungskraft wiederbeleben und erneuern kann.

Doch wie erwecken wir die Vorstellungskraft neu? Es gibt viele Möglichkeiten. Lesen Sie in der Bibel oder lassen Sie sich durch Geschichten in Zeitschriften und auf den Sport- und Unternehmensseiten der Zeitung inspirieren. Beobachten Sie Ihre Umgebung und lernen Sie daraus, und Sie werden unzählige lebendige Beispiele großartiger und wunderbarer Errungenschaften sehen, die von Leuten wie Ihnen vollbracht wurden. Nutzen Sie die Inspiration Ihrer Erfolge für Ihre Vorstellungskraft!

Umgeben Sie sich jetzt mit diesen erfolgreichen Menschen und stellen Sie fest: Wenn Sie es geschafft haben, kann ich es auch!

Wie beleben Sie Ihre Vorstellungskraft neu? Ich stellte diese Frage einem überaus kreativen Freund. Seine Antwort lautete: „Meine Vorstellungskraft lebt wieder auf und wird erneuert, sobald ich mich mit Menschen identifiziere, die mich wirklich respektieren und mich aufbauen." Sie beleben also Ihre Vorstellungskraft von Neuem, indem Sie Ihre Beziehungen neu beleben. Umgeben Sie sich mit Möglichkeitsdenkern, die das Potenzial erkennen, das in Ihnen steckt und aufrichtig Ihre Werte bestätigen. Sobald Sie Ihre bestätigenden Komplimente erhalten und annehmen, beginnen Sie, auch an sich selbst zu glauben!

Beginnen Sie deshalb mit dem Wiederbeleben Ihrer Beziehung zu der einen Person, die Sie immer aufrichtet und niemals im Stich lässt: Jesus Christus! Beten Sie, schließen Sie einfach die Augen, sprechen Sie zu Ihm. Schweigen Sie und geben Sie Ihm die Möglichkeit, mit Ihnen zu sprechen. Stellen Sie Ihm einfache und ernsthafte Fragen. Sitzen Sie ruhig da und warten Sie auf Antworten. Geben Sie Ihm die Gelegenheit, ein Bild in Ihrer Vorstellung von wundervollen, heiligen, positiven Dingen zu malen. Es ist Sein Wunsch, dass Sie handeln und leben. Ergreifen Sie Seine Vision und halten Sie sie fest! Genießen Sie diese von Gott inspirierte und geheiligte Vorstellung. Laben Sie sich an dieser göttlichen Inspiration, die Realität werden kann und wird. Die Macht des Herrn offenbart sich durch Ihre Vorstellungskraft in Ihrem Leben! Niemand kann sagen, wie weit Sie nun gehen werden!

Ich glaube nicht an … Glück
Ich glaube an … Courage

… und die Wirkung
von Gebeten und Planung!

TEIL II

VERSAGEN IST NIE ENDGÜLTIG

VII. Wohin aus dem „Abseits"?

1985 stand ich in Mobile, Alabama, vor den talentiertesten, begabtesten und erfolgreichsten jungen Frauen des Landes. Sie nahmen hier an einem Schönheitswettbewerb, der Junior-Miss-Amerika-Wahl teil. Man hatte mich gebeten, ein paar Worte an die Teilnehmerinnen dieses Wettbewerbs zu richten. Sie kamen jeweils aus einem Bundesstaat der USA und repräsentierten die schönsten jungen Frauen unseres Landes.

Ich blickte in all die jungen, lieblichen Gesichter und fragte mich, wer wohl zur nächsten Junior Miss Amerika gewählt werden würde. Am nächsten Tag würden die Kameras und Zeitungen die Nachrichten über die Gewinnerin im ganzen Land verbreiten. Das Land würde sich an die Gewinnerin erinnern, aber was ist mit den Verliererinnen? Sie waren so weit gekommen, aber nur eine konnte gewinnen. Alle anderen standen nun im Abseits!

Ich war um alle besorgt, sowohl um die Verliererinnen, als auch um die Gewinnerin. Diejenigen, die keine Krone aufgesetzt bekamen, fühlen sich als Versagerinnen. Und die Gewinnerin trägt ihre Krone für ein Jahr, bevor sie sie an die nächste Gewinnerin abgeben wird. Dann wird auch sie im Abseits stehen! Wohin werden diese reizenden, begabten, ehrgeizigen jungen Frauen aus dem „Abseits" gehen? Werden Sie verbittert sein? Desillusioniert? Werden Sie so eingeschüchtert sein, dass sie es niemals wieder versuchen werden?

Ich hatte das Gefühl, dass es das beste Geschenk für diese Mädchen sei, wenn ich ihnen verdeutlichen würde, wer sie sind und was sie erreicht haben. Ich wollte ihnen die Bestätigung geben, dass sie alle etwas Besonderes sind.

Ich begann meine Rede mit folgenden Worten: „Morgen Abend wird nur ein Mädchen zur Junior Miss Amerika gekürt. Nur eine wird mit dem Titel nach Hause gehen. Nur eine wird die Krone tragen. Deshalb habe ich heute Abend eine Frage an euch, über die ihr sorgfältig nachdenken sollt. Die Frage lautet: ‚Wohin geht ihr aus dem Abseits?'"

„Viele Menschen haben aus dem einen oder anderen Grund das Gefühl, dass sie im Abseits stehen. Sie werden nicht zum Eintritt in einen Club aufgefordert. Oder sie bekommen keine Einladung zu einer Feier. Sie werden bei Beförderungen übergangen oder bei Auszeichnungen nicht berücksichtigt. Manche leben in einem erstklassigen Wohngebiet, andere nicht. Manche sind reich, andere arm. Manche haben alles, manche nichts. Jeder von uns befindet sich in irgendeiner Weise im Abseits bzw. hat keinen Zugang zu einem bestimmten Kreis. Morgen Abend wird eine Person zum Kreis der Gewinner gehören – der Rest von euch wird im Abseits stehen. Und solltet Ihr nicht zum Kreis der Gewinner gehören, sondern der Zutritt euch verwehrt werden, dann gehört ihr zu einem weit größeren Kreis: der Menschheit!

Im Buch Jesaja steht: *,Denn ihr sollt in Freuden ausziehen und im Frieden geleitet werden.'* (Jesaja 55, 12)"

Ich fuhr fort: „Wenn ihr nicht gewinnt, könnt ihr mit Freude nach Hause gehen und im Frieden geleitet werden, wenn ihr daran denkt, dass ihr alle Gewinner seid! Ihr seid alle erfolgreich! Denn die Wahrheit ist, dass selbst diejenigen, die es versucht haben, aber nicht erfolgreich waren, Gewinner sind.

Die Verlierer sind diejenigen, die nie einen Versuch gewagt haben, weil sie befürchten, dass der Erfolg sich nicht einstellen könnte. Viele Menschen scheitern, weil sie es nicht versucht haben. Und sie haben es nicht versucht, weil sie nicht riskieren wollten, enttäuscht zu werden. Diejenigen, die einen Versuch unternehmen, sind bereits in einem sehr wichtigen Bereich des Lebens erfolgreich, denn sie haben die Angst vor dem Versagen besiegt. Sobald man sich verpflichtet, beschließt voranzuschreiten und einen Versuch wagt, ist man ein Gewinner! Ihr habt nicht zugelassen, dass die Furcht vor einer möglichen Enttäuschung euch von dem Versuch, etwas Großes zu vollbringen, abgehalten hat.

Seit vielen Jahren habe ich folgende Worte an der Wand meines Büros hängen: *,Lieber versuche ich etwas Großes und versage, als gar nichts zu versuchen und darin erfolgreich zu sein!'*

Niemand, der es wirklich versucht hat, steht jemals wirklich im Abseits. Vielleicht habt ihr das Gefühl, im Abseits zu stehen. Vielleicht habt ihr das Gefühl, versagt zu haben. Möglicherweise seid ihr bitterlich enttäuscht und desillusioniert. Aber das sind

Täuschungen! In Wirklichkeit gehört ihr zum Kreis der Gewinner. Ihr gehört zur Elitegruppe der Menschen, die einen Versuch gewagt haben!

Diejenige, die den ersten Platz belegt, wird überrascht sein, wie rasch andere ihren Erfolg vergessen werden, außer sie erinnert sie daran. Ruhm ist vergänglich. Vermögen kann über Nacht verschwinden.

Das heißt, wir müssen alle lernen, unseren Abgang würdevoll zu gestalten. Meine Mutter hat mir, als ich noch ein kleiner Junge war, eine wichtige Lektion erteilt. Bevor ich ein Klavierstück vor Publikum spielte, sagte sie: ‚Hör zu, Robert, gestalte den Anfang schwungvoll und schließe dein Stück ruhmvoll ab. Auf diese Weise wird das Publikum deine Fehler im Mittelteil vergessen!' Lernt so zu leben, dass euer Abgang würdevoll ist."

Verschaffen Sie sich einen würdevollen Abgang!

Zu jedem Beginn eines jeden neuen Jahres veröffentlichen Zeitschriften und Zeitungen Listen, die zeigen, was angesagt ist und was nicht. Diese Listen sagen, welche Lebensmittel angesagt sind und welche nicht, welche Mode in ist und welche out, welche Entertainer oder Politiker angesagt sind und welche nicht.

Wie die Kandidatinnen des Schönheitswettbewerbs, Modedesigner, Entertainer und Politiker werden auch wir irgendwann einmal mit der Tatsache konfrontiert, dass wir abtreten müssen. Dann stehen wir plötzlich und unerwartet im Abseits!

❖ *Sie dachten, dass sich Ihre Karriere prächtig entwickeln würde, dass man Sie zum Vorsitzenden des Unternehmens berufen würde. Wie viele Jahre haben Sie der Firma geopfert? Und dann wird diese wichtige Entscheidung getroffen, jemanden von außen einzubringen und Sie werden übergangen. Sie wurden aufs Abstellgleis geschoben. Was nun?*

❖ *Sie waren sich Ihrer Marktprognosen so sicher und haben eine große Bestellung aufgegeben, die bereits im Lager eingetroffen ist. Doch plötzlich ändert sich der Trend, Ihre Mode kommt nicht mehr an und die Bestellungen bleiben aus. Das Produkt ist nicht mehr gefragt und Sie stehen im Abseits. Was nun?*

❖ *Sie haben einen Hit gelandet und sind berühmt geworden. Plötzlich aber bietet Ihnen niemand mehr einen anständigen*

179

Vertrag an, Sie werden nicht mehr gebucht, Sie erhalten kein großartiges Drehbuch mehr oder einen wirklich guten Song. Die Agenten reißen sich nicht mehr um Sie. Sie stehen im Aus. Was nun?

❖ *Ihr Lebenspartner hat Sie verlassen, ist gestorben oder die Scheidung steht bevor. Sie stehen nun allein da, allein im Abseits. Was nun?*

❖ *Ihre Zukunft war gesichert. Alles entwickelte sich wie geplant. Alles lief bestens. Dann bekamen Sie plötzlich unerwartet Schmerzen und der Besuch beim Arzt brachte die Diagnose: Krebs. Was nun?*

Jeder von uns steht irgendwann einmal im Abseits. Die Frage lautet aber nicht: *Werde ich abtreten müssen?* Sondern vielmehr: *Wie werde ich abtreten?*

Wie verhalten Sie sich, wenn Sie ins Abseits geraten, wenn Erfolg sich in Misserfolg verwandelt, Misserfolg in Erfolg, Gesundheit in Krankheit, wenn man vom Arbeiter zum Rentner wird, die Ehe geschieden wird und man wieder alleine ist, wenn Sie sterben? Ausschlaggebend ist nur, wie Sie sich auf Ihren Abgang einstellen, denn er wird einen Einfluss auf Ihren Ruf haben, sowie darauf, ob Sie den Rest Ihres Weges genießen werden.

Viele treten mit Verbitterung, Wut, Leid, Schmerz und Selbstmitleid ab. Sie beneiden diejenigen, die noch „im Rennen" sind. Sie hinterlassen einen schlechten Eindruck, da Sie sich selbst in eine schwache Position gebracht haben.

Auf der anderen Seite gibt es Menschen, die mit *Freude* abtreten! Diese Menschen verwandeln ihren Abgang in einen Auftritt. Sie handeln eher von einer starken Position aus, weil sie sich einfach eine positive Einstellung zu ihrem „Misserfolg" oder ihrem Abgang angeeignet haben.

Als Pastor und Ratgeber habe ich es mir zur Aufgabe gemacht, die Menschen zu studieren. Ich habe Menschen gesehen, die von einer Tragödie bezwungen wurden, während ich gleichzeitig auch Menschen gesehen habe, die ihre Tragödie bezwungen haben. Sie haben sich von ihrer Tragödie nicht besiegen lassen, sondern sind siegreich daraus hervorgegangen. Ich habe Superstars beraten, deren märchenhafte Karriere ein jähes Ende fand. „Mir wurde gesagt, dass meine Filme nicht mehr ankommen würden." Manche sind mit Würde abgetreten, andere verfielen dem Alkohol.

Ich habe Farmer in meiner Heimatstadt beraten, die ihre Farmen verloren haben. Die Versteigerung ihres Besitzes war für sie sehr schmerzhaft. Denn das Land und die Gebäude wurden seit Generationen weitervererbt und stammten von ihren Urgroßvätern, die aus Europa eingewandert waren. Jetzt haben sie nichts mehr. Der neue Besitzer wird in das Grundbuch eingetragen und die Schlüssel werden ausgehändigt.

Sie stehen im Abseits? Sie wurden gefeuert? Sie sind geschieden? Sie leben getrennt? Sie sind vom Weg abgekommen? Sie stehen im Abseits! Sie haben den Tod vor Augen? Sie sind bankrott? Sie haben Ihren Pachtvertrag verloren? Die Situation auf dem Markt hat sich plötzlich verändert? In unserem Leben auf Erden gibt es so viele Situationen, in denen man abtreten muss oder plötzlich im Abseits steht.

Denken Sie daran: *Erfolg endet niemals; Fehlschläge sind niemals endgültig!* Heilung kann und muss in zwei Stufen gefunden werden. Stufe Eins ist die Schadenskontrolle. Stufe Zwei besteht in der Erneuerung und Erholung.

STUFE EINS: SCHADENSKONTROLLE

Sie stehen im Abseits! Sie sind erschüttert, dass ausgerechnet Ihnen so etwas passiert ist. Sie sind überrascht, dass Sie es, wenn auch nur mit Mühe und Not, überstanden haben. Hätte irgendjemand Ihnen gesagt, dass Sie so etwas durchleiden müssen, hätten Sie es nicht geglaubt. Und hätte man Ihnen gesagt, dass Sie das durchstehen würden, hätten Sie es ebenfalls nicht geglaubt!

Sie wurden verletzt, wie noch nie zuvor!

Lernen Sie Ihre Lektion von denen, die eine Menge Erfahrungen beim Ertragen, Tolerieren und Akzeptieren von Schmerzen gesammelt haben. Doch wie haben diese Menschen es geschafft, dass ihr Lebensgeist nicht verschwunden ist? Sie sind in die Offensive gegangen und haben sich für die Schadenskontrolle entschieden. Jetzt geht es darum, den Schaden einzugrenzen und die sich rasch ausbreitenden Probleme unter Kontrolle zu bringen.

Lernen Sie von denen, die viele Narben davon getragen haben. Wie haben sie es überstanden? Was können sie Ihnen raten?

1. **Den Humor bewahren.** *Es ist kein Sakrileg bei einer Beerdigung zu lachen! Im Gegenteil: Es kann die ungeheure Spannung lösen. Bestatter, Ärzte, Pastoren und Soldaten haben alle gelernt, zu lachen, weil der Kummer sie sonst töten würde! Humor und Lachen sind wichtig. Also lernen Sie wieder zu lachen!*

2. **Nehmen Sie Trost an.** *Sie sollten davon absehen, Beileidsbekundungen und Zusprüche von wohlgesonnenen Menschen zurückzuweisen. Sie brauchen diese „Streicheleinheiten". Nehmen Sie sie an.*

3. **Suchen Sie die Nähe Ihrer Familie und Freunde.** *Sie werden Ihnen helfen. Seien Sie kooperativ. Ihre „Leute" lieben Sie aufrichtig. Denken Sie daran: Hoffnung ist nicht die Abwesenheit von Leid, sondern das Leben in Anwesenheit von Liebe!*

4. **Strengen Sie sich an, um Ihr Leben zusammenzuhalten.** *Seien Sie umsichtig. Kummer kann Ihr Leben zerstören! Ich habe erlebt, wie ein junges Paar am Tod ihres Kindes zerbrach und ihre Ehe zerstört wurde. Ich kannte eine Führungskraft, die aufgrund eines konzerninternen Machtspiels entlassen wurde. Plötzlich fehlte eine Speiche im Rad des Lebens. Seine Einstellung war negativ. „Was zum …!" Durch seine Wut verlor er auch die restlichen Speichen seines Lebensrades: seine Frau, seine Familie, seine Gesundheit, seinen Glauben! „Moment einmal", versuchte ich vergebens einzuwenden. „Sie sind auf jede Ihrer verbleibenden Speichen angewiesen! Es sind noch genügend Speichen in Ihrem Schicksalsrad verblieben, um loszufahren und eine Reparaturwerkstatt zu finden. Lassen Sie uns den Schaden erst einmal genau ansehen. Achten Sie auf Ihre verbliebenen Speichen! Machen Sie sie sich zunutze."*

Wenn Sie plötzlich im Abseits stehen, brauchen Sie Ihren Sinn für Humor!

Wenn Sie Ihrer Situation dennoch etwas Komisches abgewinnen können, tragen Sie Ihren Verlust mit Würde.

Als meine Frau Arvella sich aufgrund einer Krebserkrankung ihre Brust amputieren lassen musste und meine Tochter Carol bei einem Motorradunfall ihr Bein verloren hat, trugen sie beide ihr Schicksal mit Humor. Eines Tages schilderten beide lachend, wie sie an diesem Tag ihre Einkäufe erledigt hatten. Es ist ja an sich nichts Ungewöhnliches, dass Mutter und Tochter gemeinsam einkaufen gehen. Seltener kommt es jedoch vor, dass beide denselben Laden für Ihre „Ersatzteile" aufsuchen. Arvella und Carol verbrachten den Tag damit, sich neu ausstaffieren zu lassen – nicht mit Kleidung, sondern mit Prothesen! Darüber machten die beiden einige Witze, die außerordentlich heilsam waren. Unterschätzen Sie also nie die Macht des Lachens und des Humors.

Henry Viscardi weiß, wie viel Heilung Liebe und Lachen spenden können, wenn man sich im Abseits befindet. Henry wurde 1912 in New York City als Sohn von Einwanderern geboren. Er kam ohne Beine auf die Welt und musste die ersten Jahre seines Lebens überwiegend im Krankenhaus verbringen. Erst im Alter von 27 Jahren erhielt er Prothesen, mit denen er gehen konnte. Aber wie war sein Leben bis dahin verlaufen!

Er wurde eine der angesehensten Persönlichkeiten in den Bereichen Wiedereingliederung und Pädagogik. Er widmete sein Leben den Schwerbehinderten und kümmerte sich darum, dass sie die Chance erhielten, ihre Fähigkeiten und Möglichkeiten voll auszuschöpfen. Viscardi glaubte, dass ein lebender Beweis die größte Überzeugungskraft besitzt.

1952 gründete Henry das international renommierte Human Resources Center in Elbertson, Long Island. Durch die Forschungs- und Schulungsinstitute, Abilities Inc. und Human Resources School, hat er der Welt bewiesen, dass Behinderte vollständig in jeden Aspekt des Lebens integriert werden können.

Henry hat jeden amerikanischen Präsidenten, von Franklin Roosevelt bis Ronald Reagan, beraten und erhielt zahlreiche Auszeichnungen. Er ist im ganzen Land sehr angesehen, wird bewundert und ist bekannt für seine positive Einstellung und seinen unerschöpflichen Sinn für Humor.

Als ich an einem Frühlingsmorgen vor der Gemeinde mit über 3.000 Menschen mit ihm sprach, sagte er zu den Anwesenden: „Viele von Ihnen sind womöglich beeindruckt, dass ich hier mit zwei künstlichen Beinen vor Ihnen stehe. Aber letztlich stellt dies kein Handicap dar, sondern lediglich eine Unannehmlichkeit. Ist es Ihnen schon einmal passiert, dass Sie kurz vor dem Ostersonntag feststellten, dass Sie Ihre Socken schon seit dem Unabhängigkeitstag am 4. Juli nicht mehr gewechselt haben? Ich hoffe nicht!"

Ich fragte ihn: „Henry, wie haben Sie zu solch einer positiven Lebenseinstellung gefunden?" Seine Antwort werde ich nie vergessen.

„Ich denke, diese Einstellung haben mir meine Eltern vermittelt. Ich erinnere mich daran, wie ich als Kind meine Mutter fragte: ‚Warum musste ausgerechnet ich so geboren werden?' In ihrer einfachen, ländlichen Weise antwortete meine Mutter: ‚Als es an der Zeit war, dass ein weiteres behindertes Kind auf die Welt kommen sollte, hielten der Herr und Seine Berater ein Treffen ab, wohin er geschickt werden sollte und der Herr sagte: *Ich denke, die Viscardis wären eine gute Familie für einen behinderten Jungen.*'

Und deshalb empfinde ich heute so viel Dankbarkeit, denn Amerika – dieses großartige Land, in dem wir leben – gab mir die Gelegenheit, ein gebildeter Mann zu werden und in schwierigen Bereichen tätig zu werden. In jedem anderen Land hätte ich wahrscheinlich von Glück reden können, wenn ich Lotterielose an einer Straßenecke hätte verkaufen können oder Benzinfässer an einer Verladestation hätte zählen dürfen. Gott segne Amerika für das, was es mir gegeben hat!"

Diese positive Einstellung und der Sinn für Humor beflügelten Henry Viscardi, als er sich im Abseits befand. Jetzt nutzt er denselben Humor, um behinderten Kindern, die sich im Abseits befinden, zu helfen. Er hat eine Schule für behinderte Kinder errichtet und unterrichtet dort, da er der Überzeugung ist, dass „egal wie behindert ein Kind geboren wird, dieses Kind, egal ob Junge oder Mädchen, ein gebildeter Mann oder eine gebildete Frau werden kann und somit nicht länger behindert ist."

Heute gibt es an der Human Resources School 150 Schüler ab einem Alter von sechs Monaten (mit ihren Müttern) bis zu den Kindern im High-School-Alter. Als gebildete Männer und Frauen in dieser überaus anspruchsvollen Welt sind sie darauf vorbereitet, den Herausforderungen des Lebens entgegenzutreten und selbstbewusste, respektvolle Persönlichkeiten zu werden.

Henry erklärte: „Diese Schüler sind keine gewöhnlichen Menschen, die nach einem außergewöhnlichen Schicksal streben, sondern diese wundervollen Schüler streben nach dem gewöhnlichen Schicksal – zu lieben und geliebt zu werden, gleich zu sein, wie die anderen und sich nicht vom Rest der Welt zu unterscheiden, so wie sie es auch in den Augen Gottes sind. Sollten Sie jemals unsere Schule besuchen, werden Sie feststellen, dass dort Fröhlichkeit herrscht und viel gelacht wird.

Ich werde niemals vergessen, wie mich ein paar Schüler auf eine Tasse Tee eingeladen haben. Ich saß da und wartete auf den Tee. Schließlich kam ein kleines Mädchen, das einen Teewagen vor sich herschob und ihr Lehrer sagte etwas ärgerlich: ‚Du bist spät dran; wir warten bereits auf unseren Tee. Was hat dich so lange aufgehalten?' Das kleine Mädchen antwortete: ‚Ich konnte das Teesieb nicht finden.'

Ich hätte es dabei belassen können, aber ich fragte sie dennoch: ‚Was hast du dann gemacht?' Und Sie antwortete: ‚Ich habe die Fliegenklatsche benutzt!' Und ich musste den Tee trinken! Aber ich habe seitdem keine Tasse Tee mehr genießen können!"

Henry Viscardi hat eine wunderbare Frau, Lucille, vier Töchter und acht Enkelkinder. Alle stehen zu seinen Träumen und Zielen. Er hat sich geschworen, dass er, solange es noch einen behinderten Amerikaner gibt, der die Herausforderungen des Lebens einem behüteten Dasein vorzieht, er seine Energie für die Bedürfnisse dieser Person aufwenden wird.

Henry schloss seine Rede in der Crystal Cathedral mit den Worten: „Meine Freunde, Hoffnung ist eine Pflicht, nicht ein Luxus. Hoffnung bedeutet das Verwirklichen von Träumen. Gesegnet sind diejenigen, die träumen und bereit sind, den Preis für die Verwirklichung ihres Traumes zu zahlen."

Das Abseits lässt sich viel leichter ertragen, wenn Sie Ihren Humor und Ihre positive Einstellung bewahren, die Sie beflügelt und Sie über sich selbst hinauswachsen lässt.

Wenn Sie plötzlich im Abseits stehen, brauchen Sie ein paar „Streicheleinheiten".

Wir alle brauchen ab und zu Trost, also fürchten Sie sich nicht davor, zuzugeben, dass Sie verletzt worden sind. Es ist traurig, dass es Menschen auf dieser Welt gibt, die verletzt worden sind, aber niemandem zeigen, wie sie sich fühlen – nicht einmal gegenüber ihren Frauen, Männern, Familien, Pastoren, Freunden. *Wenn Sie zu stolz sind, um zuzugeben, dass Sie verletzt worden sind, wundern Sie sich nicht, dass es niemanden zu kümmern scheint.*

Liebe, Fürsorge und Streicheleinheiten können wahre Wunder bewirken. Sie geben Ihnen die Stärke, Ihre Niederlage mit Würde zu tragen und den Mut, einen Neubeginn zu wagen. Die Macht der sorgfältig gewählten Wörter sollte niemals unterschätzt werden. Streicheleinheiten können eine sehr heilsame Wirkung haben, wenn Sie sich plötzlich im Abseits wiederfinden!

Patti Lewis weiß, wie niederschmetternd es sein kann, sich nach 40 Jahren Ehe mit dem berühmten Komödianten Jerry Lewis plötzlich im Abseits wiederzufinden, nachdem sie gemeinsam sechs Kinder großgezogen haben.

Patti, die immer eine gläubige Christin war, sagte, dass ihre Beziehung zu Gott und ihre Freundschaften zu anderen Frauen ihr durch diese schwere Zeit geholfen haben. Die liebevollen Streicheleinheiten von diesen Frauen halfen Patti so sehr, dass sie und Jackie Joseph, die mit dem Schauspieler Ken Berry verheiratet war, eine örtliche Organisation gegründet haben, die sie LADIES nannten, was eine Abkürzung für „Life After Divorce Is Eventually Sane"[41] ist.

Diese Gruppe setzt sich aus Frauen zusammen, die mit berühmten Männern verheiratet waren. Wie Patti sagte: „Seien wir ehrlich. Man sieht ihre Gesichter ständig in der Zeitung und es ist nicht leicht, da noch bei Verstand zu bleiben. Es ist schwierig, sich für etwas Besonderes zu halten, wenn das Selbstwertgefühl durch eine Scheidung erschüttert wurde. Man weint die ganze Zeit, man ist verbittert und kann nicht schlafen. Aber sobald man Wut empfinden kann, befindet man sich auf dem Weg der Besserung.

Wut ist die letzte Phase und wenn man sich an diesem Punkt befindet, scheint sich der Himmel plötzlich aufzutun und das Glück kehrt wieder zurück."

Ich fragte sie: „Patti, haben Sie Jerry jemals verziehen?"

Ihre Antwort kam wie aus der Pistole geschossen: „Ja, ich trage ihm nichts nach. Wir sind sogar Freunde geworden. Aber ich bin mir nicht sicher, ob es dazu gekommen wäre, hätte ich nicht den Trost im Gebet gefunden und den Zuspruch und die liebevollen Ratschläge meiner kleinen Gruppe von LADIES gehabt."

Das Abseits lässt sich viel leichter ertragen, wenn man seine Streicheleinheiten erhält.

Wenn Sie plötzlich im Abseits stehen, brauchen Sie Menschen, die zu Ihnen stehen.

Ich habe beobachtet, dass Menschen, die mit Würde abtreten und ruhmvoll auf die Bühne zurückkehren, Menschen sind, die

---

41 Organisation, die Frauen nach der Scheidung unterstützt, um die Trennung zu überwinden und ein eigenständiges Leben zu führen. Wörtlich: Ein Leben nach der Scheidung ist letztendlich vernünftig

Freunde haben, eine Familie oder Menschen, die sie lieben und die sie emotional unterstützen, ihnen Hilfe und Zuspruch geben.

In dem berühmten Stück Anastasia gibt es die Frau, die behauptet, die Tochter des Zaren zu sein, die während der bolschewistischen Revolution dem Tod entkommen ist. Man fand sie in einer Nervenheilanstalt, wo sie untergebracht wurde, nachdem sie versucht hatte, von einer Brücke in einen reißenden Fluss zu springen. Sie ist mutlos, deprimiert und ohne Familie oder Freunde.

Dann kam einer der Ärzte mit einem Zeitungsausschnitt, der ihrem Leben neue Hoffnung brachte und das Leben in ihrer Seele von neuem entfachte. Auf dem Foto des Zeitungsausschnittes ist die verlorene Tochter des russischen Zaren abgebildet und er erkennt die bemerkenswerte Ähnlichkeit mit Anastasia. Unter Hypnose gesetzt beschreibt seine Patientin die schreckliche Ermordung ihrer Familie. Sie scheint Einzelheiten von Anastasias Vergangenheit zu kennen, die nur die Prinzessin selbst kennen kann.

Und damit beginnt das große Geheimnis. Diejenigen, die an Anastasia glauben, tragen unwiderlegbare Beweise zusammen, dass es sich bei ihr um die vermisste Prinzessin handelt. Diejenigen, die ihre Geschichte bezweifeln und sie des Betrugs bezichtigen, finden mindestens genauso viele Gegenbeweise.

Ihre Großmutter hingegen, die Kaiserin, glaubt Anastasia. Anastasia beginnt, sich von ihrer Rolle als besiegte und mit Füßen getretene Person zu lösen und nimmt eine königliche Haltung an. Sie blüht auf, nimmt Haltung an und bewegt sich mit Würde und Anmut. Die vorzeitig gealterte junge Frau aus der Nervenheilanstalt erstrahlt nun im Glanze einer Prinzessin.

Was hat diese Verwandlung bewirkt? Wie hat Anastasia ihren Weg aus dem Dunkel zurück ins Licht gefunden? In diesem Stück sagt sie: „Sie müssen wissen, dass es keine Rolle spielt, ob ich eine Prinzessin bin oder nicht. Es zählt nur, dass ich, ich bin, dass irgendjemand, und sei es auch nur ein einziger Mensch, mir die Arme entgegenstreckt, um mich bei meiner Rückkehr aus dem Reich der Toten willkommen zu heißen."

Sie können immer einen Weg aus dem Abseits zurückfinden, wenn Sie jemanden haben, der an Sie glaubt. Und Sie können einen Neuanfang wagen und über sich hinauswachsen, wenn sich jemand um Sie sorgt und Sie anspornt.

Lou Little war Football-Trainer an der Georgetown-Universität. Der Dekan der Universität kam eines Tages zu ihm, nannte ihm den Namen eines Studenten und sagte: „Lou, kennen Sie diesen Jungen?"

„Sicher", antwortete Lou, „er ist seit vier Jahren in meinem Team, aber ich habe ihn noch bei keinem Spiel eingesetzt. Er ist zwar gut genug, aber er ist nicht wirklich motiviert."

„Nun", fuhr der Dekan fort, „wir haben soeben erfahren, dass sein Vater gestorben ist. Würden Sie ihm die Nachricht überbringen?"

Der Trainer nahm den jungen Mann in der Umkleidekabine zur Seite. Er legte ihm den Arm um die Schultern und erzählte ihm von seinem Vater. „Es tut mir sehr leid, mein Junge. Nimm dir ruhig eine Woche frei."

Am nächsten Tag war der Trainer überrascht, als er den Studenten im Umkleideraum sah, und dieser sich für das Spiel umzog.

„Was machst du hier?", fragte Little.

„Heute Abend ist das große Spiel und ich muss da mitspielen."

„Aber du weißt doch, dass ich dich bisher nie eingesetzt habe."

„Setzen Sie mich heute ein, Trainer, und sie werden es nicht bereuen", meinte der Student mit fester Stimme und Tränen in den Augen.

Der Trainer gab nach und entschied, dass er, wenn seine Mannschaft durch den Münzwurf zu Spielbeginn in den Ballbesitz kam, auch ihn in der ersten Spielzeit einsetzen würde. Schließlich konnte er in der ersten Spielzeit nicht viel Schaden anrichten. Georgetown gewann den Anstoß beim Münzwurf. Gleich beim ersten Spielzug fegte der Junge wie ein Wirbelsturm mit dem Ball über das Spielfeld. Trainer Little war vollkommen überrascht und ließ ihn auch bei den weiteren Spielzügen auf dem Feld. Er mauerte, griff an, warf hervorragende Pässe und lief wie der Blitz. Ihm war an diesem Tag im wahrsten Sinne des Wortes der Sieg für die Georgetown-Universität zu verdanken.

In der Umkleidekabine fragte Trainer Little immer noch verblüfft: „Mein Junge, was ist denn da passiert?"

Der glückliche, schwitzende Sieger sagte: „Trainer, Sie haben meinen Vater nie kennengelernt, nicht wahr? Nun, er war blind und heute war es das erste Mal, dass er mich spielen sehen konnte."

Sie können mit Freude aus dem Dunkel ins Scheinwerferlicht treten, wenn Sie Menschen haben, die an Sie glauben. Und wir alle kennen Menschen, die an uns glauben! Wir alle haben Freunde. Wir alle haben irgendjemanden, irgendwo, der sich um uns sorgt und an unsere Rückkehr auf die Bühne des Lebens glaubt.

Wenn Sie plötzlich im Abseits stehen, brauchen Sie Speichen, die das Rad Ihres Lebens zusammenhalten!

Sie können aus dem Abseits hervortreten, wenn Sie Ihre verbleibenden Werte davor bewahren, durch das Erlebte Schaden zu nehmen. Wenn Sie von einem Abschnitt Ihres Lebens in den nächsten übergehen, wenn Sie einen großen Teil Ihres Lebens vollständig und endgültig hinter sich lassen, lassen Sie nicht Ihre Ideale, Werte, Moralvorstellungen und ethischen Ansichten zurück.

Vielleicht leben Sie allein, weil Sie verwitwet oder geschieden sind. Das gibt Ihnen noch lange nicht das Recht, Ihre Moralvorstellungen und Ideale zu vergessen. Möglicherweise wurden Sie bei einer Beförderung übergangen oder vielleicht sind Sie arbeitslos und suchen nach Arbeit. Das entbindet Sie aber noch lange nicht von den ethischen Prinzipien, nach denen Sie gelebt haben.

Es muss beständige, anhaltende, geistige Werte geben, die Ihr Leben ständig umgeben. Diese stellen die Speichen des Rades der geistigen Werte dar, von denen Sie niemals abweichen sollten.

Ich erinnere mich an die Zeit, als meine Tochter Sheila für ein High-School-Musical vorspielte. Sie hatte bereits mehrere Soloauftritte in ihrer Schule gehabt und so ermutigten wir sie, für die Hauptrolle vorzuspielen. Selbst die Schauspiellehrerin kam auf sie zu, nahm sie zur Seite und fragte sie, ob sie vorspielen möchte. Sie sagte: „Sheila, es gibt eine Rolle in dem Stück, die perfekt für dich ist. Nimm dir ein Skript mit nach Hause und lies es über das Wochenende durch und lass mich wissen, was du darüber denkst."

Sheila war natürlich aufgeregt und fühlte sich geschmeichelt, dass die Lehrerin sie ausgewählt hatte. Mit dem Skript in ihren Händen schwebte sie förmlich nach Hause. Und von dem Augenblick an, in dem Sie zu Hause angekommen war und ihr Zimmer betreten hatte, träumte sie vom Starruhm.

Die Rolle, die ihre Lehrerin für sie vorgesehen hatte, die witzige Hauptfigur, erschien auf den ersten Blick wundervoll - charmant, geistreich und lebhaft. Aber dann kam Sheila zu einer Szene, die sie zutiefst störte. Ihre Figur sollte einen gut aussehenden Fremden treffen, ihn mit nach Hause nehmen und in einer lustigen und amüsant dargestellten Szene verführen. Sheila konnte diese Szene nicht mit ihren Wertvorstellungen vereinen.

Sheila fühlte sich bei dem Gedanken, diese Rolle zu spielen, nicht wohl, da alle in der Schule ihre Wertvorstellungen kannten und sie wusste, dass diese Rolle ihre Überzeugungen kompromittieren würden. Sheila erzählte mir später, dass sie zunächst das Skript beiseite legte, ihren Kopf senkte und betete: „Oh Herr, ich möchte erfolgreich sein – für Dich! Ich möchte, dass Deine Liebe durch mich sichtbar wird. Ich bemühe mich so zu sein, wie Du es willst. Hilf mir dabei und zeige mir wie."

Sheila vertraute sich uns an und erklärte, dass sie nicht für die Rolle vorsprechen werde. Sie hatte beschlossen, stattdessen für die romantische Rolle vorzusprechen.

An diesem Nachmittag füllte sie ihre Anmeldekarte aus und gab an, für welche Rolle sie sich bewarb. Sie achtete genau darauf, nicht die komische Rolle anzukreuzen. Als die Lehrerin sie jedoch zum Lesen aufforderte, wollte sie, dass Sheila eine bestimmte Seite im Skript aufschlug und die Rolle der komischen Figur vorliest. Ihre Lehrerin hatte sie bereits für diese Rolle vorgesehen. Sheilas Gesicht wurde rot vor Kränkung und Wut. Vor 50 weiteren Schülern und den versammelten Lehrern sagte sie so ruhig, wie sie konnte: „Ich spreche nicht für diese Rolle vor."

„Warum nicht?", wollte die Lehrerin wissen. „Sie ist doch hervorragend."

„Sie ist nicht das Richtige für mich. Ich bin der Meinung, dass ich als bekennende Christin diese Rolle nicht spielen kann."

„Sheila, ich habe dich gebeten, diese Rolle vorzulesen. Wirst du das nun tun oder nicht?"

Sie sah ihre einzige Möglichkeit nun darin, ihre Lehrerin davon zu überzeugen, dass sie nicht die Richtige für diese Rolle wäre. Also las sie so langsam und eintönig wie möglich. Ihre Lehrerin kannte ihre Fähigkeiten als Schauspielerin und sie konnte sehen, dass Sheila sich absichtlich nicht bemühte. Da die anderen Lehrer Zeuge ihrer armseligen Darbietung waren, würde der Lehrerin nichts anderes übrig bleiben, als diese Rolle einem anderen Mädchen zu geben.

Sheila gab ihrer Lehrerin, die immer noch perplex war, das Skript zurück. Dann ging sie erhobenen Hauptes aus dem Zuschauerraum. Sobald sie den Raum verlassen hatte, empfand sie jedoch ungeheure Enttäuschung. Sie rannte zum Parkplatz, wo ich wartete und riss weinend die Wagentür auf. „Oh, Papa, sie hat mich nicht einmal die andere Rolle vorlesen lassen, da sie absolut davon überzeugt war, dass ich die komische Rolle übernehmen würde."

Dann erzählte sie mir die ganze Geschichte. Tränen der Verbitterung rannen ihr über das Gesicht, als sie fragte: „Warum hat sie mir das angetan, vor all den anderen Kindern?"

Ich nahm meine Tochter in die Arme und sagte: „Oh Sheila. Gott hat es zugelassen, damit du dich zu deinem Glauben bekennst. Ich bin so stolz auf dich. Gott hat dich auserwählt, heute eine besondere Rolle zu spielen! Er hat dich unter allen Schülern ausgewählt, auf liebevolle Weise zu zeigen, dass Jesus in deinem Leben herrscht."

Dann sah ich ihr direkt in die Augen und fuhr fort: „An diesem Nachmittag warst du unglaublich erfolgreich! Du hast großes Lob von Gott und mir erhalten!"

Stellen Sie sich vor, wie stolz ich war, als Sheila später unter allen Schülern ihrer Schule auserwählt wurde, „Stille Nacht, heilige Nacht" in der jährlichen Weihnachtsfeier vorzusingen.

Sheila war in der Lage, ihr Abtreten im Musical würdevoll zu gestalten. Sie sang im Chor mit und unterstützte die Produktion sehr, auch wenn sie keine tragende Rolle darin spielte. Sie war durch ihren Soloauftritt mit „Stille Nacht, heilige Nacht" in der Lage, ein glänzendes Comeback zu starten.

Sorgen Sie für ein glänzendes Comeback!

Sie können Ihren Abgang würdevoll gestalten und ihr Comeback glänzend, wenn Sie über die Grenzen des Heute hinausschauen und stets daran denken, dass Fehlschläge niemals endgültig sind und Erfolg keine Grenzen kennt!

Ich hatte Gelegenheit, viele verschiedene Leute kennen zu lernen. Viele von ihnen sind gewöhnliche Leute wie Sie und ich, manche sind Berühmtheiten.

Ich sehe es als großartiges Privileg an, Sammy Davis Jr. getroffen und mit ihm persönlich über sich selbst und seine Einstellung zum Leben, seinen Träumen und seinem Erfolg gesprochen zu haben. Sammys Gerichtsverhandlungen sind weithin bekannt und wurden von der Presse festgehalten. Sein Weg zum Erfolg war nicht immer leicht.

Als er am Beginn seiner Karriere stand, war er oft Kritik ausgesetzt und musste viele Barrieren überwinden. „Manchmal befindet man sich auf dem Weg und wird von diesen besonders guten Gedanken angetrieben, aber dann macht man einen zu großen Schritt, weil man unbedingt sein Ziel erreichen möchte. Auf der Schulter sitzt das kleine Teufelchen, das einem den Erfolg schmackhaft macht und immer wieder sagt: ‚Du kannst noch mehr haben, du kannst noch mehr haben.' Und man will noch mehr, das gehört einfach zum Filmgeschäft dazu. Je bekannter man wird, umso höhere Ansprüche kann man stellen. Man stellt sich selbst Fragen wie: ‚Wie kommt es, dass ich nicht mehr Geld verdiene? Wie kommt es, dass ich dieses oder jenes noch nicht habe?'

Dann begann ich damit, all meine Misserfolge beim Film auf die Tatsache zurückzuführen, dass ich schwarz bin. Ich glaubte, dass dies mich daran hindern würde, erfolgreich zu sein. Zum Teil stimmte dies auch, aber größtenteils nicht.

Ich habe nicht die geringste Ahnung, woher dieser Eifer nach mehr kam, aber ich weiß nun, dass, wenn ich jetzt auf die Bühne trete, ich nicht mehr dieses Teufelchen auf meiner Schulter sitzen habe. Jetzt kann ich raus auf die Bühne gehen und eine Beziehung zum Publikum aufbauen, ungeachtet der Rasse, Hautfarbe, des Glaubens, weil ich mich nicht mehr darauf stütze. Ich konzentriere mich nur noch auf das Zwischenmenschliche. Wissen Sie, wenn ich früher eine Fernsehshow angesehen habe, habe ich bei jedem Kameraschwenk ins Publikum begonnen zu zählen, wie viele Schwarze unter ihnen waren. Jetzt sehe ich nur noch Menschen."

Ich fragte Sammy: „Was hat Sie inspiriert, als Sie Ihre Karriere starteten? Hatten Sie irgendwelche Vorbilder?"

„Wenn Sie sich einmal das Lied ‚Mr. Bojangles' anhören, werden Sie einen Hinweis darin finden, denn ich kannte solch einen schwarzen Sänger. Er war ein Straßenmusikant und trug einen Anzug mit ausgefransten Kragen und Ärmeln, aber trotz seines armseligen Aufzugs sah er immer sehr ordentlich aus und sein Hut saß immer schräg auf seinem Kopf. Er war einer dieser Menschen, die Enttäuschung und Ablehnung in der einen oder anderen Art erfahren hatten. Dies waren die Menschen, die niemals erfolgreich waren. Aber sie inspirierten uns junge Kinder, wie ich eines war."

„Also überwanden Sie die Hürden; Sie hatten Erfolg, bevor sie 1954 plötzlich diesen Unfall hatten", sagte ich.

„Ja. Dieser Unfall hätte mich töten können. Doch alles, was er mich kostete, war ein Auge. Erstaunlicherweise bekam ich den traumatischen Schock erst zwei Jahre später zu spüren. Ich trug bereits ein Jahr lang eine Augenklappe, als Humphrey Bogart zu mir sagte: ‚Nimm die Augenklappe ab. Möchtest du als der beste Entertainer aller Zeiten oder als dieser Typ mit der Augenklappe behandelt werden?'

Also nahm ich die Augenklappe ab. Innerhalb dieses Jahres drehte ich drei Filme mit meinem künstlichen Auge. Und ich danke dem Herrn, weil Er mich als ein Instrument benutzt hat. Es kamen Leute zu mir, die mir von ihrem Unfall erzählten, bei dem sie ein Auge verloren hatten, was sie aber nicht aufhielt. Sie sagten mir, dass sie durch die Art, wie ich mit meinem Verlust umgegangen bin, Hoffnung schöpften und inspiriert wurden. Auch heute bekomme ich noch so etwas zu hören und das gibt mir ein sehr gutes Gefühl."

Sammy Davis Jr. weiß, was es heißt, plötzlich im Abseits zu stehen. Als er seinen Unfall hatte, war er gezwungen abzutreten, was er mit Würde tat. Er hatte sich seinen Sinn für Humor bewahrt. Witze und Spott trieben ihn an. Der Trost seiner Freunde wie Frank Sinatra und Streicheleinheiten halfen ihm. Und es gab noch mehr Menschen: seine Fans. Sie waren „Speichen", die er nicht achtlos beiseite warf. Er nutzte sie, um voranzukommen. So konnte er ein glänzendes, ruhmreiches Comeback starten – noch größer und besser als zuvor. Sammy lernte, seine Talente als Entertainer so einzusetzen, dass er andere inspirierte.

Wir alle befinden uns irgendwann einmal im Abseits, verlassen, abgeschoben. Aber wir können dieses Abseits überwinden, wenn wir daran denken, dass jedes Ende auch ein neuer Anfang ist!

Erfolg endet also niemals! Was uns als Niederlage erscheint, ist nichts anderes als Illusion. Denn eigentlich ist der Fehlschlag nur eine Übergangsphase auf dem Weg zum Erfolg.

Ihre Vergangenheit ist immer noch ein Teil von Ihnen! Ihre vergangenen Erfolge tragen auch weiterhin mehr Früchte, als Sie jemals vermuten werden. Vor vielen Jahren habe ich eine ganz besondere Person beraten. Dies stellte den Anfang einer neuen Freundschaft dar. Nach ein paar Jahren brach jeglicher Kontakt jedoch schlagartig ab, und zwar nicht von meiner Seite aus! Plötzlich fand ich mich im Abseits wieder. Ich hatte Erfolg, doch plötzlich verwandelte dieser sich in einen Misserfolg.

„Das stimmt so nicht", machte mir ein kluger Kollege klar. „Du hast diesen Mann während einer Phase seines Lebens beraten. Du hast ihm geholfen, diese schwierige Zeit durchzustehen. Nun steht er wieder auf eigenen Beinen und ist in sich gefestigt und gestärkt. Dein Erfolg ist nicht zu Ende, nur weil er dich jetzt nicht mehr braucht! In Wirklichkeit *setzt sich dein Erfolg in ihm fort, denn er wird seinen Weg nun allein, ohne dich, gehen!"*

Ein Erfolg ist ein Segen, der immer wieder andere segnet, die wiederum andere segnen! Erfolg endet niemals!

STUFE ZWEI: ERNEUERUNG UND GENESUNG

Sobald sich die Wunde geschlossen und das Narbengewebe gebildet hat, sind Sie auf dem Wege der Besserung und Sie wissen, dass Sie noch viel zu geben haben.

„Vor nicht allzu langer Zeit besaß ich keine Energie mehr, um zu arbeiten, zu schreiben und dabei selbstsicher zu sein", schrieb die Kolumnistin Beclee Wilson über ihre schwere Depression.

Ihr Kampf war hart, real, verständlich und er dauerte lange, sehr lange. „Meine Kinder brachten mir jeden Morgen selbst gemachte Rühreier ans Bett und Toast, der dick mit Butter bestrichen war. Es gab kein Wenn und Aber – die Kinder waren einfach für mich da. Sie trösteten mich, indem sie mich stärkten, belebten und aufheiterten", schrieb Wilson.

„Als meine Depressionen zu lange andauerten, fanden sie auf ihre Weise eine Möglichkeit, mir dies mitzuteilen. Jeden Morgen lag eine Rose auf dem Tablett. ‚Mutter', sagte Beth Anne eines Nachmittags, ‚du musst damit aufhören. Wir haben keine Rosen mehr im Garten.'

Nun lag es an mir. Ich musste die Kraft finden, den Willen haben, wieder zu mir selbst zu finden und gesund zu werden."[42]

Wagen Sie es, wieder zu träumen.

Um zu genesen, müssen Sie ein Comeback planen, eine neue Sache finden, der Sie sich voll und ganz widmen können.

42 *Columbus Dispatch, Sonntag, 29. Juli 1979.*

Wie wäre es mit einer Mitgliedschaft in einem *Möglichkeits-denker-Club?* Es gibt einen in Ihrer Stadt. Dies kann ein Frauen-Club, eine örtliche Gemeinde oder ein Bibelkreis sein.

Wenn Sie einen Rückschlag, einen Bankrott, einen persönlichen oder finanziellen „Misserfolg" erlebt haben und nun Ihr Comeback starten, dann werfen Sie doch einen erneuten Blick auf andere Möglichkeitsdenker. *Warum lassen die sich nicht unterkriegen?* Wieso stehen die nicht im „Abseits"? Schließen Sie sich ihnen an und lernen Sie die Tricks und Kniffe, die sie offensichtlich beherrschen.

Möglichkeitsdenker zu sein heißt, sich für etwas begeistern zu können.

Möglichkeitsdenker klammern sich instinktiv an Ideen fest, die sie auch durchsetzen! Ich habe niemals ein Vorhaben verfolgt, von dem ich nicht von Anfang an begeistert war. Rein intuitiv verläuft unserem Unterbewusstsein ein freudscher Fehler und beurteilt die Idee als etwas *Besonderes*, Außergewöhnliches, Unglaubliches, Fantastisches, das sich ohne weiters realisieren lässt.

Ideen, die diese anfänglichen, unmittelbaren, positiven Impulse nicht erzeugen, haben womöglich auch nicht die Kraft, um die Energie zehrenden Abschnitte vor der Verwirklichung zu überleben. „Begeisterung" - die Welt darf sich diese Errungenschaft nicht nehmen lassen. Den ersten Preis erzielt nur die Idee oder die Person, die diese eine innere Antriebskraft besitzt: Leidenschaft!

Kreative Menschen besitzen die Fähigkeit, Ideen hervorzubringen, die Begeisterung erzeugen. Möglichkeitsdenker haben ihre eigenen einfallsreichen Tricks und Denkweisen entwickelt und regelmäßig eingesetzt. Lassen Sie mich Ihnen nun erklären, wie diese großartigen Ideen entstehen!

Verbesserungen

Die Frage lautet: Wie kann ich meine Arbeit besser machen als alle anderen? Wie kann ich meine Leistung verbessern? Jemand wird unsere Rekorde brechen – lassen Sie diesen jemand Sie selbst sein! Was immer wir gestern richtig gemacht haben, lassen Sie es uns morgen noch besser machen! Wie können wir klüger und weiser werden, um besser als die Besten zu werden, wenn wir bereits zu den Besten gehören? Dann sind Sie jetzt dabei, diese Macht der Begeisterung zu finden.

Bringen Sie Licht ins Dunkel

Der Möglichkeitsdenker sieht die helle Seite, wo andere nur Dunkel sehen. „Schau in diese Richtung", sagt der Optimist und zeigt auf eine Ecke, die niemand sonst berücksichtigt hat.

Ich kenne eine Frau, die bereits im „Abseits" stand, aber wieder zurückkam, als sie lernte, die positiven Dinge zu sehen. Sie heiratete einen Soldaten, der sie aus ihrem kultivierten und stimulierenden sozialen Umfeld einer großen Stadt an der Ostküste der USA in ein Provinznest in Kalifornien mitnahm, als er dorthin versetzt wurde. Seine Aufgaben und sein mageres Gehalt hielten sie wie Gefangene auf der Basis fest. Die Angestellten des Militärs langweilten sie. Die örtliche Gemeinde? Ihrer Meinung nach „nur Hinterwäldler und Indianer". Zutiefst deprimiert schrieb sie ihrer Mutter, dass sie es nicht länger dort aushielte. Sie wollte ihren Ehemann verlassen und nach Hause zurückkommen. Sie wollte wieder an die Universität gehen.

Ihre Mutter schrieb zurück: „Zwei Menschen leben im selben Gefängnis. Der eine sieht nur die Gitterstäbe, der andere die Sterne. Bitte geh nicht weg, mein Schatz. Werde dort heimisch, wo du dich niedergelassen hast."

Sie weinte. Nachts unternahm sie einen Spaziergang und sah den Sternenhimmel, wie sie ihn in Philadelphia nie gesehen hatte. Sie ging in die Bücherei und lieh sich ein Buch über Sterne aus. Daraus entwickelte sich eine neue Leidenschaft! Sie redete mit einer Indianerfrau im Ort über Geschichte und Kultur. Die Frau lehrte sie nicht nur die einheimische Kunst und ihr Handwerk, sondern betrachtete sie mit der Zeit als eine der ihren. Sie stand nicht länger im Abseits, sondern gehörte dazu!

Ich wurde einmal gefragt: „Was machen Sie, wenn Leute *hoffnungslos* in der Falle sitzen?"

Ich antwortete meinem Freund: „Nun, dann kann ich ihnen wenigstens Hoffnung geben. Hoffnung spendet ihnen Licht und wenn sie etwas Licht haben, finden sie auch den Weg aus dem Dunkel."

Sehen Sie die helle, positive Seite und sie finden Zugang zur Macht der Begeisterung.

Das Fundament

Intuitiv fragt sich der Möglichkeitsdenker: „Lässt sich daraus etwas Konstruktives entwickeln? Etwas aufbauen? Ein Gebäude? Ein Geschäft? Eine eigene Persönlichkeit? Ein Gemeinschaftssinn? Stolz? Eine Institution? Eine Zukunft? Großes und ehrbares Ansehen? Wird es den Firmenwert steigern? Wird es für Beständigkeit und Langlebigkeit sorgen? Wird es bessere Beziehungen zwischen den Völkern und Religionen aufbauen?" Falls ja, dann besitzt diese Idee das Potenzial, Begeisterung hervorzurufen.

Schönheit

Glänzt und funkelt die Idee? Schönheit hat auch ihre praktischen Seiten! Es ist in der Tat sogar sehr schwer, etwas zu verkaufen, das dem Auge nicht gefällt! Erzeugt Ihr Glaube, Ihre Philosophie, Ihre Religion, Ihre Psychologie „schöne Menschen"? Bei mir ist das der Fall und deshalb bin ich auf sie eingeschworen.

Denken Sie daran: Die Macht der Begeisterung erzeugt die Macht des Willens! Und so können Sie aus dem Dunkel wieder ins Rampenlicht treten.

Möglichkeitsdenker zu sein heißt, im Hier und Jetzt zu leben

Wenn Möglichkeitsdenkern eine Gelegenheit, eine Aufforderung oder eine Idee kommt, die zur Begeisterung führt, dann nutzen Sie diese.

„Der frühe Vogel fängt den Wurm." Diese Menschen wissen das! Sie handeln sofort. Sie nehmen das Telefon und rufen alle für ein Treffen zusammen: „Bis wann kannst du da sein?" Sie verlegen ihre früheren Pläne, um sich Zeit zu verschaffen. Morgen ist es zu spät! Die Gelegenheit muss hier und jetzt ergriffen werden.

Das Jetzt zählt. Hören Sie auf, sich selbst zu bemitleiden und ergreifen Sie Ihre Möglichkeiten. Fangen Sie noch heute damit an Ihr Comeback zu starten. Das Telefon wird nicht von alleine läuten, die Angebote flattern nicht von selbst ins Haus. Sie müssen aufstehen, vor die Tür treten und handeln!

Ihr größter Feind ist Ihre Unentschlossenheit, Ihr größtes Hindernis ist Trägheit, Ihre gefährlichste Versuchung ist Aufschub. Aktiv zu werden ist der schwierigste Teil, sich loszureißen und zu beginnen ist die schwierigste Aufgabe. Alles auf die lange Bank zu schieben kann eine Gelegenheit zerstören. Streichen Sie das Wort „irgendwann" aus ihrem Wortschatz. Denn irgendwann ist heute!

Ist es nicht herrlich, dass Sie ganz von vorne beginnen können?

Möglichkeitsdenker zu sein heißt, an das Wie zu denken

Wenn die Idee Begeisterung hervorruft, dann beginnen die Fragen von Möglichkeitsdenkern nicht mit einem „falls", sondern mit einem „wie". Zum Beispiel:

❖ Nicht *„falls"*, sondern **wie** kann ich es mir leisten?
❖ Nicht *„falls"*, sondern **wie** können wir die derzeitigen Kosten senken?
❖ Nicht *„falls"*, sondern **wie** können wir Kosten senken und diese unerwartete Gelegenheit gewinnbringend nutzen?
❖ Nicht *„falls"*, sondern **wie** können wir den Weg frei machen, um in diesem neuen Bereich tätig werden zu können?
❖ Nicht *„falls"*, sondern **wie** können wir auf dem Markt wieder konkurrenzfähig werden?
❖ Nicht *„falls"*, sondern **wie** können wir einen Durchbruch erzielen, um das Unternehmen zu sanieren?

Möglichkeitsdenker zu sein heißt, bereit zu sein, Opfer zu bringen

„Ohne Fleiß kein Preis." Möglichkeitsdenker denken daran und erwarten deshalb Gegenwind.

Alles was schön und erstrebenswert ist, hat seinen Preis. Sie wissen das.

Sie rechnen mit Leid, aber sie „verwandeln ihre Tränen in Edelsteine".

Diese Möglichkeitsdenker sind also keine hoffnungslosen Romantiker, sie sind keine unverbesserlichen Optimisten. Sie sind kreative Realisten!

Möglichkeitsdenker sind Bergsteiger und wer Berge bezwingen will, darf nicht realitätsfremd oder verweichlicht sein.

Gesucht: Menschen, die großem Druck und Schmerz standhalten. Belohnung: Aufregung! Stolz auf die eigene Leistung, ein erfülltes Leben. Bewerbungen werden jetzt entgegengenommen!

Möglichkeitsdenker zu sein heißt, sich zu engagieren

Erfolgreiche Möglichkeitsdenker scheuen die Verpflichtung nicht. Sie gehen entschlossen vor, ohne dabei rücksichtslos zu handeln. Sie haben die richtigen Fragen gestellt. Sie haben ausreichend recherchiert. Sie haben Untersuchungen durchgeführt oder durchführen lassen, um ihre Möglichkeiten zu bewerten. Sie sind bescheiden genug, um einen Rückzieher zu machen, falls andere vernünftige, verantwortungs- und risikobewusste Menschen sie auf Fallstricke aufmerksam machen, die ihnen bisher entgangen sind. Aber sie sind bereit, eine Verpflichtung einzugehen. Sie wissen, dass sich Träume nicht allein durch das Träumen verwirklichen. Eine Möglichkeit muss verschiedene Phasen durchlaufen: von der Phase der Idee über die Phase der Prüfung dieser Idee bis hin zur Phase der Investitionen in diese Idee, damit letztendlich die Phase der Realisierung erreicht werden kann.

Wenn Gott das Startzeichen gibt, wird der Träumer aktiv. Nichts hält ihn zurück. Er engagiert sich voll und ganz für seinen Traum, gibt alles und nicht weniger.

* ❖ *Er **verpflichtet sich** zu einem **Beginn***
  * *– und startet!*
* ❖ *Er **verpflichtet sich** zur **Beständigkeit***
  * *– und führt die Sache zu Ende!*
* ❖ *Er **verpflichtet sich** zur **Konzentration***
  * *– und behält alles ständig im Blick!*
* ❖ *Er **verpflichtet sich** zur **Erfüllung***
  * *– und bringt erfolgreich zu Ende, was er begonnen hat!*

Die vorsichtige, lautlose, persönliche und heimliche Liebschaft des Möglichkeitsdenkers mit seiner aufregenden Vision tritt aus dem Dunkel ans Tageslicht und wird zu einer öffentlichen Entscheidung. Er heiratet seinen Traum. Nur wenn er sein Gelübde vor Zeugen ablegt, nehmen ihn die Menschen ernst und bieten ihm ihre Unterstützung an.

Es lassen sich unglaubliche Durchbrüche erzielen, sobald der Träumer eine Verpflichtung eingeht und den Sprung ins kalte Wasser wagt. Die Leute fangen an zu reden:

„Er will es versuchen!"

„Vielleicht schafft er es!"

„Schließlich ist er kein Spinner."

„Ich wette, er zieht es durch!"

„Ich wette, er weiß etwas, dass wir nicht wissen!"

Der Klatsch blüht. Ist es denn ein Wunder, dass Träumer die Aufmerksamkeit von klugen und erfolgreichen Leuten erregen? Seien Sie also nicht überrascht, wenn Sie erfahren, dass einflussreiche Menschen sich mit Ihnen in Verbindung setzen. Sie werden von der Macht des Engagements angezogen.

Möglichkeitsdenker zu sein heißt, alles zu wagen

Möglichkeitsdenker lösen jedes Problem. Wie der Schauspieler und Comedian Jackie Gleason zu sagen pflegte: „Peng, ein Treffer mitten in die Visage!" Möglichkeitsdenker sind Sieger, Champions.

Sie müssen stolz sein, solche Menschen zu kennen. Sie werden bescheiden, wenn Sie selbst ein Möglichkeitsdenker werden. Bescheiden? Ja, genau. Nicht stolz? Oh doch, sicher. Denn Bescheidenheit ist nicht das Gegenteil von Stolz. Bescheidenheit ist einfach nur die Erkenntnis, dass Sie Ihren Erfolg, der Sie heute so stolz macht, vielen Menschen und Ihrem lieben Herrn zu verdanken haben!

Aber kehren Sie zunächst einmal an Ihren Ausgangspunkt zurück und beginnen Sie von vorne!

Wohin aus dem Abseits? Zurück ins Rampenlicht natürlich.

Wohin aus dem Abseits? Wohin Sie wollen!

Eine positiv denkende französische Frau lebte in einem kleinen Haus in einem Sumpfgebiet in Louisiana. Sie liebte diese Gegend. Doch sie war von negativ denkenden Nachbarinnen umgeben, die sich über das Leben in dieser Einsamkeit und Abgeschiedenheit beschwerten.

Eines Tages hatte die positiv denkende Frau genug gehört. Sie schimpfte die übelgelaunten und aufgebrachten französischen Siedler aus: „Ihr lebt an einem Sumpfgebiet. Das Sumpfgebiet schließt sich an einen Bach an; der Bach an einen Fluss; der Fluss fließt in den Golf, der Golf ins Meer. Und das Meer berührt die Küsten aller Länder dieser Welt. Ihr alle besitzt ein Boot. Ihr könnt hingehen, wo immer ihr wollt!"

Lassen Sie uns nun aber zu einer tiefgründigeren Frage übergehen: Es geht nicht um das Wo, sondern Wann sollen Sie aus dem Abseits zurück auf die Bühne des Lebens treten?

Deshalb beginnen Sie damit, Möglichkeitsdenken zu üben und zu praktizieren: Die Leichtathleten wärmen sich regelmäßig vor ihrem Sprint auf, genauso wie die Musiker noch einmal alle Noten durchgehen und die Schauspielerin ihre Rolle übt.

Ich war so beeindruckt von dem Sonntag, an dem der Schauspieler und Komiker Milton Berle mein Gast in unserem Fernsehgottesdienst war. „Bringen Sie die Leute zum Lachen, Milton", sagte ich zu ihm. „Sie sind von Gott auserwählt, mit Ihrem Humor Kummer und Stress zu bekämpfen!"

Er nahm mich beim Wort und lehnte sich in seinem Stuhl nach vorne, bis seine Augen ganz dicht vor meinen waren. Er faltete bedächtig seine Hände, als ob er beten wollte. Seine Augen funkelten voller Freude. „In Ordnung, Pastor Schuller, die Show ziehen wir gemeinsam durch."

Er skizzierte in groben Zügen, was er sagen würde und wie ich darauf reagieren sollte. Er erklärte mir, was er sagen würde und bot mir einen geistreichen Schachzug an. Es war wunderbar. Ich hatte noch nie zuvor einen solch professionellen Schauspieler gesehen, der so ordentlich probte, sich so gründlich vorbereitete und so wunderbar genau war! Er nahm den kurzen Dialog mit mir und meinem Publikum so ernst, als ob er eine Vorstellung vor der königlichen Familie hätte.

Mit gleichem Eifer und zugehöriger Leidenschaft müssen wir unsere Denkprozesse üben, praktizieren und einstudieren. Wagen Sie es zu beginnen. Lassen Sie Ihre Möglichkeiten nicht im Keim ersticken, indem sie alles hinauszögern. Handeln Sie jetzt!

Sie möchten warten, bis all der „Schmerz" vergangen ist?

Sie möchten warten, bis Sie Antworten auf alle Fragen haben?

Sie möchten warten, bis Sie sicher sind, dass Sie nicht noch einmal verletzt werden und sich beim nächsten Mal genau wie zuvor ins Abseits manövrieren?

Werden Sie starten, wenn Sie sich sicher sein können, dass Sie niemals versagen?

Sie machen erst den ersten Schritt, wenn Sie sich sicher sein können, dass Sie die Reise auch bis zu Ende gehen können?

Sie handeln erst, wenn Sie sich inspiriert fühlen?

Ach kommen Sie! Reißen Sie sich zusammen! Schluss mit Ihrem Selbstmitleid und Ihrem Gejammer!

Was glauben Sie, wie ich es geschafft habe, dieses Buch zu schreiben? Hatte ich bereits alles in meinem Kopf? Nein. Ich habe einen Vertrag unterzeichnet, indem ich mich verpflichtete, ein Buch zu liefern, obwohl alles, was ich zu diesem Zeitpunkt hatte, ein paar ganz knappe und kärgliche Entwürfe waren. Der Verleger wusste schon, wie er mich aus der Reserve locken konnte: „Bringen Sie Schuller dazu, einen Vertrag zu unterzeichnen und setzen Sie ein Abgabedatum fest, um ihn darauf festzunageln!"

Als der Abgabetermin näher rückte, nahm ich mir fünf Wochen Auszeit, um meine gesammelten Notizen, Ideen und Stapel zu sortieren, unveröffentlichte Erkenntnisse und Eindrücke zusammenzutragen und machte mich an die Arbeit.

Wartete ich etwa, bis ich eine geheimnisvolle, mystische oder romantische Eingebung hatte? Wohl kaum. Jeden Tag ging ich in mein Arbeitszimmer und machte mich ans Schreiben und wenn mir nichts mehr einfiel und mein Kopf total leer war, was tat ich dann wohl? Dann nahm ich ein frisches, sauberes, weißes Blatt Papier und einen Stift und fing einfach an zu schreiben! Es ist verblüffend, wie das funktioniert hat.

Die Arbeit konnte letztendlich aus einem einfachen Grund erledigt werden: Ich zwang mich selbst dazu, zu beginnen! Wer anfängt, hat schon den halben Kampf gewonnen!

Sie kehren vom Abseits auf die Bühne des Lebens zurück, wenn Sie wieder zu träumen beginnen. Sie haben noch so viel mehr zu bieten!

Warum aufgeben, wenn sich die Dinge beginnen zum Besseren zu wenden?

VIII. Jedes Ende ist EIN Anfang!

Eines Tages zog ohne jede Vorwarnung ein heftiger und stürmischer Wind über das Land herein. Er fegte über ein friedvolles Nest, in dem eine Familie unschuldiger Samen lebte. Dieser gefährliche Wind kidnappte ein wehrloses Samenkorn und trug es davon, bis dieser von dem ganzen Abenteuer gelangweilt und ermüdet das hilflose kleine Samenkorn davonschleuderte.

Das Samenkorn fiel auf einen seltsamen und fremden Boden. Einsam und verlassen rollte es über einen asphaltierten Gehweg, bis es von einem Riss im trockenen, brüchigen Zement gestoppt wurde. Nun trat ein unschuldiger, unwissender, unsympathischer Absatz eines Lederstiefels auf diesen Samen und drückte ihn tief in die Spalte. Er steckte fest. Er war ein gefangener Hilfesuchender. Ausgestoßen, von seiner Familie getrennt, allein. Ein verwaister Samen, der in einer tiefen, dunklen Schlucht feststeckte. Hilflos und hoffnungslos.

Und dann geschah es. Tief im Herzen dieses Samens regte sich eine fremde, geheimnisvolle, wunderbare Lebenskraft, die den Tod, den Gehweg und die ganze Welt herausforderte! Das Herz des gefangenen Samenkorns schrie auf: „Ich werde nicht sterben, ich werde leben!"

Als der erste freundliche Tropfen Morgentau in diesen Spalt im Zement sickerte, hieß der kleine Samen ihn willkommen und nahm die freundliche Nässe auf. Kleine Wölkchen von Staub, die von einer angenehmen Brise aufgewirbelt wurden, fielen in den Spalt und bedeckten den Samen, der um sein Leben kämpfte. Der schrie wiederum auf: „Ich werde Wurzeln schlagen und wachsen!"

Behutsam und lautlos sprossen die ersten winzigen haarigen Wurzeln und suchten Halt in dieser ungewohnten, feindlichen Umgebung. Dort, in diesen winzigen, verborgenen Höhlen fanden die zarten Ranken noch mehr Feuchtigkeit, noch mehr Nahrung, bis dieser so weit gereiste Samen heranwuchs, getragen von dem Willen zu gedeihen und schließlich aufbrach und die neuen Triebe ihren Weg zum Licht suchten. Und eines Tages, an einem klaren sonnigen Morgen, spross ein Büschel Gras aus dem Spalt auf meinem Gehweg und erklärte der Welt stolz: „Hier bin ich! Ich habe es allen Widrigkeiten zum Trotz geschafft!" Und Sie können das auch!

Wenn dieser kleine Samen es geschafft hat, denken Sie nicht, dass Sie es dann auch schaffen können? Vielleicht werden Sie wie dieser kleine Samen in einem Ödland ausgesetzt. Haben Sie das Gefühl, die Endstation erreicht zu haben? Haben Sie Ihren Nullpunkt erreicht? Möglicherweise sind Sie zutiefst deprimiert und haben alle Hoffnung verloren – Sie haben gehofft und gehofft, nur um wieder und wieder zu scheitern. Ihr Leben scheint zu Ende zu sein. Sie haben keine Träume mehr. Ihre Zukunft zeichnet sich eher als ein düsterer Feind vor Ihnen ab und nicht wie ein möglicher Freund.

Die gute Nachricht für Sie lautet:
JEDES ENDE IST EIN NEUER ANFANG!

Was sich für Sie wie ein Ende anfühlt, ist womöglich nur die Dunkelheit vor der Dämmerung eines neuen Traumes, einer neuen Herausforderung, einer neuen Gelegenheit, einem neuen Morgen. Sie tragen die Macht in sich, das Ende in einen Übergang zu verwandeln. Sie können diesem Teufelskreis entrinnen und zu neuen Ufern aufbrechen. Genauso wie der Samen durch den Asphalt brechen konnte, um seinen Kopf der strahlenden, neuen Welt entgegenzustrecken, so können auch Sie den Durchbruch zu einem neuen und wunderbaren Leben schaffen!

Neu zu beginnen ... kann aufregend sein und ist möglich!

Nichts kann frustrierender und überwältigender erscheinen, als noch einmal von vorne beginnen zu müssen. All die Arbeit und Mühe waren vergebens. Was für eine Verschwendung! Was für ein ungeheurer Verlust an Zeit und Energie und sogar an Geld!

Richtig?

FALSCH!

Der Bau des Panama-Kanals wird für diejenigen immer eine Inspiration sein, die sich Herausforderungen gegenübergestellt sehen. Hätte nicht Generalmajor George Goethals die Leitung übernommen und seine Bereitschaft gezeigt, noch einmal von vorne zu beginnen, wäre es gut möglich, dass das Kanalprojekt aufgegeben und als absoluter Misserfolg gewertet worden wäre! Stellen Sie sich zum Beispiel einmal folgendes Szenario vor:

Das Ausgraben eines Abschnitts des Kanals erwies sich als sehr schwierig. Es erforderte monatelange harte Arbeit, diesen einen Abschnitt auszugraben und zu bauen, nur damit er am Ende wieder einstürzte. Stellen Sie sich vor, wie entmutigend das sein muss – und mit Sicherheit ein guter Grund, aufzuhören, seine Sachen zu packen und nach Hause zu gehen!

Einer der Helfer stand mit dem Generalmajor da und begutachtete den Schaden. Ungläubig schüttelte er den Kopf und fragte: „Was sollen wir jetzt machen, Generalmajor?"

„Graben Sie den Kanal noch einmal aus", lautete seine Antwort.

Also gruben sie. Und heute kommt die Welt in den Genuss dieser bemerkenswerten Wasserstraße.

Es ist vielleicht nicht einfach noch einmal von vorne zu beginnen. In der Tat kann es sogar die schwierigste Zeit in Ihrem Leben sein. Aber kommen Sie NIE auf den Gedanken, dass Ihre Bemühungen umsonst oder verschwendete Zeit waren! Sie können aus Ihren Erfahrungen lernen und *nichts* ist wertvoller als Wissen!

In der Bibel lesen wir, wie Jesus eines Nachmittags am Ufer des Sees Genezareth vor einer großen Ansammlung von Menschen sprach, die eigens gekommen waren, um Ihn zu hören. Er bemerkte Petrus und einen weiteren Fischer, die ganz in der Nähe ihre Netze wuschen. Jesus stieg in ein leeres Boot und bat Petrus, Ihn auf das Wasser zu fahren, damit Er vom Wasser aus zu der Menge sprechen konnte. Als Er seine Rede beendet hatte, wandte sich Jesus an Petrus und sagte: „Nun fahre mit dem Boot hinaus an tiefere Stellen, werfe deine Netze aus und fange ein paar Fische."

„Und Petrus antwortete und sprach: Meister wir haben die ganze Nacht gearbeitet und nichts gefangen." (Lukas 5, 5).

Da Petrus ein sehr erfahrener Fischer war, war es für ihn sehr ungewöhnlich, dass er keinen Fisch gefangen hatte, obwohl er die ganze Nacht unterwegs gewesen war. Es ist genauso ungewöhnlich, wie wenn ein positiv denkender Mensch sagt: „Ich kann das nicht! Das wird nicht funktionieren!"

Petrus hatte sich die ganze Nacht abgeplagt, ohne auch nur einen Fisch zu fangen und dann empfahl ihm Jesus, noch einmal von vorne zu beginnen!?

Wenn Sie sich die ganze Nacht abgeplagt und nichts gefangen hätten, was würden Sie tun? Machen Sie vom Möglichkeitsdenken Gebrauch. *Holen Sie niemals Ihre Netze ein, sondern werfen Sie sie an einer anderen Stelle aus!*

Als Jesus weitersprach, hörte Petrus nur ungläubig zu: „Fahre an die tiefe Stelle hinaus und werfe deine Netze aus." Zweifelsohne war Petrus erschöpft und Jesu Rat erschien ihm sinnlos, aber Petrus tat, wie ihm geheißen. Und plötzlich fing er eine große Menge Fische, so viele Fische auf einmal, dass sein Netz zu reißen begann, als er versuchte, es ins Boot zu ziehen.

Man neigt dazu zynisch zu reagieren, wenn man gezwungen ist, noch einmal von vorne zu beginnen. Vielleicht haben Sie vor, die Schule zu verlassen, weil Sie nicht wissen, was Ihnen das Lernen bringen soll. Vielleicht wollen Sie mit dem Schreiben aufhören, weil Ihnen immer nur Absagen erteilt wurden. Vielleicht möchten Sie Beziehungen aufgeben, weil die Menschen Sie schlecht behandelt haben. Vielleicht haben Sie auch Bestätigung und Freude im Glauben gesucht, aber ihr Netz ist leer geblieben.

Mein Freund/Meine Freundin, wenn Sie dazu neigen, das Leben als etwas Zynisches oder Sinnloses zu betrachten, dann möchte ich Ihnen zeigen, wie Möglichkeitsdenker Ihnen helfen können, Liebe und Freude zu finden! Und so finden Sie Selbstverwirklichung: 1. Betrachten Sie zunächst Ihren größten Feind – sich selbst. 2. Nehmen Sie Rat von positiv denkenden Menschen an. 3. Werfen Sie Ihr Netz in noch tieferen Gewässern aus. Versuchen Sie es so lange, bis Sie Ihren Fang gemacht haben.

Es schwimmen noch andere Fische im Meer!

Seien Sie auf der Hut vor negativen Gedanken wie: „Ich werde niemals Liebe, Glück oder Erfolg im Leben haben." Genau wie Petrus sind Sie vielleicht versucht zu sagen: „Der See ist leer. Es ist undenkbar, dass noch irgendein Fisch darin schwimmt."

Tatsache ist, dass es sehr wohl noch andere Fische und für Sie ein Morgen gibt. Niemand kann mit Sicherheit sagen, wie viele Fische wir noch fangen können oder wie viele Morgen wir noch haben, aber jeder neue Tag fordert uns auf, neue wunderbare Möglichkeiten zu nutzen!

Wenn Sie einen geliebten Menschen verloren haben, denken Sie daran: Es gibt unzählige Menschen auf dieser Welt, die dasselbe erfahren haben. Auch sie fühlen sich einsam und suchen nach Gemeinschaft. Die beste Heilung für Einsamkeit ist, andere Menschen zu suchen, die noch einsamer sind als Sie selbst.

Wenn Sie Ihre Arbeit verloren haben, denken Sie daran: Es gibt noch andere Jobs auf dieser Welt, vielleicht auch besser als der, den Sie verloren haben!

Die Titelgeschichte des Nachrichtenmagazins *U.S. News and World Report* in der Ausgabe vom 23. März 1987 lautete: „Sie sind gefeuert! Überlebenshandbuch für Ihren Neubeginn." In dem Artikel wurde berichtet, dass amerikanische Unternehmen in den vergangenen fünf Jahren knapp eine halbe Million Stellen von Managern im Bereich mittleres und oberes Management, die mindestens drei Jahre Berufserfahrung hatten, gestrichen haben. Schätzungen zufolge werden wohl weitere 400.000 Manager entlassen werden.

Die Statistiken wirken auf den ersten Blick beängstigend und bedrohlich. In dem Artikel hieß es aber weiter, dass sich diese Katastrophe in vielen Fällen als glückliche Fügung erwiesen hätte. Statistiken sind nicht eindeutig, aber die Daten, die verfügbar sind, zeigen, dass viele entlassene Manager eine neue Arbeit finden, die zudem noch besser bezahlt wird. Sie sind zufriedener mit ihrer neuen Arbeit, da sie häufig für kleinere Unternehmen arbeiten und eine größere Rolle beim Treffen von Entscheidungen spielen. Nach dem Neubeginn scheinen sie flexibler geworden zu sein, Arbeits- und Familienleben harmonischer miteinander verbinden zu können."

Tatsache ist, dass durchschnittlich mindestens 70 Prozent aller entlassenen Berufstätigen einen neuen Job finden können. Das sind doch gute Nachrichten, oder? Das macht Mut! Und die restlichen 30 Prozent? Studien zufolge werden viele „kleinere Jobs", die aber womöglich zu größeren und besseren hätten führen können, abgelehnt.

Holen Sie Ihre Angel nicht ein, sondern werfen Sie sie an anderer Stelle aus!

Werfen Sie Ihre Angel im weiten Bogen aus und vergessen Sie den Köder nicht, ohne den kein Fisch anbeißt.

1848 löste der Ingenieur Theodore Elliot ein Problem, das seit Jahrzehnten den Handelsverkehr behinderte. Seit Jahren wünschten sich Farmer und Geschäftsleute eine Eisenbahnlinie von New York nach Kanada. Aber um solch eine Strecke bauen zu können, musste eine Brücke über den Niagara-Fluss errichtet werden. Die traditionelle Brückenbauweise konnte dort nicht angewendet werden. Doch der Ingenieur Elliot fand eine brillante Lösung: die erste Hängebrücke. Er sah einen tragenden Turm von 7 mal 24 Meter auf jeder Seite des donnernden, reißenden Flusses vor. An diesen Türmen würde er ein Kabel befestigen, das wiederum die Brücke stützen sollte.

Aber es gab ein Problem. Wie sollte er anfangen? Es war unmöglich, an dieser Stelle des Flusses von einem Boot aus zu arbeiten. Es gab auch keine Uferlinie, von der aus man hätte arbeiten können, nur glatte Felsen. Er wusste, *wenn der Anfang erst einmal gemacht wäre, hätte man die Hälfte der Arbeit schon geschafft.*

Also beschloss er, mit dem Spannen eines Kabels von einer Seite des Flusses zur anderen zu beginnen. „Ein Kabel, das aus 36 Strängen der Stärke 10 besteht, ist dick und stabil genug, um zwei Behälter daran zu hängen, die zwei Arbeiter tragen können. Diese Arbeiter können somit von einer Seite des Flusses auf die andere gelangen, um mit der Errichtung der Brücke zu beginnen", sagte er.

„Aber wie sollen wir ein so dickes Stahlkabel über die Schlucht bekommen?", fragte jemand. „Man kann es nicht einfach hinüberwerfen, dafür ist es viel zu schwer."

Elliot stutzte für einen Augenblick. Dann hatte er eine Idee: Er veranstaltete für die Kinder in der Nachbarschaft einen Wettbewerb im Drachensteigen. Er setzte einen Preis von zehn Dollar für den Teilnehmer aus, dem es gelang, einen Drachen auf die andere Seite des Ufers zu bringen und die Drachenschnur dort festzubinden. Es gab viele Teilnehmer, denn zehn Dollar waren eine Menge Geld für ein Kind in dieser Zeit. Aber nicht einem von ihnen gelang diese Aufgabe, bis eines Tages ein elfjähriger Junge namens Homer Walsh einen guten Südwind nutzte, der seinen Drachen aufsteigen ließ und ihn, statt wie all die anderen abstürzen zu lassen, auf die andere Seite des Flusses trug. Sein Freund, der auf der anderen Seite des Flusses wartete, band die Drachenschnur dort fest. Homer erhielt den Preis.

Am nächsten Tag befestigte Elliot die Drachenschnur an einem etwas schwereren Seil. Er zog das Seil über die Schlucht, so dass sich dieses über den Abgrund spannte. Dann band er dieses Seil an ein noch dickeres und zog es wiederum über die Schlucht. Dieses Seil befestigte er am Stahlkabel. So gelang es ihm, Schritt für Schritt das Kabel über die Schlucht zu spannen und ermöglichte es so den beiden Arbeitern, sich vor- und zurückzubewegen und mit der Arbeit an der Hängebrücke zu beginnen.

Werfen Sie Ihre Angel aus! Holen Sie mit Schwung aus! Machen Sie den ersten Schritt! Seien Sie bereit, klein zu beginnen. Man fühlt sich erschlagen, wenn man den ganzen Tag zu Hause vor dem Fernseher sitzt. Werden Sie aktiv und handeln Sie konstruktiv.

Seien Sie stolz auf das bisher Erreichte – Trauern Sie nicht dem Verlorenen nach!

Seien Sie guten Mutes! Sie besitzen immer noch all das, was wirklich wichtig ist: 1) Die Freiheit, verschiedene Richtungen einzuschlagen; 2) Die Freiheit, über die eigene Reaktion auf das, was einem widerfahren ist, einzuwirken; 3) Die Freiheit, zu wählen, ob Sie ein verbitterter oder besserer Mensch werden wollen; 4) Die Freiheit, einen durchschlagenden Erfolg zu erzielen.

Es gibt immer noch:

❖ *Unzählige neue Möglichkeiten!*
❖ *Außer Acht gelassene und unterbewertete fantastische Gelegenheiten!*
❖ *Vernachlässigte Talente!*
❖ *Unausgeschöpfte Werte!*
❖ *Unverschlossene Türen, die nur aufgestoßen werden müssen!*

Sie sehen, die Aussichten sind rosig! Und Sie haben die Freiheit und die Macht zu entscheiden, welche Richtung Sie in Ihrem Leben einschlagen wollen.

Rechnen Sie mit dem Erfolg!

Wenn Sie einen Tiefpunkt erreicht haben und die Umstände eine unerträgliche Last für Sie darstellen, wenn Sie kurz davor stehen, in Panik zu geraten, ist das Gefährlichste, was Sie machen können, eine negative, nicht rückgängig zu machende Entscheidung zu treffen.

Bewahren Sie sich Ihren Glauben und Sie *werden* erfolgreich sein. Sie *werden* die Herausforderungen, denen Sie momentan gegenüberstehen, meistern. Sie *werden* siegreich aus Ihren Niederlagen, die Sie zurückgeworfen haben, hervorgehen. Sie werden wieder an die Oberfläche gelangen und sagen: *„Das war eine lehrreiche Erfahrung für mich!"*

Die erste Frage, die Sie vermutlich stellen werden, lautet: *Wann werde ich erfolgreich sein?* Es könnte heute, morgen oder übermorgen passieren. Den genauen Zeitpunkt können weder Sie noch ich vorhersagen. Gott allein kennt die Antwort auf diese Frage.

Die nächste Frage, die Sie sich stellen könnten, ist: *Wie lange kann ich noch durchhalten?* Vermutlich viel länger als Sie denken!

Jeder Psychiater wird es Ihnen bestätigen: „Wir erleben Patienten, Monat für Monat, Jahr für Jahr und eines Tages, plötzlich, ohne irgendein besonderes Zutun unsererseits, bekommt ihre graue Haut wieder Farbe und ihre Augen beginnen zu funkeln. Das ist ein phänomenaler Augenblick, denn Hoffnung ist ein Phänomen! Wir wissen nicht, was der Auslöser für neue Hoffnung ist oder woher er kommt. Wir denken nicht, dass er von uns kommt. Wir sehen nur, was mit diesem Menschen geschieht! Wenn ein Mensch neue Hoffnung schöpft, erfährt er eine vollständige Erneuerung!"

Sie können neue Hoffnung schöpfen, sobald Sie erkennen, dass heute der Anfang ist! *Was wie ein Ende aussehen mag, ist nur ein Ende, wenn Sie beschließen, dass es ein Ende sein soll.*

Gott hat noch viel mit Ihnen vor. Geben Sie Ihm also eine Chance, zu Ihnen durchzudringen. Jeder kann Erfolge erzielen. Aber denken Sie daran, dass der Erfolg in Ihren Händen liegt! Er wird sich vermutlich erst einstellen, wenn Sie Ihre persönlich gesetzten Grenzen überschreiten.

Überwinden Sie Ihre Grenzen!

Wir haben alle selbstauferlegte Grenzen, die uns zurückhalten. Wenn wir es versäumt haben, einen Erfolg zu verwirklichen, oder wenn unser Erfolg sich in Grenzen hält, liegt das wahrscheinlich an vorgefassten Meinungen, die eine unsichtbare Barriere auf unseren Wegen errichtet. Die dargestellte Abbildung zeigt, was uns vom Durchbruch zurückhalten kann. Verbinden Sie alle neun Punkte mit vier geraden Linien, *ohne den Stift abzusetzen.*

Es scheint unmöglich, alle neun Punkt mit vier geraden Linien zu durchkreuzen. Aber wie ermöglichen Sie das Unmögliche? Wenn Sie die Grenzen überschreiten, werden Sie in der Lage sein, alle neun Punkte mit vier Linien zu verbinden. (Lösung auf Seite 214)

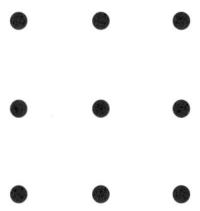

Überschreiten Sie Ihre selbst gezogenen Grenzen. „Ich kann in dieser Stadt keinen einzigen Job finden." Nun, warum beschränken Sie sich dann auf diese Stadt? Diesen Bundesstaat? Suchen Sie sich dort Arbeit, wo es freie Stellen gibt. „Ich bin Schreiner und dieses Handwerk ist momentan nicht gefragt." Warum schränken Sie sich auf diese eine Tätigkeit ein? Nutzen Sie Ihre freie Zeit, neue Fähigkeiten zu erwerben. Niemand hat Ihnen gesagt, dass Sie die Linie nicht über die neun Punkte hinausziehen dürfen. *Diese Beschränkung haben Sie sich selbst auferlegt.* Wenn Sie sich solche Beschränkungen auferlegen, wird das Rätsel unlösbar. Sie können sich von den selbst auferlegten Grenzen der Punkte lösen, wenn Sie in größeren Maßstäben denken!

Haben Sie finanzielle Probleme? Dann haben Sie vielleicht eine geistige Barriere aufgebaut, die Sie daran hindert, mehr Geld zu verdienen.

Vor kurzem frühstückte ich zusammen mit einem meiner Kirchenmitglieder in einem Restaurant. Ein Mann mit einem Aktenkoffer kam herein, gefolgt von einer weiteren Person. Sie setzen sich an den Tisch neben uns. Die zweite Person sagte zu dem Mann mit dem Aktenkoffer: „Natürlich möchte ich den Job."

Der Mann fragte: „Wie viel möchten sie denn verdienen?"

Der Mann, der auf eine Anstellung hoffte, antwortete: „Alles, was ich verdienen muss, sind 400 Dollar die Woche." Ich dachte nur: *Ist das nicht traurig?* Traurig, weil er sich selbst Grenzen setzte und womöglich niemals mehr verdienen wird.

Verbauen Sie sich nicht selbst Ihre Wege, indem Sie sich weigern, Ihre selbstgezogenen Grenzen auszudehnen!

Erscheint Ihnen das heute unmöglich? Es erfordert vermutlich unerschütterliches Vertrauen. Vertrauen bedeutet: eine Hürde zu nehmen, einen Berg zu erklimmen, die Grenzen zu überwinden. Es bedeutet, die Grenzen, die Sie sich selbst und andere Ihnen gesetzt haben, hinter sich zu lassen. Es bedeutet, Ihren eingeschränkten Blick in die Ferne schweifen zu lassen, damit Sie den Sonnenaufgang und Anbruch eines wunderschönen neuen Tages sehen können.

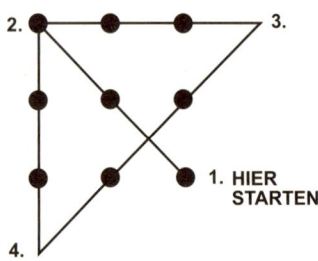

Versperren Sie nicht den Blick auf Morgen!

Hazel Wright war eine bekannte Philanthropin. Sie spendete großzügig für viele gute Zwecke, darunter auch 1 Million Dollar für den Kauf und die Errichtung der Orgel in der Crystal Cathedral. Heute zählt diese Orgel zu einer der schönsten der Welt und trägt ihren Namen: Die Hazel-Wright-Orgel.

Hazel liebte Musik und Tanz. Als sie noch gesund war, forderte sie mich einmal zum Tanzen auf. Ich sagte zu ihr: „Hazel, ich habe nie tanzen gelernt. Selbst wenn ich wollte, wüsste ich nicht wie."

Später wurde sie schwerkrank. Bei ihr wurde ein bösartiger Tumor diagnostiziert! Als die Krankheit fortschritt, fiel sie in ein sogenanntes Wachkoma. Mitglieder der Kirche beteten für sie. Auch ich betete für sie. Ich stand an ihrem Bett und redete mit ihr, als ob sie mich verstehen könnte. Dann sah ich den Anflug eines Lächelns auf ihrem Gesicht und wusste, dass ihre Seele meine Botschaft erhalten hatte.

Doch dann geschah das Unglaubliche! Die Ärzte waren überrascht. Hazel erwachte aus dem Koma. Sie durfte das Krankenhaus verlassen, auch wenn sie aus medizinischer Sicht immer noch sehr krank und ihre Prognose nicht gut war.

Ich besuchte sie einige Tage vor ihrem Tod. Sie war sehr müde und in ihren Augen lag kein Strahlen mehr. Ich nahm ihre zarten, knochigen Hände, hielt sie über das Bettlaken, blickte sie an und sagte: „Hazel, ich weiß, dass es eine Sache in Ihrem Leben gibt, die Sie sich gewünscht haben und das ist ein Tanz mit Dr. Schuller. Also Hazel, lassen Sie uns tanzen."

Ihre Hände haltend, schwenkte ich sie vor und zurück und summte die Melodie des Liedes „Shall we dance?" Ihr Gesicht begann zu strahlen. Farbe kehrte auf ihrem Gesicht zurück. Ihre Augen funkelten und leuchteten, als ob sie wieder ein 18-jähriges Mädchen wäre.

Ich sagte: „Hazel, was kann ich für Sie tun? Gibt es irgendetwas anderes, was ich für Sie tun kann?"

Sie sagte: „Ja! Ich weiß, was ich mir wünsche. Ich möchte einen großen Kalender für das neue Jahr, der Platz genug bietet, viele Sachen hineinzuschreiben."

Das ist Hoffnung! Solange Sie atmen können, sollten Sie einen Kalender haben – einen großen Kalender mit viel Platz, um viele Dinge aufzuschreiben. Ein Weg endet nie, sondern hat lediglich Kurven. Egal, wie groß die Barriere Ihnen erscheinen mag, Sie können Sie durchbrechen, wenn Sie hoffen und Ihren Blick nach vorne auf das Morgen richten können!

Morgen ist heute!

Es ist aufregend zu erkennen, dass das Morgen näher liegt als man vielleicht erkennt. Tatsächlich ist es für viele von Ihnen bereits da! Und egal wie widersprüchlich sich das anhört, aber „morgen ist heute!"

Vor ein paar Jahren besuchte ich das Heilige Land und wohnte in einem Hotel am See Genezareth. Ich griff zum Telefon und rief meine Frau Arvella an, die in Kalifornien geblieben war. Es war Dienstag, fünf Uhr morgens in Galiläa und sieben Uhr abends, Montag, in Kalifornien.

Meine Frau und ich sprachen kurz miteinander. Ich teilte ihr meine Erfahrungen mit und am Ende unseres Gesprächs sagte Arvella anstelle von „Tschüss": „Ich wünsche dir ein wundervolles Morgen".

Ich sagte: „Aber morgen ist doch schon." Und in der Tat war es das. Mein Heute war ihr Morgen.

Heute ist morgen! Haben Sie keine Angst vor der Zukunft. Konzentrieren Sie sich auf das Heute, denn morgen ist heute.

Die Art, wie Sie denken und wie Sie heute handeln, entscheidet über Ihre Zukunft. Durch die Art, wie Sie Gegenwart und Zukunft wahrnehmen, können Sie Ihr Leben und Ihre Veränderungen größtenteils selbst kontrollieren. Also planen und beten Sie für ihren zukünftigen Weg.

Heute ist ein neuer Tag!

Die Sonne scheint, der Himmel ist blau!
Ein neuer Tag bricht an – für Sie und mich.
Mit jedem Sonnenaufgang
Eröffnen sich auch neue Möglichkeiten.
Mit dem Anbruch jedes neuen Morgens
Werden neue Chancen geboren.

Wissen Sie, was morgen passiert? Raten Sie mal!

- *Heilmittel werden gefunden,*
- *neue Erfindungen geschaffen,*
- *Wunderheilmittel kommen auf den Markt,*
- *tyrannische Gesetze werden abgeschafft,*
- *Geheimnisse der Konfliktlösung entdeckt,*
- *neue Geschäfte organisiert,*
- *neue Karrieren gestartet.*

Seien Sie bereit für das Morgen, denn Sie werden eine Rolle darin spielen!

Egal, was Sie heute machen, machen Sie es morgen besser!

IX. Verabschieden Sie sich vom Misserfolg! BEGRÜSSEN Sie den Erfolg!

Sie sind nun bereit, dem Misserfolg Lebewohl zu sagen und den Erfolg willkommen zu heißen.

Wie heißt das magische Wort, das Erfolg sicherstellen kann und Misserfolge aus unserem Leben verbannen kann? Glaube! Möglichkeitsdenken ist nur ein anderes Wort für Glaube.

Sie werden entweder von positiven Gedanken oder von negativen Gedanken gelenkt. Eine der beiden Gefühlsregungen dominiert und treibt Sie an: entweder Angst oder Glaube. Wenn Sie nicht im Glauben leben, dann leben Sie automatisch in Angst. Lassen Sie niemals zu, dass Angst Ihr Leben kontrolliert!

Natürlich ist die Fähigkeit sich zu ängstigen ein Teil unseres Überlebensinstinkts. Aber zwanghafte Angst ist etwas anderes. Sie ist ein verschwommenes, allgegenwärtiges Gefühl der Vorahnung, gemischt mit Unruhe und Sorgen. Zwanghafte Angst ist nichts Normales, sie kommt nicht von Gott, sondern entspringt vielmehr den ungläubigen Gedanken negativ denkender Menschen.

Dr. E. Stanley Jones, einer der gebildetsten Menschen dieses Jahrhunderts, hat dies treffend auf den Punkt gebracht:

Ich weiß, dass ich innerlich auf Glauben und nicht auf Angst eingestellt bin. Meine Heimat ist nicht die Angst, sondern der Glaube. Aufgrund dieser Beschaffenheit stellen Sorgen und Unruhen nur Sand im Getriebe meines Lebens dar: Glaube ist das Öl. Ich lebe besser mit Glaube und Vertrauen als mit Angst, Zweifel und Sorgen. Wenn ich in Angst und Sorge lebe, schnürt es mir die Luft zum Atmen ab. Mit Glaube und Vertrauen aber atme ich frei und ungezwungen. Ein Arzt aus dem John-Hopkins-Krankenhaus sagt: „Wir wissen nicht, warum Menschen, die sich ständig Sor-

gen machen, früher sterben als die anderen, aber es ist eine Tatsache." Aber ich denke in einfachen Wegen und glaube deshalb die Antwort zu kennen: Wir sind innerlich – mit Nerven und Gewebe, mit Gehirnzellen und Seele – für den Glauben und nicht für die Angst geschaffen. Gott hat uns so geschaffen. In Angst und Sorge zu leben heißt, wider die Realität zu leben.[43]

Keine Kraft, keine Emotion ist lähmender als Angst. Es hält den Geschäftsmann davon ab, einen Anruf zu tätigen, den jungen Mann davon, einen Heiratsantrag zu stellen, einen Arbeitssuchenden, ein Vorstellungsgespräch wahrzunehmen, einen Manager, innezuhalten, bevor er eine wichtige Entscheidung trifft, einen Wahrheitssuchenden, sein Leben in Gottes Hand zu geben.

Im gesamten erbärmlichen, bedauernswerten Spektrum menschlicher Ängste ist nichts zerstörender und vernichtender als die Angst vor dem Versagen. Weisen Sie die Angst als kontrollierende Kraft in Ihrem Leben ab. Streichen Sie diese negative Denkweise, denn es ist eine fehlerhafte Denkweise!

Einige von ihnen haben Ihr ganzes Leben in Angst gelebt. Ihnen wurde beigebracht, misstrauisch und skeptisch zu sein. Sie glauben, dass es klug sei, vorsichtig zu sein. In diesem ganzen Verlauf sind sie womöglich ganz und gar tief verwurzelten, pessimistischen Ansichten verfallen.

Sie sind möglicherweise in einem Netz aus Furcht gefangen, wie die arme Witwe in einem Märchen aus dem Orient. Sie hatte zwei Söhne und war vollkommen von ihren mageren kleinen Geschäften abhängig. Jeden Tag machte sie sich Sorgen, um das Geschäft ihrer Söhne; sie bangte und hoffte, dass es gut laufen würde.

Einer ihrer Söhne verkaufte Regenschirme. So blickte die Mutter jeden Morgen, wenn sie aufwachte, aus dem Fenster, um zu sehen, ob die Sonne schien oder ob es nach Regen aussah. Wenn der Himmel dunkel und wolkenverhangen war, sagte sie fröhlich: „Heute wird er sicherlich Regenschirme verkaufen."

Wenn die Sonne schien, war ihr den ganzen Tag elend zumute, weil sie fürchtete, dass niemand die Regenschirme ihres Sohnes kaufen würde.

Der andere Sohn der Witwe verkaufte Fächer. Jeden Morgen, wenn die arme alte Witwe zum Himmel blickte und die

 43 E. Stanley Jones: *Abundant Living* (Nashville: Abingdon, 1976).

Sonne sich nicht zeigte und es nach Regen aussah, war sie sehr deprimiert und jammerte: „Heute wird bestimmt niemand die Fächer meines Sohnes kaufen."

Egal, wie das Wetter auch war, diese arme alte Frau hatte immer Anlass dazu, sich Sorgen zu machen. Mit dieser Einstellung konnte sie nur verlieren.

Eines Tages traf sie einen Freund, der sagte: „Meine Liebe, du siehst das alles falsch. In Wirklichkeit hast du nichts zu verlieren, sondern nur zu gewinnen. Du lebst von den Einkünften deiner beiden Söhne. Wenn die Sonne scheint, kaufen die Menschen Fächer; wenn es regnet, kaufen sie Regenschirme. Egal, ob Sonne oder Regen, du gewinnst immer!"

Von dieser Zeit an, so heißt es in der Geschichte, war sie eine glückliche Frau, die in Frieden lebte.

Der Erfolgsprozess fordert von Ihnen geistige Disziplin, um fehlerhaftes Denken abzuwehren. Das wird nicht einfach, denn Sie haben vermutlich Ihr ganzes Leben lang daran gearbeitet, ein ausgeklügeltes, komplexes System negativer Gedanken zu schaffen und zu pflegen. Sich zu „bekehren" – zu „verändern", um ein geistlich „neugeborener" Mensch zu werden – bedeutet, sich von der Person, die man war, zu lösen und abzuwenden. Möglicherweise haben Sie das Gefühl, dass Sie eine Arbeit zurücklassen müssen, in die Sie Ihr Leben lang investiert haben.

Ich werde niemals die Fahrt auf dem Nil zum Assuan-Staudamm vergessen, die ich zusammen mit meiner Frau unternahm. Dort sahen wir die Steinbrüche, aus denen das Material für die berühmten ägyptischen Obelisken stammte. Die weltbekannten Skulpturen wurden alle aus diesem Granitsteinbruch gewonnen und jeder Obelisk wurde von den Ägyptern aus einem Stück Granit geschaffen.

Leider sind diese Kunstwerke auf der ganzen Welt verstreut. Ein Obelisk wurde nach London gebracht, ein anderer steht auf dem Petersplatz. Ich habe auch einen in Paris und einen weiteren in Istanbul gesehen. Ein paar sind noch in Ägypten geblieben, der größte jedoch liegt immer noch im Steinbruch.

Die Ägypter haben Jahrzehnte gebraucht, um ihn aus dem Stein zu brechen, ihn mit Meißel und Feile zu bearbeiten und zu schleifen, doch da liegt er immer noch. An der Basis misst er rund 1,3 Quadratmeter und hat eine Höhe von 43 Meter. Ich bin darüber gegangen, denn er liegt immer noch dort. Warum? Weil die Experten, kurz bevor sie bereit waren, den Obelisken zu bewegen, ihn anschauten und sahen, was sonst niemand sehen konnte: Risse im Granit. Und aufgrund dieser Risse wurde er dort zurückgelassen.

Wenn Ihr Leben von Angst geprägt ist, sehen Sie dies als einen Riss in Ihrem Leben an, denn negatives Denken ist fehlerhaftes Denken. Niemand wird den Obelisken aufrichten, da man sich sicher ist, dass er brechen würde. Kehren Sie sich ab vom negativen Denken und wagen Sie es, Ihr Leben auf Glauben aufzubauen.

Möglicherweise haben Sie Ihr ganzes Leben lang als Skeptiker, Zyniker, Agnostiker und Säkularist gelebt. Sie müssen erkennen, dass diese Denkweise Risse aufweist.

Ich fordere Sie hier und jetzt auf – falls Sie ohne Glauben an Gott und Jesus leben, falls Sie ein Skeptiker und Zyniker sind und ein Ungläubiger und Zweifler – Ihre Art zu denken zu prüfen. Sie wurden geschaffen, um zu glauben.

Wenn Sie sich vom Misserfolg verabschieden wollen, müssen Sie sich Ihrer Ängste entledigen. Ängste beruhen auf stillen Annahmen, die das Denken negativ beeinflussen. Denken Sie doch nur einmal an die Angst vor dem Versagen. Diese Angst beinhaltet die stille Annahme, dass ich, wenn ich versage, in die Verlegenheit geraten werde, dass ich vielleicht ausgelacht werde, dass ich beschämt werde. Beginnen Sie eine Therapie, um ein Möglichkeitsdenker zu werden und stellen Sie sich folgende Fragen: Warum schrecken Sie vor dem Gefühl der Verlegenheit zurück? Wird es Sie umbringen? Tatsächlich nehmen Sie an, dass Sie, wenn Sie ausgelacht werden, Ihren Selbstrespekt verlieren. Sie fürchten, nicht länger in der Lage zu sein, sich selbst zu lieben und Ihr Selbstwertgefühl zu verlieren!

Ein Therapeut, der Ihnen hilft ein Möglichkeitsdenker zu werden, kann diese Verzerrungen in der Denkweise, die durch negative, stille Annahmen verursacht werden, aufdecken. Der Glaube wird eingeimpft, um an die Stelle von Angst zu treten und die verzerrte, ungesunde Denkweise weiter herauszukristallisieren: „Denken Sie einfach nur, dass Sie vielleicht scheitern könnten, aber seien Sie sehr stolz darauf, dass Sie es wirklich versucht haben! Positiv denkende Menschen werden Sie für Ihren Mut und Unternehmungsgeist achten!

Deshalb muss das „Angstdenken" durch das „Glaubensdenken" ersetzt werden.

In der Bibel gibt es sehr viele Beispiele, in denen zum Mut aufgefordert wird. Jemand hat einmal die „Fürchte dich nicht" in der Bibel gezählt und festgestellt, dass es 365 Verse mit dieser göttlichen Anordnung gibt – eine für jeden Tag im Jahr! Verse wie zum Beispiel:

❖ *„Fürchte dich nicht, denn ich habe dich erlöst; ich habe dich bei deinem Namen gerufen; du bist mein. Wenn du durch Wasser gehst, will ich bei dir sein, dass dich die Ströme nicht ersäufen sollen; und wenn du ins Feuer gehst, sollst du nicht brennen, und die Flamme soll dich nicht versengen. Denn ich bin der HERR, dein Gott, der Heilige Israels, dein Heiland.“* (Jesaja 43, 1-3)
❖ *„Siehe, ich habe dir geboten, dass du getrost und unverzagt seist. Lass dir nicht grauen und entsetze dich nicht; denn der HERR, dein Gott, ist mit dir in allem, was du tun wirst.“* (Josua 1, 9)
❖ *„Denn Gott hat uns nicht gegeben den Geist der Furcht, sondern der Kraft und der Liebe und der Besonnenheit.“* (2. Timotheus 1, 7)
❖ *„Wenn ihr Glauben habt wie ein Senfkorn, so könnt ihr sagen zu diesem Berge: Heb dich dorthin, so wird der sich heben; und euch wird nichts unmöglich sein.“* (Matthäus 17, 20)

Mit Hilfe des Möglichkeitsdenkens – oder durch dynamischen Glauben – können auch Sie Ängste, aus denen Misserfolge entstehen, aus Ihrem Leben verbannen. Verfolgen Sie nun, wie *der Glaube die Kraft ist, die Sie frei für den Erfolg macht*.

Schauen Sie sich die nachfolgende Tabelle (Seite 227) an. Sie veranschaulicht Ihnen, wie der Glaube in Ihrem Leben arbeitet, um Sie von negativen Emotionen zu befreien und die kraftvollen, positiven Emotionen freizusetzen, die Ihre Einstellung vollständig verändern werden.

Befassen Sie sich eingehend mit dieser Tabelle, um zu sehen, wie und warum der Glaube eine solche unvergleichliche Kraft besitzt, dem Leben eine positive Richtung zu geben. Der Glaube befreit Sie von herabsetzenden, erniedrigenden, negativen Emotionen und ersetzt diese durch Gefühle, die Erfolg erzeugen.

Beginnen Sie damit, die erste Spalte von oben nach unten zu lesen. Erkennen Sie, wie der Glaube zum *Träumen* führt. Das Träumen führt zum *Wünschen*, Wünschen zum *Beten*, Beten zum *Beginnen*, Beginnen zum *Entscheiden*, Entscheiden zum *Planen*, Planen zum *Warten*, Warten zur *Bereitschaft, Opfer zu bringen*, die Bereitschaft, Opfer zu bringen zum *Bewältigen von*

Problemen, was wiederum zur *Erfolgserwartung* führt! Dieser Vorgang nennt sich „Glaube an die Tiefenwirkung".

Lesen Sie nun die zweite Spalte wieder von oben nach unten. Glaube erzeugt eine Kraft, genannt *Bestimmung*, die wiederum eine Kraft namens *Leidenschaft* erzeugt, die eine Kraft namens *Hoffnung* erzeugt, die wiederum eine Kraft namens Verpflichtung erzeugt. *Verpflichtung* erzeugt *Ausrichtung*, die eine Kraft namens *Überlegung* erzeugt, die wiederum eine Kraft namens Geduld erzeugt. *Geduld* erzeugt *Entschlossenheit*, die eine Kraft namens *Kontrolle* erzeugt, die wiederum eine Kraft namens *Begeisterung* freisetzt.

Lesen Sie jetzt die dritte Spalte wiederum von oben nach unten.

Genau! Glaube bedeutet zu träumen. Durch das Träumen gibt man seinem Leben einen neuen Sinn und befreit sich von allem Unwesentlichen. Wenn Sie sich von allem *Unwesentlichen* befreit haben, sind Sie frei von jeglicher *Langeweile*. Wenn Sie frei von Langeweile sind, haben Sie sich auch von Ihren *Ängsten* befreit. Wenn Sie sich von Ihren Ängsten befreit haben, sind Sie auch frei von *Trägheit*. Wenn Sie frei von Trägheit sind, haben Sie sich auch von *Unschlüssigkeit* befreit. Wenn Sie sich von Unschlüssigkeit befreit haben, sind Sie auch frei von jeglicher Verwirrung. Wenn Sie frei von *Verwirrung* sind, haben Sie sich auch von *Ungeduld* befreit. Haben Sie sich von Ungeduld befreit, sind Sie frei von *Eigennutz*. Wenn Sie frei von Eigennutz sind, haben Sie sich auch von *Schwarzmalerei* befreit. Haben Sie sich erst von der Schwarzmalerei befreit, sind Sie frei von *Versagensängsten*.

Der Glaube befreit Sie von negativen Emotionen, die Sie zurückhalten, weil er sie ganz einfach durch positive Kräfte ersetzt, die Sie vorwärts- und aufwärtsreiben. Lesen Sie jetzt die letzte Spalte, um zu sehen, wohin der Glaube führt. Zuerst gewinnen Sie an Interesse, dann sind sie aufgeregt, ermutigt, beteiligt, engagiert, organisiert, konsequent, zuverlässig, optimistisch, erfolgreich!

Lesen Sie nun jede Zeile auch waagerecht. Sehen Sie, wie: Der *Glaube* die *Kraft* ist, die Sie *für den Erfolg frei macht*. Die nächste Zeile veranschaulicht den Erfolgsprozess.

Träumen → Sinn → Unwesentliches → Interesse

Träumen erzeugt eine Kraft namens Sinn, die Sie von Unwesentlichem, das zu Misserfolgen führt, befreit und Ihr Interesse an echtem Erfolg weckt.

Die nächste Zeile verdeutlicht den unglaublichen Erfolgsprozess.

Wunsch → Leidenschaft → Langeweile → Aufregung

Aus Träumen wird ein Wunsch, der eine Kraft erzeugt, die über das reine Zweckdenken hinausgeht. Leidenschaft befreit Sie von Langeweile und anstatt bloß interessiert zu sein, sind Sie nun richtig aufgeregt.

Die nächste Zeile veranschaulicht den wachsenden und sich entwickelnden Erfolgsprozess.

Gebet → Hoffnung → Angst → Ermutigung

Der Wunsch geht ins Gebet über, das wiederum Hoffnung erzeugt, die Sie von Angst befreit, was Ihnen echten Mut gibt.

Sehen Sie, wie Ihr Erfolg sich entwickelt – der Erfolgsprozess gleicht einem Samen, aus dem eine Pflanze wird, die eine Knospe bekommt und schließlich erblüht.

Lesen Sie die nächste Zeile. Der Glaube geht von der Phase des Betens in die Phase des Beginnens über.

Beginn → Verpflichtung → Trägheit → Beteiligung

Sie haben neuen Mut geschöpft und sind nun bereit zu beginnen. Dies setzt eine Kraft frei, die Verpflichtung genannt wird! Verpflichtung befreit Sie von Trägheit. Sie sind jetzt bereit, sich zu beteiligen. Dies ermöglicht Ihnen, in die nächste Stufe des Erfolgs überzugehen.

Lesen Sie die nächste Zeile und Sie werden die Entwicklung deutlich sehen können.

Entscheidung → Ausrichtung → Unschlüssigkeit → Engagement

Nun ist Ihr Glaube ausschlaggebend – Sie haben eine Entscheidung getroffen. Dies setzt die Kraft für eine klare Ausrichtung frei, die Sie von Unschlüssigkeit befreit und Sie zu absolutem Engagement veranlasst.

Und jetzt schauen Sie sich an, was passiert!

Planung → Überlegung → Verwirrung → Organisation

Der Glaube betritt nun die Planungsphase und erzeugt die Kraft der Überlegung, die Ihnen hilft „auszusortieren" und Ihren Geist von Verwirrung zu befreien. Nun fühlen Sie sich gut organisiert. Sie machen fantastische Fortschritte im Erfolgsprozess.

Ihr Glaube ist nun bereit für die Testphase.

Warten → Geduld → Ungeduld → Konsequenz

Sie treffen auf Schwierigkeiten. Ihr Erfolg gerät vielleicht ins Stocken und Schwanken. Ihr Glaube wird nun also auf die „Geduldsprobe" gestellt. Eine fantastische Kraft, genannt Geduld, befreit Sie von der gefährlichen und für Ihren Erfolg möglicherweise tödlichen Ungeduld und stattet Sie mit Beständigkeit und Standfestigkeit aus.

Und wohin führt dieser Weg? Lesen Sie die nächste Zeile.

Opferbereitschaft → Entschlossenheit → Eigennutz → Verlässlichkeit

Die Bereitschaft, Opfer zu bringen – das ist die Kraft des Glaubens in dieser Phase des Erfolgprozesses. Wenn Sie bereit sind, Zeit und Energie zu opfern, wird eine unglaubliche Kraft freigesetzt, die Entschlossenheit genannt wird. Augenblicklich sind Sie frei von der Versuchung, einen schnellen und billigen „Abgang" zu machen, genannt Eigennutz. Fazit? Sie stehen das durch. Sie geben nicht auf. Auf Sie ist Verlass!

Jetzt drückt sich Ihr Glaube in Ihrer Bewältigung von Problemen aus (anstatt vor ihnen davonzulaufen).

Problembewältigung → Kontrolle → Schwarzmalerei → Optimismus

Das Bewältigen von Problemen erzeugt eine gewaltige Kraft, genannt Kontrolle, die Sie davor bewahrt, sich von Ihren Schwierigkeiten bezwingen zu lassen und dafür sorgt, dass Sie mit Optimismus daraus hervorgehen.

Jetzt sind Sie bereit für die letzte Zeile.

Erfolgserwartung → Begeisterung → Versagen → Erfolg

Glaube heißt nun, auf den Erfolg zu warten. Dies erzeugt die stärkste Kraft, nämlich Begeisterung. Sie wissen, dass Sie nicht mehr versagen können und der Erfolg Ihnen sicher ist. Jetzt können Sie also sehen, wieso der *Glaube* die *Kraft* ist, die Sie befreit! Jetzt können Sie sehen, dass der Erfolgsprozess das *Ausleben* eines positiven Glaubens von einer Stufe zur nächsten ist.

GLAUBE	ist KRAFT;	sie macht FREI	für den ERFOLG
Träumen →	Sinn ↑ →	Frei von Unwesentlichem ↑ →	Interesse
Wünschen →	Leidenschaft ↑ →	Langeweile ↑ →	Aufregung
Beten →	Hoffnung ↑ →	Angst ↑ →	Ermutigung
Beginnen →	Verpflichtung ↑ →	Trägheit ↑ →	Beteiligung
Entscheiden →	Ausrichtung ↑ →	Unschlüssigkeit ↑ →	Engagement
Planen →	Überlegung ↑ →	Verwirrung ↑ →	Organisation
Warten →	Geduld ↑ →	Ungeduld ↑ →	Konsequenz
Opferbereitschaft →	Entschlossenheit ↑ →	Eigennutz ↑ →	Verlässlichkeit
Problembewältigung →	Kontrolle ↑ →	Schwarzmalerei ↑ →	Optimismus
Erfolgserwartung →	Begeisterung ↑ →	Versagen ↑ →	Erfolg

X. Leben Sie durch den Glauben auf!

Ich habe zwei Reisen nach Minneapolis, Minnesota unternommen, um bei meinem Freund Hubert H. Humphrey zu sein, nachdem dieser an Krebs erkrankt war. Hubert wurde mitgeteilt, dass er nur noch ein paar Monate zu leben hätte und seine Familie hatte mich eingeladen, zu ihnen zu kommen und ihnen dabei zu helfen, Hubert dazu zu bewegen, noch einmal nach Washington zu reisen. Sein ganzes Leben lang war er ein Kämpfer gewesen, aber zum ersten Mal in seinem Leben war er besiegt worden. Er hatte jegliche Hoffnung verloren, Verzweiflung machte sich breit.

„Hubert, wie hast du es eigentlich geschafft, nach deinen Niederlagen immer wieder auf die Beine zu kommen?", fragte ich ihn. Er hatte einige Niederlagen erlebt, wobei die bekannteste wohl seine Niederlage gegen Richard Nixon im Kampf um die Wahl zum Präsidenten war.

„Bring mir mein Notizbuch, Muriel", rief Hubert seiner Frau zu. Sie brachte ihm ein kleines, schwarzes Buch. Es war vollgestopft mit Zetteln, die aus dem Buch heraushingen wie das Unterkleid unter dem Damenrock. Dicke Gummibänder waren um die Mitte des wulstigen Buches gespannt. Vorsichtig entfernte Hubert die Gummibänder mit seinen dünnen und schwachen Händen und gewährte Einblick in seine lebenslange Sammlung von Notizen: erbauliche Ideen, positive Gedankenfragmente, inspirierende Zitate. „Oh, hier ist der Bibelvers, den du mir geschickt hast, Robert, als ich in der Kettering-Klinik in New York war", sagte er. „Meine Angestellten brachten mir einen dicken Ordner mit Telegrammen. Deines lag ganz oben auf. Sogar noch über den Genesungswünschen von Präsident Carter! Hier ist er: ‚Lieber Hubert, halte durch. Gib niemals auf, bis Gott dich ruft. *Denn ich weiß wohl, was ich für Gedanken über euch habe, spricht der HERR: Gedanken des Friedens und nicht des Leides, dass ich euch gebe das Ende, des ihr wartet.*" (Jeremia 29, 11).' Das ist großartig! Das ist ein großartiger Bibelvers, Robert!"

Jetzt sah ich Hoffnung in ihm aufkeimen. Er wirkte wieder lebhafter. Und bevor es mir bewusst wurde, sagte er: „Muriel, ich denke, wir sollten noch einmal nach Washington zurückkehren!"

Am nächsten Tag legte Präsident Jimmy Carters Air Force One einen Zwischenstopp in Minneapolis ein und nahm Hubert Humphrey mit nach Washington, wo man ihn mit den höchsten Ehrungen auszeichnete, die je einem Amerikaner zuteil wurden. Huberts Erfolg fand also kein Ende und seine Misserfolge waren niemals endgültig.

Ein paar Monate später schlief Hubert friedlich ein. In meinem sonnigen Büro in Kalifornien erreichte mich der Anruf seiner Familie und bat mich die Trauerrede in Minneapolis zu halten. Die Temperaturen lagen bei null Grad, als die Teilnehmer aus allen Teilen der USA zu seiner Beerdigung kamen: Billy Graham, Jesse Jackson, Präsident Jimmy Carter, die führenden Senatoren aus beiden politischen Lagern, Hollywood-Stars. Alle drei großen Fernsehsender waren vertreten, um den Gottesdienst live für zehn Millionen Zuschauer in ganz Amerika zu übertragen. Nun war es an der Zeit, meine Trauerrede zu halten. Es war sowohl damals als auch heute noch die größte Ehre für mich. Die Worte, die ich im Gedenken an Hubert Humphrey sprach, sind Worte, die ich als eine große Möglichkeit in Ihrem Leben und auch in meinem anbiete: „Am Ende seines Lebens konnte er mit Stolz zurückblicken, Liebe um sich herum sehen und Hoffnung vor sich sehen."

Ein Zeitungsreporter meinte später: „Hubert Humphrey verlor am Ende den Kampf gegen den Krebs." Der Zyniker würde sagen: „Er hat bis zum Ende gehofft, aber es war eine falsche Hoffnung." War es das wirklich? Tatsache ist doch, dass jeder Tag, den er in Hoffnung gelebt hat, ein Tag war, an dem er gelebt hat!

Möglichkeitsdenken wurde von mehr als einem Zyniker und Kritiker kritisiert, da es falsche Hoffnung erzeuge. Aber warten Sie mal! Hoffnung, egal ob erfüllt oder nicht, ist niemals ein vergebliches und falsches Versprechen. Sie belohnt die hoffnungsvolle Person unmittelbar und direkt mit der Errettung vor der Verzweiflung.

Nur der gegenwärtige Zeitpunkt lässt gesicherte Aussagen zu. Deshalb ist die Hoffnung an sich eine unmittelbare Belohnung. Krankmachende Depressionen werden durch einen hellen und glücklichen Ausblick ersetzt! Das Gestern gehört der Vergangenheit an. Ein Morgen gibt es vielleicht nicht. Wenn ich das Heute nutzen kann und Freude und Glanz hineinbringe, habe ich dann nicht ein Leben gesegnet? Keine Hoffnung ist jemals falsch, wenn sie ein entmutigtes Herz auch nur für eine erhebende Minute vor der Verzweiflung rettet.

„Aber als Hubert Humphrey starb, endete schließlich sein Erfolg, oder?" Ich denke nicht, aber Ihre Antwort hängt davon ab, ob Sie eine negative oder positive Einstellung zum Leben und zum Tod haben. Starb er oder wäre es angebrachter zu sagen, dass er für das ewige Leben wiedergeboren wurde? Stirbt denn ein ungeborenes Kind, sobald es den Mutterleib verlässt? Erzählen Sie ihm, dass es dabei ist, eine Welt voller Farben, Klänge und Menschen zu betreten. Könnte das ungeborene Kind mit uns sprechen, würde es vielleicht Fragen stellen, die Sie und ich niemals beantworten könnten: „Was sind Farben? Was sind Klänge? Was sind Menschen?" Wir könnten ihm nur sagen: „Habe Vertrauen! Dein Leben in der einen Welt endet zwar, aber es beginnt dafür in der anderen von Neuem!"

So stehen Menschen am Ufer und winken den Schiffsreisenden zum Abschied zu, während andere an einem andern Ufer winken, um die Ankommenden zu begrüßen.

Daher möchte ich Ihnen eine Idee, eine ultimative Möglichkeit, anbieten, die womöglich Ihre größte Herausforderung darstellt: die Einladung, ein Möglichkeitsdenker zu werden und der Person zu folgen, die meiner Meinung nach der größte Möglichkeitsdenker aller Zeiten ist: Jesus Christus.

Er hat gesagt: „Wenn du den Glauben eines Senfkorns hast, wirst du zu diesem Berg sagen ‚Bewege dich', … und nichts wird dir unmöglich sein!" Er lehrte uns, dass wir von dem Tode errettet und ein ewiges Leben führen werden. Er lehrte uns, dass Erfolg niemals endet; dass Er „da sei", um uns unsere Sünden zu vergeben und uns an Seiner Seite in der ewigen Seligkeit willkommen zu heißen. Vergebung! Das bedeutet, dem Versagen *ein für allemal* abzuschwören. So stelle ich mir den Himmel vor!

Wahre Errettung ist eine echte Chance!

Seit vielen Jahren haben verlässliche, emotional gefestigte Christen eine natürliche Begeisterung und eine überschäumende Freude zum Ausdruck gebracht. Sie haben viel Zeit, Energie aufgebracht und ihre Liebe gegeben. Wenn man sie nach dem Grund fragen würde, würden sie vermutlich ganz schnell Johannes 3, 16 zitieren: *„Denn also hat Gott die Welt geliebt, dass er seinen eingeborenen Sohn gab, damit alle, die an ihn glauben, nicht verloren werden, sondern das ewige Leben haben."* Sie sprechen davon, errettet zu sein, wiedergeboren zu werden, von der Erlösung ihrer Seelen.

Was bedeutet „Rettung"?

Nun, vielleicht haben Sie es bemerkt oder auch nicht, aber Gott hat Sie vermutlich schon vor physischen Tragödien bewahrt. Sie werden niemals erfahren, was Ihnen durch die Gnade Gottes erspart geblieben ist. Gelegentlich können wir einen flüchtigen Blick auf das werfen, wovor wir gerettet worden sind.

Ich denke da zum Beispiel an die Zeit, als ich mit Billy Graham in Las Vegas unterwegs war. Ich hatte eine Zimmerreservierung im MGM-Grand-Hotel, doch einer von Billy Grahams Mitarbeitern holte mich vom Flughafen ab und eröffnete mir: „Ich hoffe, Sie haben nichts dagegen, dass wir Ihre Reservierung auf das Hilton umgeändert haben, denn Billy möchte, dass Sie dort wohnen, weil er ebenfalls dort ein Zimmer hat und Sie somit auch näher am Kongresszentrum sind."

Also übernachtete ich im Hilton. Am nächsten Tag wurde ich Zeuge, wie das MGM-Grand-Hotel abbrannte und 107 Menschen dabei ums Leben kamen. Ich danke Gott dafür, dass Er dafür gesorgt hatte, dass ich diese Nacht nicht in diesem Hotel verbracht habe.

Im April 1986 erfuhr ich abermals die schützende und rettende Macht Gottes. Meine Frau und ich waren in London auf dem Weg nach Afrika zu einer Konferenz. Nur ein paar Tage zuvor hatten die USA Libyen bombardiert. Ich hatte die Kirchengemeinde gebeten, für unsere Sicherheit zu beten.

Unser Hotel befand sich in der Nähe der amerikanischen Botschaft. Ich sagte zu Arvella: „Ich muss los und unsere Flugtickets umschreiben lassen, da wir in Los Angeles keine Zeit mehr dafür hatten." Also ging ich gegen vier Uhr nachmittags die Oxford Street entlang in Richtung British-Airways-Gebäude, in dem auch die Büros der Fluggesellschaft American Airlines und von American Express untergebracht waren. Ich gab British Airways meine Tickets und sie informierten mich, dass sie ungefähr vierzig Minuten für die Änderung brauchen würden, also setzte ich mich und las die Reisebroschüren.

45 Minuten später hatte ich meine Tickets. Ich verließ das Büro von British Airways um Viertel vor fünf. Um vier Uhr mor-

gens am nächsten Tag explodierte eine Bombe in diesem Gebäude. Es wurde vollkommen zerstört! Vielleicht haben Sie damals davon in den Nachrichten gehört. Die Experten waren der Meinung, dass die Bombe bereits zu der Zeit platziert wurde, in der ich mich im Gebäude befunden hatte und wartete. Erstaunlich ist, dass die Experten der Ansicht waren, dass die Bombe vermutlich um vier Uhr nachmittags und nicht um vier Uhr morgens explodieren sollte. Dank der Gnade Gottes ging die Bombe erst hoch, als das Gebäude verlassen war. Niemand wurde getötet und auch ich habe überlebt!

Gott rettet uns auf vielerlei Weise. Viele von uns erfahren vielleicht niemals, wovor sie gerettet wurden. Aber einige von Ihnen wissen es. Vielleicht gehen Sie mit einem Bein oder einem Arm durchs Leben, weil Sie einen Unfall erlitten haben oder Sie hatten eine Krankheit, die Sie fast getötet hätte, aber es nicht hat! In diesem Fall ist es für Sie einfach zu glauben, dass *Gott Sie liebt*.

Gott hat uns – öfters als wir uns vorstellen können – auf Wegen, die für uns unergründlich sind, gerettet. Das Wort „gerettet" erscheint an zahlreichen Stellen in der Bibel:

❖ *„Singt dem Herrn, alle Bewohner der Erde! Verkündet jeden Tag: Gott ist ein Gott, der rettet!"* (1. Chronik 16, 23, Hoffnung für alle-Übersetzung).
❖ *„Und sie wird einen Sohn gebären, dem sollst du den Namen Jesus geben, denn er wird sein Volk retten von ihren Sünden"* (Matthäus 1, 21).

Rettung! Das ist ein Wort, das das Leben verändert. Aber was bedeutet es wirklich, gerettet zu werden? Folgende Auflistung wird bei der Erklärung helfen:

RETTUNG KANN ZUR KRÖNUNG IHRES ERFOLGS FÜHREN!

Gottes Liebe rettet uns …	und führt uns …
vor Zynismus …	zum Möglichkeitsdenken!
vor blindem Zweifel …	zum Augen öffnenden Glauben!
vor abwehrender Furcht …	zur offenen Liebe!
vor sturem Stolz …	zur aufrichtigen Bescheidenheit!
vor ehrlosem Leugnen …	zu ehrlichem Eingeständnis!
vor Schuld …	zur Verzeihung!
vor Verurteilung …	zur Vergebung!

vor Einsamkeit ...	zur Gemeinsamkeit!
vor Scham ...	zum Ruhm!
vor Egoismus ...	zur Selbstachtung!
vor düsteren Stimmungen ...	zu echter Motivation!
vor Schwäche ...	zur Stärke!
vor dem Bösen ...	zur Heiligkeit!
vor Verzweiflung ...	zur Hoffnung!

Kein Wunder also, dass wir aufleben, wenn wir Hoffnung haben und *wenn wir gerettet werden!*

Errettet: von Zynismus zum Möglichkeitsdenken!

Zynismus ist Arroganz. Es ist das Denkmuster des elitären Menschen, der sich selbst als zu intelligent und zu brillant hält, um getäuscht werden zu können. Er ist ein so scharfsinniger Kritiker, dass er auf einen positiven Vorschlag unmittelbar und abwehrend mit einer negativen Ablehnung reagiert.

Wir werden gerettet, wenn wir uns vom Zynismus abwenden und dem Möglichkeitsdenken zuwenden. Diese zarte, vorsichtige Annäherung der inneren Einstellung gegenüber einem positiven Vorschlag stellt den ersten Schritt in Richtung Errettung dar.

Einige von Ihnen, die dieses Buch gerade lesen, sind anerkanntermaßen Zyniker. Wenn Sie von wiedergeborenen Christen hören, sagen Sie sich: „Oh, ich weiß alles über diese wiedergeborenen Christen. Sie sind nicht so aufrichtig und liebend, wie sie es von sich behaupten. Ich habe selbst ein paar von ihnen getroffen und ich muss sagen, dass sie sich nicht von mir unterscheiden!"

Oh doch, es gibt einen Unterschied! Sie leben mit dem Glauben, wohingegen Sie mit Argwohn leben. Sie sind bereit zu glauben, wohingegen Sie dazu neigen zu zweifeln. Wenn Sie ein Zyniker sind, beginnen Sie damit, sich diese Tatsache selbst einzugestehen, denn Zynismus muss zuerst dem Möglichkeitsdenken weichen, bevor der befreiende Prozess der Errettung beginnen kann.

Errettet: von blindem Zweifel zum Augen öffnenden Glauben!

Der Zyniker würde sagen: „Die Christen haben blindes Vertrauen", da sie stattdessen annehmen, dass die Zweifel eines

Zynikers ein *Verstehen mit offenen Augen* darstellen. Das ist nicht wahr!

* ❖ **Zweifel** *macht Sie blind für alle Möglichkeiten im Leben!*
* ❖ **Glaube** *öffnet Ihre Augen für alle Chancen!*

Errettet: von abwehrender Furcht zur offenen Liebe!

Der Ungläubige neigt dazu zynisch zu sein und sein Leben im blinden Zweifel und in einer Abwehrhaltung zu führen. Er fürchtet sich davor, wiedergeboren zu werden. Er hat Angst vor dem Glauben. Er fürchtet sich vor Emotionen.

Sie müssen von der *abwehrenden Furcht* gerettet werden und zur *offenen Liebe* finden. Wenn Sie es wagen diesen Schritt zu tun, könnten Sie womöglich überrascht sein, Tränen in Ihren Augen zu finden. Es erfordert Mut, sich der Liebe zu öffnen.

Errettet: von sturem Stolz zur aufrichtigen Bescheidenheit!

Derjenige, der von seinem sturen Stolz errettet wird, kann mit aufrichtiger Bescheidenheit sagen:

* ❖ *„Ich weiß wirklich noch vieles nicht. Vielleicht kannst du meine Wissenslücke schließen!"*
* ❖ *„Ich dachte, ich kenne die Antworten auf alle Fragen, aber ich bin mir jetzt nicht mehr sicher, ob sie auch richtig sind."*
* ❖ *„Mein Professor am College war ein überzeugter Atheist. Ich hielt ihn für sehr klug. Jetzt bin ich mir da nicht mehr so sicher."*

Bescheidenheit ist aufrichtig. Es ist der sicherste Weg, die Wahrheit zu erfahren. Auf der anderen Seite kann sturer Stolz Unsicherheiten und Trugschlüsse endlos aufrechterhalten.

Errettet: von ehrlosem Leugnen zu ehrlichem Eingeständnis!

Wenn Sie erst einmal von Ihrem sturen Stolz abgekommen sind und zur aufrichtigen Bescheidenheit gefunden haben, können Sie auch von ehrlosem Leugnen errettet werden. Natürlich gibt es auch so etwas wie ehrenhaftes Leugnen, aber wir beschäftigen uns hier mit ehrlosem Leugnen! Ein Beispiel für ehrloses Leugnen ist der Alkoholiker, der leugnet, dass er ein Problem mit Alkohol hat. Sie können von ehrlosem Leugnen errettet werden und zu ehrlichem und offenem Eingeständnis finden, wenn Sie sagen können: „ Ich brauche Hilfe. Ich bin nicht perfekt."

Offenes und ehrliches Eingeständnis wird in der Bibel als Sündenbekenntnis bezeichnet: *„Wenn wir aber unsere Sünden bekennen, so ist er treu und gerecht, dass er uns die Sünden vergibt und reinigt uns von aller Ungerechtigkeit."* (1. Johannes 1, 9)

Errettet: von Schuld zur Vergebung!

Es gibt wirklich keine emotionale Erfahrung, die heilsamer für Geist und Seele ist als aufrichtige Verzeihung, Vergebung unserer Sünden und Wiederherstellung unseres Ansehens und unserer Ehre. Daran sollten Sie stets denken! Jeder ehrbare Mensch fühlt sich schuldig, wenn er weiß, dass er Fehler begangen hat. All unsere Schuld wird uns vergeben, wenn wir Jesus Christus als unseren Retter akzeptieren.

**Für Gott ist es leichter
„Nein!" zu uns zu sagen,
als uns dazu zu bringen
„Ja!" zu Ihm zu sagen.**

Errettet: von Verurteilung zur Vergebung!

Wenn Sie von Ihrer Schuld befreit worden sind und Verzeihung erlangt haben, werden Sie auch vor der Verurteilung gerettet und Sie finden Vergebung. Für den Rest Ihres Lebens können Sie sich bewusst sein, dass Gott Sie nicht verurteilen wird, nicht jetzt, nicht morgen, nie! Auch wenn andere nicht Ihrer Meinung sind oder Sie nicht verstehen können oder Sie sogar kritisieren, spielt das keine Rolle, solange Sie sich sicher sein können, dass Gott Sie nicht verurteilt, sondern Ihnen vergibt.

Errettet: von Einsamkeit zur Gemeinsamkeit!

Sie leben nicht länger in Isolation, sondern bauen Beziehungen auf. Ein Mensch, der nicht errettet wurde, ist grundsätzlich zynisch. Seine Zweifel machen ihn blind für positive Beziehungen. Durch seine abwehrende Furcht, seinen sturen Stolz und sein ehrloses Leugnen ist er erstarrt. Er lebt mit Schuldgefühlen und sein Unterbewusstsein sieht nur Verurteilungen. Solch ein Mensch geht nicht aufrichtig, offen und leicht durchs Leben und findet es schwer, Freunde zu finden.

Gottes Liebe errettet Sie aus der Einsamkeit. Sie befreit Sie, damit Sie gesunde, dankbare Beziehungen mit anderen und mit Gott aufbauen können. Wenn Sie errettet werden, dann finden Sie zur Gemeinsamkeit mit Gott und leben nicht getrennt von Ihm. Die Bibel nennt es Versöhnung.

Man nennt Christus auch den Versöhner. Er versöhnt uns mit Gott. Deshalb bezeichnet das Wort Sühne in der Bibel nichts anderes als Eins sein mit Gott. Wenn ich errettet wurde, wenn für mich die Schuld gesühnt wurde, bin ich eins mit Gott. So werde ich Teil einer Gemeinschaft von Gläubigen, die von der Einsamkeit errettet wurden und zur Gemeinsamkeit gefunden haben.

Errettet: von Scham zum Ruhm!

Wenn ich von Scham errettet wurde und zum Ruhm gefunden habe, bin ich von neuem geboren. Ich sehe mich nicht länger als erbärmlichen Menschen an, sondern als ruhmreiche Schöpfung Gottes. Ich erkenne, dass ich den Verstand habe, damit ich Seine Gedanken empfangen kann, ein Herz habe, damit ich wie Jesus lieben kann, Hände habe, damit ich Menschen helfen kann, Lippen habe, damit ich die Nachricht von Hoffnung und Mut übermitteln kann.

Die Botschaft der Errettung lautet in der Bibel wie folgt: *„… Christus in euch, die Hoffnung der Herrlichkeit."* (Kolosser 1, 27)

Ich hielt über dieses Thema eine Rede auf der Tagung des Fachverbandes der Psychologie, der American Psychiatric Association, in Los Angeles. Die anwesenden Psychiater waren unglaublich fasziniert von dieser Botschaft. Ich erwähne diese Tatsache aus einem bestimmten Grund: Niemand kann Ihren Verstand, Ihre Gefühle, Ihre Seele einer besseren Behandlung unterziehen als Gott selbst!

Errettet: von Egoismus zu einer gesunden Selbstachtung!

Wir haben die Errettung von der Scham erfahren und haben zum Ruhm gefunden, sind von Egoismus errettet worden und fanden zu einer gesunden Selbstachtung. Egoismus kennzeichnet eigennützige Menschen: Sie wollen, dass alles nach ihren Vorstellungen abläuft. Egoisten wollen alles so machen, wie sie es sich vorstellen, damit sie Lob und Anerkennung finden. Ihr Hunger nach persönlichem Ruhm nährt ihr Ego. Selbst ihre Schuld- und Schamgefühle spornen ihr Ego an. Solche Menschen sind davon überzeugt, dass ihre Scham verschwindet und ihnen Ruhm zuteil wird, wenn ihr Ego erfüllt wird. Das ist nicht richtig. Das ist eine falsche Darstellung, eine Sackgasse, vergebene Hoffnung.

Wenn Sie sich erst einmal mit Gott „angefreundet" haben, besitzen Sie eine gesunde Selbstachtung und Ihre Ego-Probleme sind gelöst.

Errettet: von düsteren Stimmungen zur echten Motivation!

Sobald:

* *Zynismus durch Möglichkeitsdenken ersetzt wurde,*
* *blinder Zweifel durch Augen öffnenden Glauben,*
* *abwehrende Furcht durch offene Liebe,*
* *sturer Stolz durch aufrichtige Bescheidenheit,*
* *ehrloses Leugnen durch offenes und ehrliches Eingeständnis,*

239

❖ *Schuld durch Verzeihung,*
❖ *Verurteilung durch Vergebung,*
❖ *Einsamkeit durch Ruhm,*
❖ *Egoismus durch Selbstachtung,*

sind Sie emotional für eine große Idee bereit, für einen wundervollen Traum!

Gott selbst kann nun in Ihr Leben gelangen und Ihnen sagen, was Sie tun und was Sie erreichen können. Plötzlich erhaschen Sie einen flüchtigen Blick darauf, was Sie leisten können.

Errettet: von Schwäche zur Stärke!

Jetzt werden Sie von innerer Begeisterung, nicht von äußeren Zwängen angetrieben, sich beharrlich zu bemühen. Die Begeisterung tritt an die Stelle des Durchhaltevermögens! Seltsamerweise wird die Begeisterung nun eine Kraft, die Sie immer weiter antreibt. Sie wurden aus der Schwäche errettet und haben zur Stärke gefunden!

Wenn Sie sich vorstellen können, was Gott in Ihrem Leben und durch Sie bewirken kann, glauben Sie auch an folgenden Bibelvers: *„Ich vermag alles durch den, der mich mächtig macht."* (Philipper 4, 13)

Errettung bedeutet, dass Sie nun glauben können, dass Sie etwas leisten *können*!

Bei meiner ersten Reise nach Südkorea Anfang der 60er Jahre wuchs dort kein einziger grüner Baum mehr. Nach dem Krieg hatten die Menschen alle grünen Blätter abgerissen, um sie zu essen. Dann schälten sie die Rinde ab und kochten daraus eine Brühe. Am Ende fällten sie sogar die Bäume und verbrannten das Holz, um sich vor der eisigen Kälte von minus 20 Grad zu schützen.

Niemand besaß ein Fahrrad oder gar ein Auto! Die Straßen waren voll von Menschen, die zu Fuß umherliefen. Sie sind der Meinung, dass alles hoffnungslos ist und Sie in der Falle sitzen. Auf diese Menschen traf das wirklich zu, aber sie bewahrten sich ihre Hoffnung!

Die Koreaner haben unglaubliche Fortschritte erzielt. Sie haben die Schwäche hinter sich gelassen und zur Stärke gefunden. Wie haben sie das geschafft? Ganz einfach, sie haben *geglaubt*, dass sie es schaffen können. Sie wurden zu echten Möglichkeitsdenkern. Das verlieh ihnen Energie und trieb sie an. Kein Land arbeitete härter. „Die Koreaner sind das einzige Volk, das so hart arbeitet, dass sogar die Japaner faul erscheinen", wurde eine Standardäußerung bei Geschäftsführern auf der ganzen Welt.

Errettet: Vom Bösen zur Heiligkeit!

Was ist das Böse? Und was ist Heiligkeit?

❖ *Das **Böse** ist das Verweigern, Ignorieren und Vernachlässigen von Chancen, die Gott uns bietet. **Heiligkeit** heißt die Person zu werden, die Gott möchte, dass wir sind.*
❖ *Das **Böse** ist eine ichbezogene, eigennützige Art zu leben. **Heiligkeit** bedeutet, Fragen zu stellen wie: „Wie kann ich Gottes Werk in meinem Leben verwirklichen?"*

Sir James Young Simpson lebte ein „heiliges" Leben (nicht unbedingt ein perfektes Leben, aber definitiv ein produktives). Er machte der Welt ein großartiges Geschenk: die Anästhesie. Sollten Sie jemals daran zweifeln, dass diese Entdeckung ein Geschenk sei, denken Sie an die entsetzlichen Schmerzen, die vor seiner Entdeckung mit einer Operation verbunden waren.

Sir James wurde 1811 in Schottland als achtes Kind des örtlichen Bäckers geboren. Seine Eltern wollten, dass er ein Wissenschaftler wird, und so wurde er im Alter von nur 14 Jahren an der Universität von Edinburgh eingeschrieben. 1830 wurde er, noch in seinen Jugendjahren, ein Mitglied des Royal College of Surgeons[44], konnte aber seine Tätigkeit nicht ausüben, da er noch zu jung war. Deshalb wurde er Assistent von Dr. Thomas, einem Professor der Pathologie, der ihn dazu ermutigte, sich auf die Geburtshilfe zu spezialisieren.

Zu der Zeit, als der junge Sir James in der Geburtshilfe begann, wurde diese noch als die schlechteste der medizinischen Künste betrachtet. Aber er sorgte dafür, dass dieser wissenschaftliche Zweig zum Vorzeigegebiet der Medizin wurde.

Vom ersten Tag an war Dr. Simpson über die Schmerzen bei Operationen und bei der Geburt beunruhigt und strebte danach, Wege zu finden, diese Schmerzen zu lindern. Als 1847 Äther in den USA verwendet wurde, versuchte Dr. Simpson es auch damit, aber war wegen der schädlichen Nebenwirkungen nicht zufrieden.

Dr. Simpson und zwei seiner Assistenten setzten ihre Versuche fort und versuchten eine Lösung zu finden, Am 4. November 1847 atmete Dr. Simpsons Assistent Chloroform ein und war auf der Stelle ohnmächtig. Nach darauf folgenden Versuchen wurde Chloroform in einer Operation im königlichen Krankenhaus von Edinburgh, der die Öffentlichkeit beiwohnen durfte, angewendet. Die endgültige Genehmigung für die Verwendung von Chloroform wurde erteilt, als Königin Victoria es bei der Geburt ihres Kindes benutzte.

Die Verwendung von Chloroform war aber nicht der einzige Beitrag, den Dr. Simpson zur Medizin leistete. Er arbeitete beständig an der Verbesserung und Optimierung des Zustandes von Krankenhäusern und der Versorgung von Kranken.

Jeder von uns wäre stolz, solche Leistungen vollbracht und Entdeckungen gemacht zu haben, wie es Sir James Young Simpson getan hat. 1866 wurde er zum Ritter geschlagen und erhielt zudem zahlreiche Auszeichnungen und Ehrungen.

Als er jedoch von einem Journalisten gefragt wurde, welche von seinen Entdeckungen er für die größte hielt, antwortete Sir James Y. Simpson: „Dass ich einen Retter habe!"

Errettet: von Verzweiflung zur Hoffnung!

Errettung bedeutet, vor der Verzweiflung gerettet zu werden und Hoffnung zu finden, den Glauben, dass ich, was immer auch passieren mag – selbst wenn ich sterbe – es zu durchleben vermag.

Sie fragen mich: „Dr. Schuller, glauben Sie an den Himmel? Glauben Sie an die Hölle?"

Nun, ich war bisher weder an dem einen noch an dem anderen Ort, also kann ich nicht aus persönlicher Erfahrung sprechen. Die Bibel zeigt in ein paar groben Zügen, was wir erwarten können, aber die meisten Einzelheiten sind persönliche Auslegungen jedes Einzelnen. Es gibt nur ganz wenig, dass ich Ihnen mit Sicherheit sagen kann.

Aber was ich Ihnen sagen kann ist, dass es eine höhere Macht gibt, die es weiß. Und ich bin der Meinung, dass es besser ist, dieser wahren höheren Macht zu vertrauen. Wenn Sie die richtigen Antworten hören wollen, nicht irgendeine Antwort, dann sollten Sie sich direkt an diese Person wenden.

Ich unternahm einmal eine kurze Reise mit dem Flugzeug. Als ich auf dem Flughafen ankam, machte ich Halt in einem Süßwarengeschäft, um für meine Frau Schokolade zu kaufen. Arvella liebt Schokolade, vor allem mit Schokolade überzogene Nüsse. Ich betrat den Fannie-Mae-Laden, in dem eine Angestellte hinter der Theke stand und mich begrüßte. In dem Laden stand noch ein weiterer Kunde an der Theke, eine ältere Frau mit einer Flugtasche und einem kleinen Koffer. Sie schien einen Schaufensterbummel zu machen.

Da sich die ältere Dame noch nicht entscheiden konnte, fragte ich: „Haben Sie eine Packung mit 500g Schokoladennüssen?"

An dieser Stelle sagte die Kundin: „Natürlich haben Sie sie! Sie haben 500g-Schachteln von allen möglichen Nüssen!"

Ich blickte wieder zur Verkäuferin, da sie hier schließlich zuständig war. Sie konnte sehen, dass ich auf ihre Antwort wartete: „Ja", sagte sie, „wir können Ihnen mit Schokolade überzogene Nüsse jeder Art zusammenstellen."

„Haben Sie auch 500g Nüsse mit Schokoladenglasur und Karamellfüllung in einer Schachtel?", fragte ich.

Die Kundin fiel abermals ins Wort: „Ja, die gibt es in der 500g-Schachtel und natürlich auch in der 300g-Schachtel!"

Ich sah wiederum die Verkäuferin an und wartete auf ihre Antwort als zuständige Person, denn mit der zweifelhaften Meinung von irgendeinem anderen Kunden wollte ich mich nicht zufrieden geben! Die Verkäuferin blickte nervös zu der Kundin, die sie immer wieder unterbrach und sagte schließlich: „Ja, es gibt sie in 500g-Schachteln und auch in 300g-Schachteln."

An dieser Stelle mischte sich die Kundin abermals ein und erteilte unaufgefordert Ratschläge: „Aber ich empfehle Ihnen, die 500g-Kolonial-Mischung zu nehmen. Da sind auch Nüsse mit Cremefüllung dabei".

Die Verkäuferin auf der anderen Seite der Theke sagte: „Ja genau, warum probieren Sie nicht diese Mischung mit der Cremefüllung? Die Kolonialmischung ist wirklich sehr zu empfehlen!"

Ich dachte bei mir selbst: *Wer arbeitet hier eigentlich für wen?* Es war allmählich wirklich zum Verzweifeln. „Wie viel kostet die Kolonialmischung?", fragte ich.

Die Verkäuferin teilte mir den Preis mit und die Kundin fügte hinzu: „In der Kolonialmischung ist wirklich alles enthalten. Mit

Schokolade überzogene Nüsse, Cashew-Nüsse, Walnüsse und Erdnüsse. Zudem sind sie auch noch schön verpackt!" Sie blickte kurz auf die Uhr und meinte: „Oh, ich muss los oder ich verpasse mein Flugzeug!"

Sie nahm ihre Tasche und ging. Die Verkäuferin und ich atmeten erleichtert auf.

Kaum hatte sie den Laden verlassen, drehte sich die Verkäuferin um und rief durch die Tür, die in das Hinterzimmer führte. „Alles in Ordnung Mädels, ihr könnt jetzt raus kommen. Fanni Mae ist weg!"

„Sie scherzen!" sagte ich ungläubig.

„Nein, ich scherze nicht", sagte sie, „das war Fannie Mae. Natürlich ist das nicht ihr richtiger Name. Kurz nach der Hochzeit mit ihrem Mann starb dieser und hinterließ ihr das Süßwarengeschäft. Also beschloss sie, etwas aus ihrem Leben zu machen. Sie stellte neue Rezepte zusammen und schuf neue Verpackungen für Pralinen und jetzt besitzt sie 117 Geschäfte in den USA. Sie nennt sie ihre 117 Kinder und so fliegt sie ständig durch das ganze Land, um sie zu besuchen."

Fannie Mae war die zuständige, die kompetente Person, aber ich wollte nicht auf sie hören. Sie kannte alle Rezepte, sie hatte sie schließlich zusammengestellt, und ich war so töricht nur auf eine Verkäuferin zu achten, die ich für die Autoritätsperson hielt – eine Verkäuferin, die wahrscheinlich noch nie in ihrem Leben ein Stück Schokolade hergestellt hat!

Wenn Sie etwas über Gott, das Leben, Gebete, Errettung, Himmel oder Hölle erfahren wollen, dann hören Sie der Person zu, die wirklich zuständig dafür ist. Seelsorger, Theologen, Priester und Psychologen sind allenfalls Verkäufer. Die wahre Autoritätsperson ist Jesus Christus.

Was weiß ich über den Himmel? Was weiß ich über die Hölle? Fürchte ich den Tod? Ich weiß lediglich, dass ich gute Verbindungen habe. Jesus ist mir vorangegangen. Er ist mein Retter. Er lebte und starb an einem Kreuz für mich. Er ist wiederauferstanden und Er ist mein Freund. Ich wurde vor der Verzweiflung gerettet. Ich habe Hoffnung! Das nenne ich Errettung! Und das ist es, was Gottes Liebe auch für Sie tun kann!

Michael McCulloch war ein international bekannter Psychiater, der Gründer von Delta, der Organisation, die sich für die Beziehungen zwischen Mensch und Haustier einsetzte. Leider wurde er auf brutale Weise ermordet.

Ich sprach mit seiner Frau Jane, kurz nachdem ich diese schreckliche Nachricht erhielt. Als Jane Michael heiratete, war er Agnostiker. Jane sagte: „Er wäre auch zum Atheisten geworden, aber er war zu klug, um so weit zu gehen."

Als sein fünftes Kind, Molly, geboren wurde, erkannte Michael plötzlich, dass er zu viele Jahre damit verbracht hatte, Karriere und noch mehr Geld zu machen und immer noch größere Häuser zu kaufen. Eines Tages blickte er Molly an und sagte: „Weißt du, ich habe es verpasst, euch Kinder heranwachsen zu sehen."

Etwa zur selben Zeit lud ein Arzt, der im selben Krankenhaus wie Michael praktizierte, Michael und seine Frau ein, zu ihnen zum Abendessen zu kommen. Dieses Ehepaar erzählte den McCullochs, wie unzufrieden auch sie mit ihrem Leben gewesen seien, und wie sie das Gefühl gehabt hätten, den falschen Träumen hinterherzujagen. Sie luden Michael und Jane ein, sie zu einem Bibelkreis zu begleiten. Kurze Zeit später besuchte Michael regelmäßig den Gottesdienst und fand rasch zum Glauben an Gott. Dieser Glaube erwies sich als Rettung für seine Familie sowie für ihn selbst.

Eines Tages stand Michael früh auf und verließ das Haus, während seine Familie noch schlief. Er ging schwimmen, dann zur Kapelle und anschließend in seine Praxis.

Jane beschrieb später diesen Tag, den sie niemals vergessen wird: „Mein Sohn Ray stand auf und machte sich auf den Weg zu seiner Arbeit auf einer nahegelegenen Ranch. Amy, Molly und ich waren zu Hause. Ich hatte mich nicht wohl gefühlt und lag auf dem Sofa im Wohnzimmer. Molly sah sich die „Sesamstraße" an. Ich ging in die Küche und schaltete das Radio ein. Plötzlich wurde das Programm für eine Eilmeldung unterbrochen: ‚Ein Psychiater aus Portland wurde in seiner Praxis in der Innenstadt ermordet.'

In Portland hatten viele Psychiater ihre Praxis in der Nähe der Krankenhäuser. Als ich die Nachricht hörte, versuchte ich zunächst an irgendeinen Psychiater zu denken, der auch in der Innenstadt arbeitete. Aber mir fiel keiner ein und so wurde ich allmählich nervös. Ich beschloss, in der Praxis anzurufen, um sicherzugehen, dass Michael in Ordnung ist. Doch es ging nur der Anrufbeantworter an und das verwirrte mich etwas, denn es war bereits 10:30 Uhr. Ich war allmählich wirklich beunruhigt.

Ich sprach eine Nachricht auf Band und versuchte es unter einer anderen Nummer der Praxis. Am anderen Ende meldete sich eine der Sprechstundenhilfen, die ich gut kannte und ich sagte: ‚Hier ist Jane McCulloch; ich möchte mit Michael sprechen. Ich habe gerade im Radio gehört, dass jemand erschossen wurde und wollte nur wissen, ob bei ihm alles in Ordnung ist.'

Die Frau am anderen Ende sagte: ‚Einen Moment bitte.' Sie sagte nicht: ‚Michael geht es gut.' Dann sagte sie wieder: ‚Einen Moment noch bitte' und ließ mich in der Warteschleife warten. In diesem Augenblick war ich mir sicher, dass es Michael war, der erschossen wurde. Schließlich meldete sich einer von Michaels Partnern am Telefon und stotterte und stammelte ein wenig, bevor er schließlich sagte: ‚Michael ist tot.'

„Wie hast du das alles nur durchgestanden?", fragte ich Jane.

Sie antwortete: „Nun, wir alle wissen, dass wir unser Leben selbst in die Hand nehmen müssen und es immer mehrere Möglichkeiten gibt, die man wählen kann. Und in dem Moment, als ich das Telefon auflegte, stand ich selbst vor der Wahl zwischen mehreren Möglichkeiten. Das gilt für uns alle, egal ob wir uns dessen bewusst sind oder nicht. Wenn Sie so etwas durchleben, sagen Sie laut oder auch leise zu sich selbst: ‚Ich kann das schaffen' oder ‚Das wird hart, aber ich werde das durchstehen.'

Ich stand vor diesen Möglichkeiten und in dem Moment kam Molly in die Küche gekrabbelt und meine Wahl stand fest. Ich wollte nur nach vorne schauen."

„Dr. Schuller", fuhr Jane fort, „Sie wissen, das Leben ist wie ein Mosaik. Michael und ich haben den Petersplatz in Rom besucht und verliebten uns sofort in diese herrlichen Mosaike, die wir dort sahen. Sie bestehen aus sehr dunklen und sehr hellen Steinchen. Und das Leben halte ich auch für ein solches Mosaik. Wir haben einen meisterhaften Künstler, der die Steinchen einsetzt und am Ende entsteht ein wundervolles Bild. Manchmal fragen Sie den Künstler: ‚Warum hat Er dieses Steinchen zu diesem Zeitpunkt dort eingesetzt?' Aber dann höre ich Gott, wie er zu mir spricht: ‚Jane McCulloch, das geht dich nichts an. Ich habe dieses Stück genau zu dem Zeitpunkt dort eingesetzt, als ich es für passend erachtet habe. Du machst das, wofür du hier auf Erden bestimmt bist und überlässt es mir, mich um die ewigen Dinge zu kümmern. Frage nicht, *warum*.'"

Ein Gedächtnisfonds wurde in Gedenken an Michael McCulloch eingerichtet. Durch diesen Fonds lebt Michael weiter. Geld aus diesem Fonds floss auch an die Crystal Cathedral, die wir für die Versorgung von Hunger leidenden Kindern verwendeten. An Weihnachten erhielten hunderte von hungrigen Kindern in den ärmsten Winkeln Südkaliforniens Nahrungsmittel im Gedenken an die Liebe von Michael McCulloch.

Sein Leben geht sowohl im Jenseits weiter, als auch hier! Es ist also wirklich möglich, dass Erfolg niemals endet und Fehlschläge niemals endgültig sind!

EPILOG

Nun, mein Freund/meine Freundin, glauben Sie mir, wenn ich Ihnen sage, dass Sie Ihre Träume verwirklichen können.

Sie sind am Zug. Sie und nur Sie allein entscheiden darüber, wo Sie sich heute in fünf, zehn oder zwanzig Jahren befinden. Ich habe all mein Wissen mit Ihnen geteilt. Nun müssen Sie nach dem Erfolg streben.

Wie können Sie Ihre Träume verwirklichen? Indem Sie ein Möglichkeitsdenker werden. Sie haben einen wundervollen Traum. Woher bekommen Sie diesen Traum? Durch das Gebet! Jesus sagte: *„Bittet, so wird euch gegeben; suchet, so werdet ihr finden; klopfet an, so wird euch aufgetan."* (Matthäus 7, 7) Durch das Gebet kann Gott auch in Ihr Leben gelangen! *„Denn in ihm leben, weben und sind wir."* (Apostelgeschichte 17, 28) Die Bibel analysiert zutreffend die menschliche Lebenskraft und Energie in diesem Satz: *„Denn in ihm leben wir."* Er schenkt uns einen Traum und das schenkt uns Lebenskraft! *„Denn in ihm gehen wir voran."* Wir schreiten voran, jetzt, mutig und gewagt! *„Denn in ihm haben wir unser ganzes Sein!"* Wir entdecken unsere wahre Identität – Mitarbeiter von Jesus Christus auf Erden!

Also machen Sie sich auf den Weg!!

Wie?

* *Manche Menschen schlurfen.*
* *Manche Menschen gehen spazieren.*
* *Manche Menschen gehen mit schnellem Schritt.*
* *Manche Menschen joggen.*
* *Manche Menschen rennen.*
* *Manchen Menschen rasen!*

Ihre Träume verwirklichen sich, wenn Sie mit einer gewissen Dringlichkeit voranschreiten. Das Schlüsselwort ist STREBEN! Machen Sie sich dieses magische Wort bewusst und spüren Sie die Energie, die dieses Wort freisetzt und beruhigen Sie Ihr Bewusstsein mit diesen sieben Buchstaben. Laden Sie Ihre Emotionen mit diesem Energie produzierenden Wort auf – „streben" – und Sie werden Ihr Ziel erreichen!

S – Starten Sie mit kleinen Schritten
T – Taktiken überlegen
R – Radius erweitern
E – Effektiv investieren
B – Bildhaft an den Erfolg denken
E – Expandieren Sie, aber mit Umsicht
N – Nun beten Sie für Ihren Traum

S: Starten Sie mit kleinen Schritten

Starten Sie mit einem Traum, einem Gebet und nicht mit Geld. So verwirklichen sich Träume. Sie streben, aber sie beginnen im Kleinen. Preschen Sie nicht ungestüm und unüberlegt vorwärts. Starten Sie mit kleinen Schritten. Fassen Sie erst einmal Fuß. Versichern Sie sich, dass Sie alles haben. Stellen Sie sicher, dass Sie die Kontrolle haben und wissen, wohin Sie gehen. Beißen Sie kein zu großes Stück vom Kuchen ab, sonst werden Sie sich daran verschlucken. Beginnen Sie mit kleinen Schritten und setzen Sie einen Fuß vor den anderen.

Einige von Ihnen sind keine Christen. Ich lade Sie nun hier und jetzt dazu ein, Christen zu werden. Wie? Natürlich nicht, indem Sie die ganze Bibel durchackern. Fangen Sie einfach damit an, die Tatsache zu akzeptieren, dass Jesus gelebt hat, gestorben ist und heute noch lebt. Wenn Sie einfach damit beginnen sich auf Ihn einzulassen, werden wunderbare Dinge geschehen. Darauf verwette ich mein Leben, mein Vermögen und meinen guten Ruf. Versuchen Sie es! Jetzt! Ich lade Sie hiermit ein, sich den Christen anzuschließen. *Sie können darauf verzichten* oder *sich dafür entscheiden.*

T: Taktiken überlegen

„Unmöglich!" Glauben Sie diesem Wort nicht! Vielleicht müssen Sie Ihre Pläne umgestalten, andere Prioritäten setzen, Ihren Entwurf überarbeiten, Ihre Strategie überdenken, Ihr Machtzentrum verlagern, Ihre herkömmlichen Antworten überprüfen, den vorgefertigten Weg verlassen, aber es ist *nicht unmöglich.*

Sie sagen: „Ich habe einen Traum, aber es ist unmöglich, ihn zu verwirklichen." Ich hingegen sage, dass Ihr Traum nicht unmöglich ist. Sie wissen momentan nur noch nicht, wie sie ihn verwirklichen können. Sie müssen sich vielleicht an klügere

Menschen wenden oder jemanden finden, der ein neues Verfahren erfindet.

Sie sagen: „Ich möchte meinen Traum weiter verfolgen, aber das ist nicht möglich, Dr. Schuller." Und ich antworte: „Sie müssen nur ein paar Probleme lösen, das ist alles. Und das bedeutet, dass Sie vielleicht einige schwere Entscheidungen treffen oder sich neue Ziele setzen müssen."

Sie sagen: „Ich habe einen Traum, aber er ist unmöglich. Ich habe nicht das Geld dafür." Und ich sage Ihnen, dass es nicht unmöglich ist. Sie müssen das Geld nur zusammentragen. Steigern Sie Ihre Einnahmen, senken Sie Ihre Ausgaben, streichen Sie Überflüssiges, aber sagen Sie mir nicht, dass es unmöglich ist, weil das nicht stimmt.

R: Radius erweitern

Lassen Sie Ihrer Vorstellungskraft mehr Spielraum. Sie können mehr sein, als Sie sind, ein höheres Ziel erreichen, nach den Sternen greifen. Je mehr Sie nach vorne streben, umso weiter werden Sie gelangen.

Ich habe meinen Kindern immer gesagt: „Wenn ihr die Note 2 haben wollt, dann strebt besser nach einer 1."

E: Effektiv investieren

Nun sollten Sie Ihre finanziellen Mittel und Ihre ganze Energie sammeln. Seien Sie bereit, Ihren guten Ruf aufs Spiel zu setzen. Aber seien Sie vorsichtig, wie Sie Ihr Geld, Ihre Emotionen, Ihre Energie und Ihren guten Ruf einsetzen. Achten Sie darauf, mit wem Sie eine Beziehung eingehen. Bauen Sie Verbindungen mit ehrbaren Leuten auf. „Wo euer Schatz ist, ist auch euer Herz", sagte Jesus. Sobald Sie also Ihren guten Ruf und Ihr Hab und Gut für Ihren Traum aufs Spiel gesetzt haben, sind Sie wirklich bestrebt genug, ihn zu realisieren!

B: Bildhaft an den Erfolg denken

Stellen Sie sich Ihren Traum bildhaft vor. Ich konnte einen meiner Träume vor dessen Verwirklichung deutlich vor meinem inneren Auge sehen. Ich sah den Kirchturm der Crystal Cathedral, in dem eine Gebetskappelle entstand. Und ich sah die Glocken im

Turm hängen und ich konnte das Glockenspiel hören. Ich sah die Menschen beten! Ich stellte mir alles genau vor und so ist es dann auch eingetroffen!

E: Expandieren Sie, aber mit Umsicht

Seien Sie nun bereit, Ihre Basis zu verbreitern. Expandieren Sie, aber mit Sicherheit, Umsicht und Aussicht auf Erfolg. Ich habe Kleinigkeiten erreicht, aber viele Jahre dafür gebraucht! Aber ich werde in den nächsten zwölf Jahren eine Menge erreichen! Sie können sich nicht auf Ihren Lorbeeren ausruhen; Sie müssen an Ihren Erfolg anknüpfen und ihn weiter ausbauen, sonst beginnt er zu sterben.

Sie haben es also geschafft? Sie haben erlebt, wie sich Ihre Träume verwirklicht haben? Dann suchen Sie jetzt nach einem Weg, Ihren Erfolg auszudehnen; lassen Sie ihn wachsen und träumen Sie weiter! „Denn in ihm leben, weben und sind wir." Stellen Sie sicher, dass Gott ein Teil von Ihnen ist und Sie ein Teil Gottes sind.

N: Schlussgebet

Herr, lass Dein Herz in meinem Herzen sein. Denn in Dir lebe ich auf,
werde vom langweiligen Tod befreit und finde zum aufregenden Leben!
Deine Verheißungen retten mich vor Entmutigung und geben mir neue Hoffnung.
Deine Vergebung erlöst mich von meiner Scham und führt mich zum Ruhm.
Deine Kraft befreit mich von Schwäche und führt mich zur Stärke.
Deine Fürsorge erlöst mich vom Versagen und führt mich zum Erfolg! Ich danke Dir Herr.
Amen.

HOUR OF POWER

Seit über vierzig Jahren feiert der evangelisch-reformierte Pastor Robert Harold Schuller mit *Hour of Power*, den meistgesehensten Fernsehgottesdienst der Welt. In den Gottesdiensten von *Hour of Power* predigen neben Pastor Schuller und Sheila Schuller Coleman verschiedene Redner, die eine kraftvolle und ermutigende Botschaft von Jesus Christus für den Alltag der Menschen haben. Dadurch kann *Hour of Power* ein breites Spektrum und eine Vielfalt an positiven, erbaulichen Botschaften bieten, die die Menschen in aller Welt auf ganz neue Weise inspirieren. Unter diesen Predigern befinden sich Bill Hybels, Lee Strobel, John Maxwell und Walt Kallestadt, um nur einige zu nennen.

Was ursprünglich mit einem »Open Air«-Gottesdienst in einem Autokino anfing, wird heute aus der weltberühmten Glaskathedrale (Crystal Cathedral) in Garden Grove, Los Angeles, in über 10 Mio. Haushalte in aller Welt übertragen. *Hour of Power* ist ein 60-minütiger Gottesdienst. Er enthält verschiedenste Elemente wie traditionelle Orgelmusik, ein Orchester, prominente Gesangssolisten, interessante Interviewgäste aus Politik, Sport und Gesellschaft sowie eine motivierende Verkündigung von Gottes Wort.

In der Predigt wird lebensnah auf alltagsrelevante Themen eingegangen, um Menschen auf der Grundlage des Evangeliums zu positiven Gedanken zu bewegen, und ihnen so neue Kraft für ihr Leben zu geben.

Ein Hauptanliegen von *Hour of Power* ist es, Gott den Menschen näherzubringen und sie zu einem Leben in der Nachfolge Jesu zu ermutigen und auch die Botschaft eines positiven Christentums zu verkündigen.

Unter anderem gibt es in Deutschland und in der Schweiz Büros von *Hour of Power*. Die Büros sind neben der Beantwortung von Anfragen auch zuständig für die Betreuung der Spender und Zuschauer.

Hour of Power kann nur mit der Unterstützung und den Spenden der Zuschauer ausgestrahlt werden. Die Produktion der Gottesdienste ist mit hohen Kosten verbunden. Von daher bemüht sich *Hour of Power* um den Aufbau eines Unterstützer- und Freundeskreises. Unser regelmäßig erscheinender Rundbrief hält alle Freunde und Spender mit aktuellen Informationen auf dem Laufenden. Ziel der deutschsprachigen Vereine von *Hour of Power* für die nächsten Jahre sind die komplette Finanzierung der Ausstrahlung und der deutschen Produktion sowie die professionelle Übersetzung und Verarbeitung der sehr ermutigenden Bücher von Dr. Robert H. Schuller.

Die Gottesdienste von *Hour of Power* können Sie wie folgt sehen:

Sonntags	8:00 Uhr auf RHEIN-MAIN TV
Sonntags	8:00 Uhr auf STAR TV (Schweiz)
Sonntags	10:30 Uhr auf TELE 5
Sonntags	16:00 Uhr auf RHEIN-MAIN TV
Sonntags	17:00 Uhr auf BIBEL TV
Montags	Mitternacht auf BIBEL TV
Donnerstags	6:00 Uhr auf BIBEL TV
Samstags	8:00 Uhr auf BIBEL TV

(Stand: April 2011)

Informationen zum Dienst von **Hour of Power** erhalten Sie unter:

Hour of Power Deutschland
Steinerne Furt 78
86167 Augsburg
Tel. 0 18 05 / 70 80 99*
Fax 0 18 05 / 70 80 98*
E-Mail: info@hourofpower.de
Webseite: www.hourofpower.de
Newhopeline: 0 800 / 55 077 00

*(Dieser Anruf kostet 14 Cent pro Minute aus dem deutschen Festnetz und ggf. abweichendem Tarif aus dem Mobilfunknetz)

Die *NewHopeLine* soll all denen Hilfen bieten, die Rat und Unterstützung suchen. Mitarbeiter aus dem Bereich Seelsorge, Gemeindearbeit und Psychologie stehen täglich, auch am Wochenende, von 18 bis 22 Uhr, für Hilfe suchende Menschen zur Verfügung.

Spendenkonto:
Baden-Württembergische Bank
Konto: 289 48 29
BLZ: 600 501 01

(Ihre Spenden sind steuerabzugsfähig.)

***

Hour of Power Schweiz
Seestrasse 34 (Zentrum Edelweiss)
3700 Spiez
Tel.: 033 / 655 06 36
Fax: 033 / 655 06 37

E-Mail: info@hourofpower.ch
Webseite: www.hourofpower.ch

Spendenkonto:
Postscheck Zürich
PC 17-260489-8

Das Leben ist nicht fair, aber Gott ist gut!

Wie die Herausforderungen des Lebens zu persönlichen Triumphen werden.

Robert Harold Schuller

Es gibt keinen Zweifel daran, dass das Leben hart sein kann und manchmal sogar ausgesprochen unfair zu sein scheint. Dr. Robert H. Schuller hat eine großartige Neuigkeit. Sogar wenn das Leben am härtesten ist, sogar wenn Sie mit einem überproportionalen Anteil an Enttäuschungen zu kämpfen haben, können Sie sich über die Not erheben und neue Hoffnung und wahres Glück in Ihrem Leben finden. In diesem Buch zeigt Dr. Schuller Ihnen, wie Sie Ihren Glauben in guten und in schlechten Zeiten behalten können.

Paperback, 285 Seiten

Geh in deinen eigenen Schuhen!

Entdecke Gottes Führung für dein Leben

Robert Anthony Schuller

Die Herausforderung Ihre Berufung im Leben zu finden und zu erfüllen, ist vielleicht die wichtigste Aufgabe, mit der Sie konfrontiert werden. Robert Anthony Schuller begleitet Sie in diesem Buch auf Ihrem Weg, die Person zu werden, zu der Gott Sie berufen hat.

Entdecken Sie, dass das Leben eine Reise und nicht das eigentliche Ziel ist. Der Pfad Ihrer einzigartigen Persönlichkeit und Einmaligkeit, so wie Gott Sie sieht, wird sich fortwährend durch Ihr ganzes Leben hindurch entwickeln.

Paperback, 310 Seiten

Entdecke deine Möglichkeiten – und lebe sie

Der Weg zum Möglichkeitsdenker

Robert Harold Schuller

Werden Sie ein Möglichkeitsdenker! Sind Sie von Ihren Problemen erschlagen, erleben Frustrationen, die Sie entmutigen, innere Verletzungen, die Sie nach unten ziehen? Oder ist Ihr Leben langweilig? Haben Sie es satt, ein Leben ohne Würze und Spannung zu führen?

Dieses Buch ist Ihre Gelegenheit, Ihr Denken und Ihr Leben zu verändern. In praktischen und hilfreichen Schritten, erfahren Sie in diesem Buch, wie Sie Ihr Minderwertigkeitsgefühl überwinden und Ihre eigenen Möglichkeiten entdecken. Dr. Schuller hilft Ihnen dabei, jede Ihrer Herausforderungen in Siege zu verwandeln!

Paperback, 229 Seiten

Meine Lebensreise

*Die Autobiographie von
Dr. Robert Harold Schuller*

„Ich wurde am Ende eines Feldweges geboren, der keinen Namen und keine Nummer hatte. Und ich lernte in meinem Leben, dass man von nirgendwo nach überall gehen kann."

Mit diesen Worten beginnt die Lebensgeschichte eines der bekanntesten Gemeindeleiter der Gegenwart: Dr. Robert H. Schuller. Seit über 50 Jahren ist er nun schon in seinem Amt tätig und hat in dieser Zeit Millionen von Menschen auf der ganzen Welt erreicht.

In seiner Autobiographie gibt er Einblick in die Bereiche seines Lebens, von denen die Öffentlichkeit bislang noch nichts erfahren hat. Packend berichtet er von Ereignissen, Menschen und Begegnungen, die sein Leben geprägt und ihn dorthin gebracht haben, wo er heute ist.

In seinem bewegenden Lebensbericht eröffnet er dem Leser die persönlichen Schlüsselmomente seines Lebens sowie die Herausforderungen, die seinen Charakter geprägt und ihm Inspiration und Vision geschenkt haben.

Gebunden, 510 Seiten